ENZO TRAVERSO

DIE JUDEN UND DEUTSCHLAND

AUSCHWITZ
UND DIE «JÜDISCH-DEUTSCHE SYMBIOSE»

AUS DEM FRANZÖSISCHEN
VON
CHRISTIANE LANDGREBE

BASISDRUCK

INHALT

Dieses Buch erhebt nicht den Anspruch, eine Geschichte der Juden in Deutschland oder, allgemeiner gesagt, in den deutschsprachigen Ländern Mitteleuropas zu sein. Es versucht vielmehr, über einige der zahlreichen Fragen nachzudenken, welche diese Geschichte aufwirft. Im Bereich der Kultur sind die Widersprüche und Paradoxa so augenfällig, daß man sich manchmal fragt, warum sie nicht schon vorher untersucht worden sind.[1] Zwar ist die Bedeutung des Judentums bei Kafka, Benjamin, Buber und vielen anderen bereits Gegenstand feinsinniger und hochinteressanter Interpretationen geworden, wenn man jedoch den Reichtum des Denkens jedes Philosophen, Schriftstellers und Kritikers gesondert betrachtet, werden Probleme, welche die jüdisch-deutsche Kultur in ihrer Gesamtheit aufwirft, allzu leicht übersehen. Man kann unschwer feststellen, daß der Weg, auf dem Heinrich Heine, Joseph Roth oder Franz Kafka zu Klassikern wurden, nicht derselbe sein kann wie der, den Goethe oder Thomas Mann gingen. Zweifellos ist das Schicksal zahlreicher jüdischer Intellektueller eine Ironie der Geschichte. Zu Lebzeiten nicht beachtet oder an den Rand gedrängt, verfolgt und ins Exil geschickt, füllen heute ihre Gesammelten Schriften die Regale jeder Bibliothek in der Welt, besonders die in jenem unglücklichen Deutschland, das keine Mittel scheute, um ihr Werk zu verhindern, zu zerstören und aus dem Gedächtnis zu löschen.

Eine Ironie der Geschichte, die zugleich eine postume Rache und ein riesiges Mißverständnis ist. Eine postume Rache, weil viele jüdische Intellektuelle und Schriftsteller, und sogar die weitaus größte Zahl von ihnen, sich als Deutsche fühlten und ihr Werk als Teil der deutschen Kultur betrachteten. Ein Mißverständnis, weil sie, wenn man genauer hinsieht, in Wirklichkeit immer aus dieser Welt ausgeschlossen waren, die, nachdem sie sie jahrhundertelang verfolgt hatte, einen Augenblick lang den illusorischen Traum einer möglichen Anerkennung (genauer gesagt einer Assimilation) träumte, sie aber schließlich vertrieb und vernichtete. Ihr Beitrag zur deutschen Kultur war immens, und erst heute beginnt man seine Bedeutung zu ermessen. Es wäre jedoch falsch, anzunehmen, daß die Fülle von Schriften und künstlerischen und wissenschaftlichen Werken Produkt einer Begegnung zweier Traditionen, oder soziologisch gesehen einer Begegnung zwischen den jüdischen und deutschen Intellektuellen ist. Die jüdisch-deutsche Kultur ging aus der Assimilation hervor, also aus der Säkularisierung des jüdischen Denkens und seiner Annäherung an die deutsche Kultur. Sie nahm jedoch die Form eines *jüdischen Monologs* an. Nachdem sie die Sphäre deutscher Kultur betreten hatten, blieben die Juden fast immer allein und entbehrten der Gesprächspartner, die bereit waren, sie als Juden anzuerkennen und sich mit ihnen auszutauschen.

Ein weiteres Mißverständnis liegt insofern vor, als die Grenzen zwischen der Wiedergutmachung von Unrecht und der einfachen «Annexion» *a posteriori* einer Tradition und Kultur, die, solange sie lebendig war und um Anerkennung bat, abgewiesen wurde, ohne jede kritische Erläuterung sehr fließend sind. So wird heutzutage der Mythos von einer «jüdisch-deutschen Symbiose» verbreitet, der, solange es Juden in Deutschland gab, als reiner Hohn erschienen wäre. Im Gegensatz zu Frankreich, wo die Juden nach 1789 das volle Bürgerrecht erhielten und gleichwertige Mitglieder der Gesellschaft wurden, machte man in Deutschland einen klaren Unterschied zwischen Staatsangehörigkeit und Volkszugehörigkeit (im österreichisch-ungarischen Vielvölkerstaat war die Situation anders). Dank der Emanzipation erhielten die Juden das Bürgerrecht, waren aber von der Volkszugehörigkeit ausgeschlossen. Die Assimilation löste die jüdische «Nation» auf und nahm ihre Mitglieder in die deutsche

Gesellschaft auf, aber die frühere Nationalität wurde nie durch das Deutschsein ersetzt. Ob sie sich dessen bewußt waren oder nicht, die assimilierten Juden lebten in einer Art Niemandsland. Ihr Monolog nährte sich sowohl von den verstreuten Spuren einer Tradition, die durch jahrhundertelanges Leben im Ghetto auf sie gekommen war, als auch aus der zeitgenössischen deutschen Kultur (die sie sich so begierig aneigneten, daß sie nicht einmal bemerkten, wie sehr sie sich verwandelte, sobald sie in ihren Händen lag). Das erstaunlichste Beispiel dieses jüdischen Monologs ist zweifellos die Stadt Prag, wo die gesamte deutschsprachige Kultur von Juden hervorgebracht wurde. Die erstaunliche Blüte der jüdisch-deutschen Literatur in der tschechischen Hauptstadt beweist, daß sie keinerlei «Symbiose» brauchte, um zu den beachtlichsten Ergebnissen zu kommen. Man könnte sagen, daß die *jüdische Einsamkeit* die eigentliche Bedingung für diese Kreativität war.

Das Schicksal dieser Kultur, die durch den Eintritt der Juden in eine Welt entstand, die sie von Anfang an als unerwünschte Fremde, «Undeutsche» oder «Gemeinschaftsfremde» betrachtete, je nachdem, erinnert an einen alten vorausschauenden Roman, der 1922 erschien, *Die Stadt ohne Juden*[2] von Hugo Bettauer, einem Autor, der Kritik am Wiener Konformismus und Klerikalismus übte und drei Jahre nach Erscheinen des Buchs einem antisemitischen Attentat zum Opfer fiel. Er beschrieb darin den kulturellen Niedergang der österreichischen Hauptstadt nach der Vertreibung der Juden aufgrund einer vom Parlament in einem «demokratischen» Verfahren beschlossenen Maßnahme. Die frühere Metropole verfiel einer erschreckenden sozialen und geistigen Leere, verlor all ihren Charme und ähnelte einem riesigen Dorf mitten auf dem Land. Niemand ging mehr in einen Buchladen, Theater und Konzertsäle waren leer, die lebhafte Atmosphäre der Cafés kam zum Erliegen, die Zeitungen konnten aus Mangel an Redakteuren kaum noch erscheinen. Das gesamte Leben war provinziell geworden, der Graben hatte seine Eleganz verloren und ähnelte einem Tiroler Wochenmarkt. Die Regierung wurde von Panik ergriffen und erkannte schließlich an, daß der kulturelle Beitrag der Juden für die Stadt unverzichtbar war. Man forderte die verhaßten Feinde auf wiederzukommen, und ihre Rückkehr wurde von der gesamten Bevölkerung wie das Ende eines Alptraums gefeiert. Unnötig hinzuzufügen, daß die Geschichte ein solch sarkastisches *happy end* nicht erlebte und Wien heute nicht mehr ist als ein matter Abglanz dessen, was es früher einmal war. Eines sah Bettauer in seinem Roman bereits voraus: ein Deutschland, in dem es keine Juden mehr gibt und das in der Zeit nach dem Krieg einen wirtschaftlichen Reichtum erlebt, der ebenso groß ist wie die Verarmung und Mißstimmung des Geisteslebens. Dieses Land bemüht sich heute, diese Leere aufzufüllen, indem es sich den kulturellen Beitrag der Juden, deren Wert es endlich erkannt hat, anzueignen und sich von ihm zu ernähren versucht.

Eine Einheit zwischen dem jüdischen Nationalismus und dem Assimilationsbestreben, zwischen Religion und Atheismus, Marxismus und Liberalismus, Revolte und Wunsch nach politischer Ordnung, anders gesagt zwischen Gustav Landauer und Theodor Herzl, Joseph Roth und Walther Rathenau, war unmöglich. Die einzige Gemeinsamkeit all dieser Unvereinbarkeiten bestand darin, daß sie einer Welt angehörten, die von der Mehrheit der deutschen Gesellschaft als *anders* angesehen wurde. Außer der Tatsache, daß sie jüdischer Herkunft waren – gemäß der Halacha Kinder einer jüdischen Mutter – und derjenigen, daß sie sich in deutscher Sprache äußerten (die nebenbei bemerkt nicht immer ihre Muttersprache war), war sehr schwer zu sagen, was die jüdisch-deutschen Intellektuellen an Gemeinsamkeit hatten.

Ich sage bewußt *hatten,* denn heute kann man unschwer eine weitere Gemeinsamkeit erkennen: Sie alle verließen Deutschland, im günstigsten Fall per Zug oder Schiff ins französische oder amerikanische Exil, im schlimmsten Fall in Viehwaggons nach Auschwitz und Treblinka. Die letzte Generation der in der germanischen Welt geborenen jüdischen Intelligenz erscheint in unseren Augen als *von der Geschichte besiegt.*

Auf welchem Teil der Doppelbezeichnung *jüdisch-deutscher* Schriftsteller liegt zu Beginn unseres Jahrhunderts die Betonung? Vielleicht ist heute ein Schriftsteller als Klassiker der deutschen Literatur berühmt, ohne seinem Schicksal als Jude zu entgehen. Man kann auch mit Kafka antworten, der sich über solche Fragen, auf die er keine Antwort wußte, mokierte. In einem Brief an Felice Bauer stellte er belustigend fest, daß die *Neue Rundschau* in seiner Kunst etwas «grundlegend Deutsches» entdeckte, während in den Augen Max Brods seine Erzählungen «die jüdischsten Dokumente unserer Zeit» waren. «Ein schwerer Fall», stellte Kafka fest, der diesen Streit für sinnlos hielt und den Schluß zog: «Bin ich ein Zirkusreiter auf zwei Pferden? Leider bin ich kein Reiter, sondern liege am Boden.»[3] Karl Kraus gab zu, er habe Schwierigkeiten, einen Unterschied zwischen Juden und Deutschen in der Literatur zu machen. Ihr eigentlicher Sinn bestehe darin, sich an Menschen und nicht an Nationen zu richten. «Ich weiß nun doch nicht, was heute jüdische Eigenschaften sind», schrieb er. «Ich weiß nicht, ob es eine jüdische Eigenschaft ist, das Buch Hiob lesenswert zu finden, oder ob es Antisemitismus ist, ein Buch Schnitzlers in die Ecke des Zimmers zu werfen. Ob es jüdisch gefühlt ist oder deutsch, zu sagen, daß die Schriften der Juden Else Lasker-Schüler und Peter Altenberg Gott und der Sprache näher stehen, als alles, was das deutsche Schrifttum in den letzten fünfzig Jahren hervorgebracht hat.»[4]

Wenn man sich diesem kulturellen Rätsel nähern will, fragt man sinnvoller nach dem Status des jüdischen Intellektuellen innerhalb der deutschen Gesellschaft. Wir versuchen dies ausgehend von zwei zentralen Figuren der jüdischen Moderne – dem Paria und dem Parvenu –, die sowohl etwas über die materiellen Lebensbedingungen und die soziale Stellung der jüdischen Intellektuellen aussagen als auch über ihre Mentalität und das Problem ihrer Identität. Ich muß in diesem Zusammenhang gestehen, daß meine Untersuchung Hannah Ahrendt viel verdankt, deren Gedanken über die «verborgene Tradition»[5] des aus der Emanzipation hervorgegangenen Judentums sowohl eine inspirierende Quelle als auch Gegenstand einer kritischen Analyse waren. Natürlich hätte man das

Problem auch aus einer anderen Pespektive und mit anderen Methoden angehen können. Wenn ich mich dem Arendtschen Ansatz angeschlossen habe, dann deshalb, weil er zahlreiche Vorteile bietet. Manche traditionelle Unstimmgkeiten können als sekundär, ja überholt betrachtet werden, weil die Zionisten Martin Buber und Gershom Scholem dem Anarchisten Gustav Landauer vermutlich näher standen als Theodor Herzl oder Max Nordau. Letztere haben sich dafür sicher besser mit «revisionistischen» Sozialdemokraten wie Eduard Bernstein und Josef Bloch als mit dem «Zionisten» Franz Kafka verstanden. Der Paria und der Aufsteiger erscheinen als zwei verschiedene Existenzweisen der Judenheit in einer Welt, aus der sie ausgeschlossen ist und mit der es keine Synthese geben kann. Dominique Bourel hat das Paradox zwischen einem Land, das zuerst die «Assimilation praktizierte» und später zur «systematischen Ausrottung» der Juden überging, hervorgehoben und Deutschland als den Ort einer «unmöglichen Metapher», der der Beziehung zwischen Juden und Abendland, bezeichnet.[6]

Eine weitere Besonderheit dieser Untersuchung ist, daß ein ganzes Kapitel Joseph Roth gewidmet ist, der trotz der Bedeutung seines Werks nicht die Gesamtheit der jüdisch-deutschen Intelligenz repräsentierte. Was mich an Roth faszinierte, ist sowohl sein Werk als Schriftsteller und Essayist als auch seine geistige und politische Entwicklung, die ohne Brüche und Risse ein ganzes Spektrum von Richtungen widerspiegelt: Atheismus und Religion, Revolution und Sehnsucht nach dem System vor 1914. Assimilation und romantische Idealisierung der *Jiddischkeit*. So erschien er mir als eine Inkarnation des wandernden Juden der Moderne und als idealtypische Gestalt eines mitteleuropäischen jüdischen Paria.

Nach dem Zusammenhang zwischen Judentum und Deutschtum zu fragen, bedeutet, eine historische Landschaft zum Leben zu erwecken, die von der unseren keineswegs weit entfernt ist, und doch gänzlich vernichtet, versunken und von einem Schuttberg begraben – im wahrsten Sinne des Wortes in Rauch aufgegangen. Die Bemühung um Assimilation – *a posteriori,* vergessen wir das nicht – der jüdisch-deutschen Kultur im heutigen Deutschland ist zugleich eine *unerschöpfliche* Trauerarbeit. Denn der Verlust, der sie hervorgerufen hat, ist definitiv und nicht wiedergutzumachen. Wenn die Assimilationsbemühungen nicht als unangemessene und im Grunde obszöne, weil ohne Rücksicht auf die, von der Geschichte Besiegten unternommene, Annexion erscheinen sollen, dann muß auch Deutschland in Frage gestellt und nach seiner Vergangenheit befragt werden, dann müssen die Brüche in dieser Vergangenheit untersucht, ihre Opfer anerkannt, vor allem jedoch muß die Erinerung an sie gewahrt werden. Dies versuche ich im zweiten Teil meiner Arbeit, in dem die verschiedenen Bewertungen der Shoah in der Geschichtsschreibung analysiert, und die Spuren des Völkermords an den Juden im kollektiven Gedächtnis der deutschen Gesellschaft untersucht werden. Dem Leser wird auffallen, daß zwischen dem ersten Teil dieses Buchs, in dessen Mittelpunkt die jüdisch-deutsche Intelligenz steht, und dem zweiten, in dem nicht mehr von den Intellektuellen, sondern dem «Problem der Juden» im allgemeinen die Rede ist, ein ziemlicher Sprung liegt. Dieser Perspektivenwechsel rührt daher, daß, will man dem Bruch der Geschichte, der in der Shoah zum Ausdruck kommt, Rechnung tragen, von der Feststellung ausgehen muß, daß die Juden im Nationalsozialismus eine negative Einheit waren, alle derselben Rasse zugehörig, und alle ohne Ausnahme zur Vernichtung bestimmt. Will man die Tragödie der jüdisch-deutschen Kultur begreifen, muß man sie im historischen Kontext betrachten – der Vernichtung der europäischen Juden. Die Wiederentdeckung dieser Kultur wirft zugleich die Frage auf, wie sich Deutschland seiner Vergangenheit stellt, einer Vergangenheit, die durch ein Jahrtausend jüdischer Präsenz gekennzeichnet war.

Die Quellen zu dieser Untersuchung stammen aus der umfangreichen Sammlung der Bibliothèque de documentation internationale contemporaine (BDIC) in Nanterre und der Abteilung «Germania judaica» der Universitätsbibliothek Köln. Eine erste Fassung von Kapitel 5 «Auschwitz, die Geschichte und die Historiker» erschien unter dem Titel «Auschwitz, l'histoire et les historiens» in *Les Temps modernes*

Nr. 527, Juni 1990, und auf italienisch in *Ventesimo secolo. Rivista di storia contemporane* Nr.1, Januar bis April 1991. Eine erste Fassung von Kapitel 3, das Joseph Roth gewidmet ist, erschien in der Nummer Januar-März 1992 der Zeitschrift *Etudes germaniques*. Ich möchte Alain Brossat, Sonia Combe, Michael Löwy und Pierre Vidal-Naquet danken, die meine Arbeit aus verschiedenen Blickwinkeln kritisch gelesen haben, ebenso Gilberto Conde, der für die technische Vorbereitung des Buches sorgte. Mein Dank gilt auch Junko und Kumiko, die mich während meiner Forschungsarbeit immer wieder ermutigt haben.

I. EMANZIPATION IN DER SACKGASSE

1

DIE «JÜDISCH-DEUTSCHE SYMBIOSE» - MYTHOS UND WIRKLICHKEIT -

EIN LANGE WÄHRENDER STREIT

Der Eintritt der Juden in die deutsche Kultur ist oft als Symbiose bezeichnet worden. Hat Mitteleuropa zwischen Moses Mendelssohn und Adolf Hitler, zwischen dem langen und leidvollen Prozeß der Emanzipation und der Machtergreifung der Nationalsozialisten eine *jüdisch-deutsche Symbiose* erlebt?

Wie soll man die Assimilation definieren, als Einbruch der Modernität in die in der Schwebe befindliche und zugleich starre Welt des Judentums? Als Aufgehen des Judentums in der Welt der Deutschen auf dem Hintergrund eines Bruchs mit der Vergangenheit und der Aufgabe einer besonderen Identität, oder eher als Begegnung und Dialog zwischen zwei unterschiedlichen Elementen? Oder als eine Synthese, die durch die Säkularisierung der jüdischen Welt zustande kam, eine Metamorphose, die sich vollzog, weil die Juden Elemente deutscher Kultur in die eigene Tradition übernahmen?

Diese Fragen haben eine umfangreiche Debatte ausgelöst. Zugang zu ihr ermöglicht eine Bemerkung aus einem der inhaltsreichsten und interessantesten Briefwechsel dieses Jahrhunderts. In seinem Brief an seinen Freund Gershom Scholem von Februar 1939 äußerte sich Walter Benjamin kritisch über die herrschende Tendenz jüdischer Untersuchungen, die Beziehungen zwischen Deutschen und Juden in «erbaulicher und apologetischer» Weise darzustellen (Scholem nannte dies in seiner Antwort «eine Verbindung, die auf Schwindel aufgebaut war»).[1] Die Gefahr, daß diese Mystifizierung noch heute, fünfzig Jahre nach Auschwitz, weiter betrieben wird, ist groß. Das Verhältnis zwischen Juden und Deutschen ist gegenwärtig nur noch Gegenstand historischer Forschung und lebt nur noch in der Erinnerung. Die Bemerkungen Benjamins und Scholems ermöglichen es uns, der Falle einer retrospektiven Idealisierung dieses Verhältnisses zu entgehen, denn sie erinnern uns an die Notwendigkeit, dessen widersprüchliche Aspekte hervorzuheben. Woher stammt aber der Begriff «Symbiose» in diesem Zusammenhang? Die Etymologie ist noch nicht sicher geklärt worden, aber offenbar wurde das Wort 1879 von dem Botaniker Anton de Bary zum erstenmal verwendet. Im geläufigen Sprachgebrauch bedeutet es «dauerhafte und für beide Seiten nützliche Gemeinschaft zwischen zwei lebenden Organismen» (nach der Definition des *Petit Robert*). In der Naturwissenschaft ist dieser Begriff eng mit dem des Parasitentums verwandt. Der französische Biologe Maurice Caullery bezeichnete 1922 das Parasitentum als besondere Form einer Symbiose, bei der «sich ein Organismus auf Kosten des anderen ernährt... Die Verbindung ist durchgehend einseitig: Sie ist für den Parasiten notwendig, weil er stirbt, wenn er von seinem Wirt getrennt wird, weil er sich nicht selbst ernähren kann»[2]. Nachdem der Sozialdarwinismus diese Vorstellung in die Geisteswissenschaften hineingetragen hatte, begann das Bild vom parasitären Juden in der modernen antisemitischen Literatur herumzuspuken. Gegen Ende des 19.Jahrhunderts wurde das Wort Parasitentum vielfach verwendet, um die wirtschaftliche Rolle der Juden zu beschreiben. Man braucht diese semantische Analyse nicht weiter zu vertiefen. Es genügt, festzustellen, daß sich die Beziehungen zwischen Juden und Deutschen zwischen zwei Polen bewegen: Was die Juden als kreative und fruchtbare Symbiose zu bewerten suchten, erschien den Deutschen oft (und besonders einer bedeutenden Schicht der Intelligenz) als Eindringen eines fremden Elements – eines gefährlichen Parasiten – in ihre Nation und Kultur.

Es ist schwierig, den jüdischen Beitrag zur deutschsprachigen Kultur in den letzten zwei Jahrhunderten zu unterschätzen. Die Spuren, die Heinrich Heine und Karl Marx, Franz Kafka und Sigmund Freud, Edmund Husserl und Max Horkheimer, Walter Benjamin und Theoder W. Adorno, Ernst Bloch und Georg Lúkacs, Alfred Döblin und Kurt Tucholsky, Arnold Schönberg und Gustav Mahler, Max Reinhardt und Fritz Lang, Siegfried Kracauer und Karl Mannheim, Karl Kraus und Joseph Roth, um nur zufällig einige zu nennen, hinterlassen haben, sind tief und unauslöschlich. Diese Gestalten gehören zweifellos zur Kulturgeschichte Mitteleuropas, aber sie haben dennoch etwas spezifisch Jüdisches, das entscheidend und durch nichts zu schmälern ist. Die kulturelle Metamorphose, die einen typischen Prager Juden wie Kafka zu einem Klassiker der deutschen Literatur machte, ist ein ironisches Paradox. Kafkas Beziehungen zur Welt der Deutschen beschränkten sich auf die Sprache. Er verbrachte sein ganzes Leben ausschließlich im jüdischen Milieu, die einzige Ausnahme bildet die Tschechin Milena Jesenska.[3] Der zentrale Stellenwert, den wir heute bestimmten Gestalten des deutschen Judentums zuerkennen, entspricht, wenn man zurückblickt, nicht immer der Einschätzung ihrer Zeitgenossen. Heine, Marx, Freud galten als Außenseiter, die zu ihrer Zeit vielfach in Frage gestellt, abgelehnt und gehaßt wurden. Die Wirkung, die das Werk Kafkas oder Benjamins zu deren Lebzeiten auf das Geistesleben hatten, war sehr begrenzt. Sie waren Vertreter einer Gemeinschaft von Parias (wie es Max Weber, Bernard Lazare und Hannah Arendt nennen) und starben fast alle im Exil. Nur selten wurden ihre Verdienste offiziell belohnt (zum Beispiel durch Lehrstühle an Universitäten), und ihre Hauptwerke erschienen oft erst nach ihrem Tod. Daher erscheint die Vorstellung von einer jüdisch-deutschen Symbiose im höchstem Maß problematisch.[4]

Um ihr Wesen und ihren Inhalt genauer darzustellen, muß man in groben Linien den Weg des Judentums innerhalb der deutschen Kultur im Licht ihrer Wirkung und ihres tragischen Endes nachzeichnen.

Ein rascher Vergleich ermöglicht uns festzustellen, daß der Begriff Symbiose nie verwendet worden ist, um die Geschichte der Juden in den USA darzustellen. Die Amerikanisierung von Minderheitengruppen wurde in Begriffe wie *melting-pot* oder in jüngerer Zeit «kultureller Pluralismus» gefaßt, welche die Vorstellung vom Verlust ethnisch-kultureller Identität der betroffenen Gemeinschaften ausschlossen. Die zweite Generation amerikanischer Juden, die das Jiddische (oder Deutsche) zugunsten des Englischen aufgaben, wurde nie aufgefordert, sich zu verleugnen und in der WASP-Mehrheit (*white-anglo-saxon-protestant*) aufzugehen. In Frankreich liegen die Dinge wieder anders, denn hier kam es zu einer vollkommenen Symbiose, die auf der «moralischen und körperlichen» Regenerierung der Juden (Abbé Grégoire), ihrem Eintritt in *la nation*, beruhte. In Frankreich wurde trotz des fortwährend bestehenden Antisemitismus die Assimilation durch die Revolution von 1789 getragen und durch staatliche Einrichtungen unterstützt. Die Verteidigung des Juden Dreyfus zu Ende des 19.Jahrhunderts kam einer Verteidigung der Republik gleich[5], in Deutschland hingegen waren verschiedene staatliche Institutionen – wie Armee oder Universität – bereits zu Bollwerken der antisemitischen Bewegung geworden.

In Osteuropa errichtete der Antisemitismus eine starke Barriere gegen die Assimilierung, die nur eine außerordentlich minoritäre und marginale Schicht der jüdischen Bevölkerung traf. Von einigen Ausnahmen abgesehen (es handelt sich hierbei vor allem um marxistische Intellektuelle wie Trotzki oder Rosa Luxemburg), betrachteten sich die Juden weder als Russen noch als Polen, sondern als Angehörige einer jüdischen Nation. Im Zarenreich hatte der Eintritt der Juden in die moderne Welt eine Erneuerung der *Jiddischkeit* zur Folge, die ihr Goldenes Zeitalter gegen Ende des 9. Jahrhunderts erlebte. Man kann mit Fug und Recht sagen, daß – entgegen der Tradition der deutschen Haskala, die sich stets durch eine tiefe Mißbilligung der Sprache der Ostjuden auszeichnete – die Blüte der jiddischen Kultur in Osteuropa in gewisser Weise die Verlängerung der «germanisch-jüdischen Symbiose»[6] in Osteuropa war. In dieser Sprache, die Heinrich Graetz verächtlich als «semibestialischen Jargon» bezeichnete, verfaßte Isaac Bashevis Singer eines der Hauptwerke der Literatur des 20. Jahrhunderts, das mit dem Nobelpreis gekrönt wurde. Das Jiddische entstand um das Jahr 1000 im Rheintal, und es blieb trotz aller hebräischen, lateinischen und slawischen Zusätze, die es im Lauf der Jahrhunderte bereicherten, im wesentlichen eine Sprache germanischen Ursprungs. Auf halbem Weg zwischen Frankreich (Absorbierung der Juden in die Nation) und Osteuropa (wo die Juden kulturell Fremde blieben), im Deutschen Reich und Österreich vollzog sich ein schneller und spektakulärer Assimilationsprozeß, der allerdings von schreienden Widersprüchen begleitet war.

Gershom Scholem, der große Historiker der Kabbala, hat die Existenz eines Dialogs zwischen Juden und Deutschen geleugnet. Seiner Meinung nach «starb er gleich bei der Geburt und fand nie statt», da die Juden immer als fremde Elemente in der deutschen Kultur betrachtet wurden und es ihnen trotz ihrer Assimilationsbereitschaft nie gelang, integriert zu werden. Nachdem man es aufgegeben hatte, die Juden als Ganzheit zu betrachten – eine notwendige Voraussetzung für einen Dialog –, wurde die Begegnung zwischen Juden und der deutschen Kultur zu einer Art Selbstverleugnung und einem Monolog. «Ich bestreite, daß es ein solches deutsch-jüdisches Gespräch in irgendeinem echten Sinne als historisches Phänomen je gegeben hat. Zu einem Gespräch gehören zwei, die aufeinander hören, die bereit sind, den anderen in dem, was er ist und darstellt, wahrzunehmen und ihm zu erwidern. Nichts kann irreführender sein, als einen solchen Begriff auf die Auseinandersetzungen zwischen Deutschen und Juden in den letzten 200 Jahren anzuwenden.» Auf die Frage «zu wem also sprachen die Juden in jenem vielberufenen deutsch-jüdischen Gespräch?» antwortet Scholem: «Als sie zu den Deutschen zu sprechen dachten, da sprachen sie zu sich selber, um nicht zu sagen: Sie überschrien sich selber.»[7]

Scholem hatte einen Vorläufer. Heinrich Mann sah die Geschichte der Beziehungen zwischen Deutschen und Juden als einseitige Leidenschaft, die dazu bestimmt war, sich ewig an einer Mauer des Unverständnisses und der Zurückweisung zu stoßen. In *Der Haß* schrieb er: «Dreizehn Millionen Juden sprechen auf der ganzen Erde einen Dialekt, der dem Deutschen entnommen oder mit dem Deutschen vermischt ist. In manchen Ländern, wo sonst niemand Deutsch versteht, erhalten die Juden sich ihre deutsche Bildung und empfinden sie als Auszeichnung. Jedes andere Volk, außer dem deutschen, jeder Staat, außer diesem, würde hieraus den größtmöglichen Nutzen ziehen. Deutschland will nicht. Dieselben Juden, die Deutschland wie ihre zweite Heimat durch die ganze Welt trugen, in Deutschland selbst werden sie für minderen Rechres erklärt, sie dürfen keine öffentlichen Ämter bekleiden, aber man darf sie ermorden oder zugrunde richten, wenn man nicht gerade gut gelaunt ist und sich damit begnügt, sie auf öffentlichem Platz mit ihren Zähnen das Gras ausreißen zu lassen.»[8]

Der ungewisse und im Grunde illusorische Charakter der Emanzipation wurde von Arnold Zweig hervorgehoben, der 1933 in dem Buch *Bilanz der deutschen Judenheit* voller Bitterkeit schrieb: «Daß die Zukunft der Juden im Deutschen Geist keinen Halt mehr findet, ist eine vollzogene Tatsache.»[9]

Fünfzig Jahre später ist die Geschichtsschreibung mit weniger Zorn und in größerer Differenziertheit zum selben Ergebnis gekommen. Die Forscher, die sich mit dem «jüdisch-deutschen Dialog» beschäftigten, merkten bald, daß sie die Geschichte eines *Mythos* erforschten. Kaum war er begonnen worden, da wurde er bereits in der zweiten Hälfte des 19. Jahrhunderts unterbrochen, da die Juden fortan assimiliert und die einzigen (oder beinahe) Anhänger der Aufklärung waren. Die deutsche Intelligenz hingegen wandte sich immer mehr dem Mythos vom germanischen *Volk* zu. Die «jüdisch-deutsche Symbiose» wurde zu einem kulturellen Phänomen, das es nur innerhalb der jüdischen Gemeinschaft gab und mit dem gemeinsamen sozialen Leben beider Gruppen, das entstehen sollte, nichts zu tun hatte. Die Deutschen zogen in Wahrheit die Vorstellung einer kulturellen Synthese mit der jüdischen Tradition niemals in Betracht. Im besten Fall akzeptierten sie die Juden, wenn diese sich nicht als Juden betrachteten oder ihr Judentum abgelegt hatten.[10]

In den dreißiger Jahren wurde das Problem in ganz anderem Licht gesehen. 1935, im Jahr der Nürnberger Gesetze, widmete die Literaturkritikerin Margarete Susmann dem «geistigen Beitrag» der Juden im deutschen Raum einen Artikel, in dem sie der Berufung der Juden nicht zur «Kultursynthese» hervorhob, sondern eher zu einer «Kultursymbiose» mit den anderen Völkern, die ihnen im Lauf des Lebens in der Diaspora begegnet waren. Dem Dialog zwischen Juden und Deutschen, der aus dem Jiddischen und der Lutherschen Bibelübersetzung entstand (diese war ihrer Meinung nach ein Zeugnis für die «Mischung jüdischen Geistes mit deutschem Geist»), und den Mendelssohn, Goethe und Heine fortsetzten, wurde zu Ende des 19. Jahrhunderts durch den Sieg einer perversen Modernität von Wagnerschem Pathos, die die Vernunft durch den Mythos ersetzte, der Garaus gemacht.[11]

Eine ähnliche Verzweiflung angesichts der Zerstörung des jüdischen Epos in Deutschland findet sich bei einer anderen großen Gestalt, deren Werdegang dem Gershom Scholems sehr ähnelt, dem Philosophen und Begründer des kulturellen Zionismus Martin Buber. 1939, am Vorabend des Völkermords, hob er, im vollen Bewußtsein des irreparablen Bruchs zwischen Judentum und Deutschland, die Bedeutung und Tiefe dieser Symbiose hervor. Buber sprach von «einer echten, gewachsenen Verbundenheit mit Erde und Kultur, einer zwar in sich problematischen, aber doch existentiellen, in die Tiefen unserer Existenz reichenden Synthese, deren Ende den Charakter der Zerreißung eines organischen Zusammenhangs hat. Der merkwürdigste und bedeutsamste Fall dieser Art war jene Entwicklung der deutschen Judenheit seit ihrer Emanzipation, die jetzt durch einen Eingriff des Wirtsvolkes ihren Abschluß gefunden hat.»[12] Diese Anschauung teilte auch Leo Baeck, der frühere Rabbiner von Berlin und letzte Vertreter der rationalistischen und die Assimilation befürwortenden Strömung innerhalb der Wissenschaft des Judentums. Er betrachtete Deutschland als Ort der dritten Glanzzeit des Judentums, nach ihrer Ära im antiken Griechenland und der sephardischen Kultur in Spanien und Portugal vor der Inquisition.[13] Seine Ansichten erscheinen als Selbstverteidigung eines Mannes, der an der Spitze der jüdischen Institutionen in der ersten Jahrhunderthälfte den unerschütterlichen Glauben seiner Glaubensgenossen an die Assimilation und den «zivilisatorischen Auftrag» Deutschlands verkörpert hatte. 1945 jedoch mußte er angesichts des beinahe vollendeten Genozids anerkennen, daß «eine Geschichtsepoche» zu Ende war. Seine Hoffnung, daß «deutscher und jüdischer Geist auf deutschem Boden sich treffen und durch ihre Vermählung zum Segen

werden könnten», hatte sich als Illusion erwiesen und war
«ein für alle Mal vorbei»[14]. Für diejenigen, welche ihren
widersprüchlichen Charakter leugneten, nahmen die Beziehungen zwischen Juden und Deutschen die mythologische
Form der Vorstellung vom Verlorenen Paradies an. Auschwitz erschien als gewaltsamer und blitzartiger Bruch des
Bündnisses zwischen «Saul und David», ein Riß, der in wenigen Jahren die «höchste Symbiose» in einen «mörderischen
Epilog»[15] verwandelt hatte.

Selbstverständlich kann man heute die Geschichte der
Juden in der deutschen Kultur und Gesellschaft nicht untersuchen, ohne den Völkermord miteinzubeziehen. Unabhängig
von der Analyse seiner Entstehung – über diese Frage sind die
Historiker nach wie vor zerstritten – wirft Auschwitz ein
düsteres Licht auf die Beziehungen zwischen Juden und Deutschen und läßt sie als «negative Symbiose»[16] erscheinen. Der
Genozid war der deutschen Geschichte nicht vom Schicksal
auferlegt. Der Schatten von Auschwitz verdunkelte die Landschaft nach der Katastrophe, war aber noch nicht sichtbar, als
er sich über das Deutschland der Weimarer Republik zu legen
begann. Die Worte Leo Baecks und Martin Bubers kennzeichnen zweifellos den Ursprung des Mythos von der
«jüdisch-deutschen Symbiose», sie beweisen jedoch auch,
daß sie in den Augen und im Bewußtsein eines großen Teils
der jüdischen Bevölkerung wirklich existierte. Der «jüdisch-
deutsche Dialog» wurde demnach nicht *a posteriori* von den
Historikern erfunden, sondern bezeichnet ein Phänomen, das
es wirklich gab, nämlich die jüdische *Illusion*, zu Deutschland
zu gehören. Dieses Gefühl war tief verwurzelt und beeinfluß-
te die Mentalität, die Verhaltensmuster und die Perspektiven
des deutschen Judentums bis zu seiner Vernichtung. Heinrich
Heine, der den größten Teil seines Lebens in Frankreich verbrachte, war absolut aufrichtig, als er erklärte, Deutschland
sei für ihn wie das, «was dem Fische das Wasser» und seine
Brust sei nichts anderes als ein «Archiv deutschen Gefühls».[17]

STUFEN EINER NEGATIVEN DIALEKTIK

Rückblickend läßt sich die jüdisch-deutsche Akkulturation als ein Prozeß betrachten, der etwa 150 Jahre währte. Ein Zeitraum, der gegen Ende des 18. Jahrhunderts mit Wilhelm von Dohm und Moses Mendelssohn, den beiden wichtigsten Vertretern der Emanzipation (der eine Deutscher, der andere Jude) begann und bis zur Machtergreifung Hitlers (in Österreich bis zum «Anschluß» von 1938) dauerte. Juristisch gesehen wurden die Juden während der ersten Hälfte des 19. Jahrhunderts in verschiedenen Etappen deutsche Bürger (dieser Prozeß war erst 1871 abgeschlossen). Ihre Bürgerrechte verloren sie endgültig 1935 durch die Nürnberger Gesetze. Die Gesetzgebung spiegelt die Langsamkeit des Emanzipationsprozesses – mit seinem Sprüngen nach vorn während der Revolution, den Unterbrechungen und Rückschlägen während der Restauration – und die plötzliche, brutale und zerstörerische Form des Antisemitismus im Naziregime.

Die Akkulturation hatte eigentlich schon lange vor Erlaß der Emanzipationsgesetze begonnen. Der Eintritt der Juden in die deutsche Kultur machte sich zunächst in der deutschen Übersetzung des Pentateuchs (es wurden allerdings hebräische Buchstaben verwendet) im Jahr 1778 bemerkbar. Moses Mendelssohn, der Übersetzer, interpretierte die hebräische Religion im Licht der Aufklärung und erklärte, daß beide Völker – Juden und Deutsche – derselben Familie der Menschheit angehören. Dies hätte seit der Germanisierung der Juden eigentlich für jedermann selbstverständlich sein sollen.[18] 1782 veröffentlichte Christian Wilhelm von Dohm, ein hoher Beamter der preußischen Regierung, sein Buch *Über die bürgerliche Verbesserung der Juden*, welches das Prinzip der «Toleranz» forderte und vorschlug, den Juden das Bürgerrecht zu gewähren, um ihnen behilflich zu sein, ihre «Vorurteile» und «Fehler» abzulegen. «Es ist möglich, daß manche Fehler so tief gewurzelt sind, daß sie erst in der dritten oder vierten Generation ganz verschwinden werden. Aber dies ist kein Grund, bei der jetzigen die Reform nicht anzufangen, weil ohne sie die gebesserte Generation nie erscheinen würde.»[19] Antijüdische Vorurteile waren demnach der

Aufklärung, die vorgab, sie zu bekämpfen, keineswegs fremd. Dohms Position setzte die Idee der Gleichheit zwischen den Menschen voraus, was in seinen Augen jedoch nicht Gleichheit zwischen Juden und Deutschen bedeutete, sondern eher die Fähigkeit der Juden, sich zu germanisieren. Seine Argumentation gründete, wie kürzlich Helmut Berding festgestellt hat, auf einem «utilitaristisch-etatistischen Erziehungskonzept»[20]. Seine Haltung drückte die Absichten der emanzipationsfreundlichen politischen Strömung in Deutschland aus: Man wollte keine Begegnung zwischen Judentum und Deutschtum, sondern die Auflösung des ersteren und sein Aufgehen in letzterem. Der Hinweis auf die lange Dauer hing damit zusammen, daß der «jüdisch-deutsche Dialog» im dem Maß, in dem es ihn geben konnte, nur eine kleine intellektuelle Elite betraf: Die Akkulturation der Juden in Deutschland zog sich über Generationen hin.

Zu Beginn des 19. Jahrhunderts waren die privilegiertesten Orte für die Förderung dieses Dialogs die jüdischen Salons in Berlin, die Hannah Arendt als «neutrales Gebiet» zwischen dem niedergehenden Adel und der neuen bürgerlichen Klasse bezeichnet, die noch weit davon entfernt war, sich politisch zu behaupten. Hier begegneten sich verschiedene Kategorien von Outsidern: die Juden und die Embryos einer deutschen Intelligenz moderner Prägung.[21] Als diese ihren Außenseitercharakter verlor und ihren Platz in der Gesellschaft fand, schwand die Funktion der jüdischen Salons. Die Salons von Henriette Herz und Rahel Levin-Varnhagen waren ein entscheidender Augenblick unter den seltenen Ereignissen jener jüdisch-deutschen Osmose. Obwohl sie keinen institutionellen Charakter besaßen, waren sie als Orte gesellschaftlichen Lebens anerkannnt und de facto legitimiert. Alle wichtigen Gestalten der damaligen Zeit hielten sich dort auf: Goethe, Schleiermacher, die Brüder Schlegel, Humboldt, Adalbert von Chamisso, Heinrich von Kleist etc. Die Salons stellten einen wichtigen Schritt im Assimilationsprozeß dar, obwohl sie sich nur kurze Zeit hielten. Symptomatisch für ihr Scheitern ist, daß Gastgeberinnen wie Rahel Levin und Henriette Herz versuchten, dem Judentum zu entkommen, indem sie zum Christentum konvertierten.

1806 wurde die erste jüdische Zeitschrift deutscher Sprache gegründet. *Sulamit* sollte die Entstehung der Wissenschaft des Judentums im Jahr 1819 vorantreiben, dem Jahr, in dem die letzte große Pogromwelle das Deutschland des 19. Jahrhunderts überrollte. Gegründet wurde diese Zeitschrift in Berlin von Leopold Zunz und Eduard Gans, zwei treuen Anhängern Mendelssohns und der Haskala. Diese Schule schlug eine Deutung jüdischer Kultur vor, die die spirituellen messianischen Quellen ausließ. Im Vordergrund stand die aufklärerische Exegese. Das Judentum wurde von seiner mystischen Dimension befreit, die im Verdacht stand, das Bild des Ghettos heraufzubeschwören und es mit einer Art mittelalterlichem Obskurantismus in Zusammenhang zu bringen. Es wurde der Modernität angepaßt und wurde zur *Religion der Vernunft* – eine Definition, die ein Jahrhundert später der Neukantianer Hermann Cohen gab. Im Unterschied zu den traditionellen Rabbinerschulen wurde in der von Leopold Zunz auch Unterricht auf deutsch erteilt. Sogar Laienpublikum besuchte sie (darunter zum erstenmal auch Frauen). Das Judentum war aufgeklärt und entnationalisiert, es behielt nur noch seinen konfessionellen Charakter, und die Juden mußten sich in Bürger mosaischen Glaubens verwandeln, nach dem Muster der deutschen Katholiken und Protestanten. Judentum und Deutschtum mußten zusammenfallen, denn, Berthold Auerbach erklärte, «das deutschnationale Ideal» sei «zugleich das Ideal der Humanität».[22] Für Gabriel Reisser, den ersten Juden, der in ein deutsches Parlament gewählt wurde (auf der Versammlung in der Frankfurter Paulskirche im Jahr 1848), waren die Israeliten entweder Deutsche oder «Vaterlandslose». Er beschrieb Deutschland als «Orientierung meiner Gefühle und Gedanken, der Sprache, die ich spreche und der Luft, die ich atme». Ihm den Status des deutschen Bürgers zu verweigern, bedeutete, ihm sein innerstes und tiefstes Wesen zu nehmen.[23]

Als das Bismarcksche Reich 1871 die Emanzipation vollendete, war nicht nur eine kleine intellektuelle Elite von der Akkulturation betroffen, sondern die jüdische Gemeinschaft als Ganze. Die Voraussetzung für die Gründung des «Zentralvereins deutscher Staatsbürger jüdischen Glaubens» wurden

27

geschaffen. Er entstand 1893 und wurde bald zur wichtigsten Einrichtung der jüdischen Gemeinschaft. Dank eines feinen Netzes von Kultur-, Sport-, Erholungs- und anderen Vereinen, in denen zu Beginn des Jahrhunderts etwa 300 000 Menschen organisiert waren, d.h. mehr als die Hälfte der Gemeinschaft, wurde der Zentralverein zu einem wichtigen Assimilationsinstrument. Das Prinzip der Treue zum deutschen Vaterland stand in den Satzungen und wurde in allen Publikationen deutlich gewürdigt. Der Slogan der deutschen Nationalisten *Mit Gott für Kaiser und Vaterland* wurde von den Vereinsmitgliedern selbstverständlich anerkannt. Zur selben Zeit sagte eine große Mehrheit der österreichischen Juden dem habsburgischen Kaiser ihre Unterstützung zu, obwohl ein wichtiger Teil der Intelligenz sich stark von der sozialistischen Bewegung angezogen fühlte.

Letzter Meilenstein jener problematischen Begegnung mit der Welt der Deutschen war die Weimarer Republik, die den Juden einen weiteren Schritt zur Integration in die deutsche Gesellschaft ermöglichte und gleichzeitig Schauplatz einer ungeheuren Zunahme des Antisemitismus wurde. Es wäre vielleicht übertrieben, in Übereinstimmung mit manchen Historikern anzunehmen, daß die Weimarer Kultur ohne Juden nie entstanden wäre,[24] es ist jedoch sicher, daß sie darin eine vorrangige Rolle spielten. Es schien sich eine echte «jüdisch-deutsche» Symbiose abzuzeichnen, aber sie spielte sich nur im Milieu nonkonformistischer, im Abseits stehender Intellektueller ab (trotz ihrer Zahl, ihrer Qualität und der Wirkung ihres Werkes).

Wir haben schnell die wichtigsten Schritte des Assimilationsprozesses der Juden aufgezählt, zu denen die Begegnung, der Beginn eines Dialogs und schließlich bis zu einem gewissen Grad ein Verschmelzen mit der deutschen Nation gehören. Die Bedeutung der Assimilation für die jüdische Welt wird in einer berühmten Formel treffend zusammengefaßt: «Draußen wie die anderen Leute sein und zu Hause Jude.» Man darf jedoch nicht die Grenzen und Widersprüche dieses Prozesses ignorieren; nicht nur die extreme Langsamkeit der Emanzipation, sondern vor allem die Tatsache, daß sie in hohem Maß eine Folge der Französischen Revolution und ihrer Nachwirkungen im Europa Napoleons war und viel weniger das Ergebnis einer internen Entwicklung. Die deutsche Aufklärung – von Gotthold Ephraim Lessing bis zu Wilhelm von Dohm – hatte nicht die Idee der Emanzipation hervorgebracht, sondern die der Toleranz, wie sie 1779 das Stück *Nathan der Weise* propagierte und wie sie im Toleranzedikt des habsburgischen Kaisers Joseph II. zum Ausdruck kam. Man richtete sich nach dem französischen Modell, und die Integration der Juden in die Nation wurde als eine eher das Individuum denn die Gesellschaft betreffende Maßnahme betrachtet. Die Gewährung des Bürgerrechts sollte die Juden veranlassen, ihre kulturellen Besonderheiten abzulegen; auf weitere Sicht hätten sie sich des Judentums überhaupt entledigen müssen. Ihre kollektive Identität sollte langsam aufgeweicht werden und schließlich ganz verschwinden. Paradoxerweise folgte daraus die Assimilation der Juden als Individuen und die Bewahrung des Judentums, das nicht mehr durch die Religion definiert, sondern eher als «psychologische Qualität» verstanden wurde.[25] So entstand eine neue Figur: der *nichtjüdische Jude* oder der *gottlose Jude*;[26] nach Definition Freuds derjenige, «der die heilige Sprache nicht versteht, dem die Religion der Väter fremd ist (wie jede andere auch), der nationalistische Ideen nicht teilen kann und doch nie die Zugehörigkeit zu seinem Volk geleugnet hat und seine Besonderheit als jüdisch erfährt und nicht möchte, daß sie anders ist.»[27]

LICHT UND SCHATTEN DER ASSIMILATION

Gegen Mitte des 18. Jahrhunderts waren die jüdischen Gemeinden Mitteleuropas ihren mittelalterlichen Vorfahren noch sehr ähnlich. Sie waren nach der Beschreibung Max Webers eine «Kaste», die in sozialer, sprachlicher und kultureller Hinsicht von der sie umgebenden Gesellschaft vollkommen getrennt war. Ein Jahrhundert später hatte sich dieses Bild gewandelt. Inzwischen hatten sie die deutsche Sprache angenommen und die Mauern eingerissen, die sie von der Umwelt isolierten und innerhalb derer sie mehrere Jahrhunderte gelebt hatten. Jacob Katz hat die fünfzig Jahre, die den

Emanzipationsgesetzen vorausgingen, als Zeit der «halbneutralen Gesellschaft»[28] bezeichnet, die durch eine zunehmende Öffnung der Ghettos gegenüber dem Einfluß der Außenwelt gekennzeichnet ist. Man begann den Dialog mit Adligen. Diese Veränderung war innerhalb der absolutistischen Staaten durch das Wirken der Hofjuden vorbereitet worden, in der bürgerlichen Gesellschaft entstanden dann die ersten Laienorganisationen, die auch Juden zugänglich waren, beispielsweise die Freimaurer. Nach und nach verbreitete sich die Idee von einer «politischen Reform» der Juden, die für den allgemeinen «Fortschritt» der Gesellschaft notwendig erschien.

Im Staat Preußen, wo die Widerstände gegen die Emanzipation größer waren als anderswo, führte der Wunsch der Juden, sich in die deutsche Nation zu integrieren, vorübergehend zu einer Konvertierungswelle. Eine Spur von Hartnäckigkeit, mit der die jüdische Elite verzweifelt versuchte, vor dem Judesein zu fliehen, findet sich in folgenden Worten Rahel Varnhagens: «Wir müssen den Juden in uns vertilgen, das ist eine heilige Wahrheit.»[29] Einige Jahrzehnte später findet diese Haltung in den leidenschaftlichen – und in der Mehrzahl falsch verstandenen – Artikeln von Moses Hess und Karl Marx ein Echo. Hess, der heute wegen seines 1862 erschienenen Buches *Rom und Jerusalem*, in dem er den Anspruch der Juden auf eine eigene Nation formulierte, als Zionist gilt, bezeichnete 1841 die modernen Bourgeois, die sich in Deutschland entwickelt hatten, als «Raubtiere, Blutsauger, Juden, Geldwölfe». Marx sah zur selben Zeit die «objektive Grundlage» des Judentums im «praktischen Bedürfnis» und betrachtete die Juden als Prototypen des «Geldmenschen».[30] Da Leben und Werk dieser beiden jüdischen Intellektuellen beweisen, daß sie keine Antisemiten waren, müssen diese Schriften im historischen Kontext gesehen werden. Beide gehörten zur ersten Generation der assimilierten jüdisch-deutschen Intelligenz, die aus der Haskala hervorgegangen war, sich jedoch bereits von ihr entfernt hatte. Sie waren geprägt von der Philosophie der Aufklärung, (der Linkshegelianer, wie Ludwig Feuerbach sie nannte) und führten einen erbitterten Kampf gegen die Religion.

Die Konvertierungswelle – Heine hatte diese als «Eintrittskarte in die eropäische Kultur» bezeichnet – nahm recht beträchtliche Ausmaße an (zwischen 1812 und 1846 etwa 3500 von insgesamt 22000 Juden im Staat Preußen), im allgemeinen jedoch integrierten sich die Juden in die deutsche Gesellschaft, ohne die Merkmale abzulegen, die sie zur kollektiven Einheit machten. Die unmittelbare Folge der Gesetze, die ihnen u.a. das Wohnrecht in den großen Städten verweigerten, war eine starke Urbanisierung: die Bewegungs- und Wohnfreiheit brachte die Juden zusammen, anstatt sie zu zerstreuen. Gegen Ende des 19. Jahrhunderts lebten von einer halben Million Juden in Deutschland 10 000 in Berlin und der Rest in den wichtigsten deutschen Städten (in erster Linie Frankfurt, aber auch Hamburg, München und Stuttgart). Während der Weimarer Republik gab es in Berlin bereits 175 000 Juden; vor Beginn des Ersten Weltkrieges machten sie zehn Prozent der Wiener Bevölkerung aus, mit ihren zwei Millionen eine der größten europäischen Metropolen, und sieben Prozent der Einwohner Prags. Die Gemeinschaft wurde unter anderem durch eine starke Neigung zur Endogamie zusammengehalten. Die meisten «Mischehen» waren Ehen zwischen Juden und konvertierten Juden.

Die Emanzipation erleichterte die Lebensbedingungen der Juden entscheidend, die sozioökonomischen Strukturen aus der Ghetto-Zeit wurden jedoch nicht aufgehoben. 1789 gehörten neun Zehntel der Juden zu den ärmsten Bevölkerungs- schichten, ein Jahrhundert später waren die Proportionen genau umgekehrt: Nur noch ein Zehntel war arm. Nach diesem spektakulären Aufstieg rühmten sich die meisten deutschen Juden ihrer Zugehörigkeit zur Mittelschicht, eine privilegierte Minderheit gehörte den obersten Kreisen der Bourgeoisie an. Die Juden drängten in bislang verbotene Berufe (vor allem die freien Berufe), gaben aber ihre wirtschaftlichen und kommerziellen Tätigkeiten, die sie seit Jahrhunderten betrieben, nicht auf, im Gegenteil, sie hatten jetzt die Möglichkeit, ihnen viel ungezwungener nachzugehen. 1856 waren 56 Prozent der Juden im Handel aktiv, in dem sonst nur zehn Prozent der deutschen Bevölkerung tätig waren.[31] Zwischen 1870 und 1910 waren zwei von fünf Wiener Juden Kaufleute, die anderen waren Angestellte oder übten freie Berufe aus.[32] 1910 stellten sie in Deutschland etwa 15 Prozent der Anwälte, sechs Prozent der Ärzte, acht Prozent der Schriftsteller und Journalisten. Dabei betrug ihr Anteil an der Gesamtbevölkerung nur ein Prozent. In Wien waren 62 Prozent der Anwälte, 51 Prozent der Ärzte und Zahnärzte, 70 Prozent der Naturwissenschaftler Juden. Unter den Journalisten war ihr Anteil erheblich (u.a. deshalb, weil sie nicht an der Universität lehren durften). Manche der größten Tageszeitungen und Zeitschriften wie die *Neue Freie Presse* und das *Wiener Tageblatt* in Österreich, das *Prager Tageblatt* in Böhmen, die *Frankfurter Zeitung* und das *Berliner Tageblatt* in Deutschland wurden im allgemeinen von den Antisemiten als «jüdische Presse» abqualifiziert. Bedeutende Verlagshäuser wie Ullstein, Mosse oder Fischer gehörten Juden. Die emanzipierten Juden waren im Grunde, wie Jakob Katz es nannte, «ökologisch zusammengeballt, wirtschaftlich streng begrenzt sowie gesellschaftlich und kulturell weitgehend isoliert», also keine soziale Gruppe mehr, sondern eine «Untergruppe» mit anderen sozialen und kulturellen Zügen, die weit über die einer einfach religiösen Minderheit hinausging.[33]

Wir haben bereits darauf hingewiesen, daß ein entscheidendes Merkmal dieser «Untergruppe» die Endogamie war.[34] Mischehen waren eher die Ausnahme als die Regel, und die Juden führten weiterhin ein Leben für sich. Im Berufsleben begegneten sie Nichtjuden, im Privatleben jedoch selten. Hans Mayer schreibt: «Man lebte, ohne es zu wissen, jedenfalls ohne es wissen zu wollen, in einem deutsch-jüdischen Ghetto...»[35] Dieselbe Feststellung findet sich in einem Brief Franz Rosenzweigs, der 1917 an seine Eltern schrieb: «Ihr haltet euch, wenn ihr euch als Deutsche fühlen wollt, eben auch an die kleine Auswahl von Deutschen, die euch gelten lassen, als da sind 1. die ,Deutschen', die in derselben Lage sind wie ihr, nämlich die anderen Juden, 2. einige Deklassierte und Bohemiens, 3. Doktrinäre, Liberale und Wohlhabende, 4. *Die Verjudeten*, 5. eure Abhängigen.»[36]

Dennoch nahmen die Juden zunehmend den Lebensstil des deutschen Mittelstands an. In seinem Buch *Berliner Kindheit* beschreibt Walter Benjamin, wie am Abend vor Weihnachten der Weihnachtsbaum geschmückt wurde, für ihn ein weitaus schöneres Erlebnis als der Besuch der Synagoge am jüdischen Neujahrsfest.[37] Gershom Scholem beschreibt in seiner Autobiographie das kulturelle und psychologische Klima im jüdischen Milieu im Berlin zu Anfang des Jahrhunderts. Religiöse Bräuche wurden immer weniger respektiert und nur noch als Familienfeiern begangen. Am Versöhnungstag wurde kaum noch gefastet. Im Restaurant neben der großen Syngagoge in der Oranienburger Straße sagte der Oberkellner: «Für die Herren Fastenden wird im Hinterzimmer serviert.» Scholem erinnert sich, daß die Taufe als «Zeichen von Feigheit und Servilität» galt. Auf der letzten Seite der Gemeindezeitung, die als einzige gelesen wurde, wurden die Namen der Konvertiten aufgeführt. Für die Betroffenen, die sich dem allgemeinen Vorwurf ihrer Glaubensbrüder ausgesetzt sahen, war dies höchst unangenehm.[38] Die formelle Zugehörigkeit zur Gemeinde kennzeichnete viele Juden, die ihren Glauben längst aufgegeben haten, in negativer Weise als andersartig, und diesem Anderssein konnte man nicht entgehen, ohne Gewissensbisse zu haben oder den Vorwurf der Feigheit auf sich zu ziehen.

Zur Assimilation gehörte es, bestimmten Verhaltensnormen zu entsprechen und sich einem System gültiger Werte anzupassen. Ein Jude, der zur Mittelschicht oder zur Klasse der Besitzenden gehörte, mußte ihre Kultur- und Lebensnormen übernehmen. Im weitestem Sinn muß man den Einzug der Juden in die deutsche Gesellschaft als einen Prozeß der Verbürgerlichung betrachten. Dennoch war die mit Zähigkeit verfolgte und oft glänzend gelungene Akkulturation nicht frei von den oben erwähnten Widersprüchen. So konnten die Juden zwar leben *wie* deutsche Bürger, aber nur selten *mit* ihnen; sie konnten die Werte der sie umgebenden Gesellschaft annehmen, aber starke Widerstände hinderten sie daran, darin aufzugehen; sie konnten sich als zu ihr gehörig anerkennen, aber sie wurden nicht anerkannt. Gegen Ende des 19. Jahrhunderts bestand das deutsche Bürgertum aus Clubs, Vereinen und Verbindungen aller Art, die prinzipiell zwar jedermann offen standen, in Wahrheit jedoch nur einer beschränkten Elite zugänglich waren und nicht nur durch soziale, sondern auch durch konfessionelle und kulturelle Barrieren nach außen abgegrenzt waren. In der Folge nahm die Verbürgerlichung der Juden Züge einer «negativen Integration» an. Das zeigte sich auch im Widerspruch von Bildung und Achtbarkeit: Die emanzipierten Juden waren hochgebildet – ihre Erziehung war im Grunde nur eine neue Form der Verbesserung, die von Dohm gefordert hatte –, aber geachtet waren sie immer noch nicht.[39]

Gerson Bleichröder ist geradezu der Inbegriff dieser Widersprüche der Assimilation. Er war der wichtigste Berliner Bankier und Finanzier Bismarcks, enger Freund der Familie Rothschild und Mittelpunkt der internationalen Finanzwelt. Er erreichte einen sozialen Status, der für einen deutschen Juden seiner Zeit unvorstellbar war. 1872 wurde er sogar geadelt. Die Biographie Bleichröders ist der typische Werdegang eines Aufsteigerjuden. Er gehörte zur herrschenden Wirtschaftselite, wurde jedoch nie in die preußische Aristokratie aufgenommen, die ihn auf Distanz hielt und sich ihm gegenüber herablassend gab. In der deutschen Gesellschaft zu Ansehen zu gelangen, setzte voraus, daß man aus dem Adel stammte. Bleichröders Ansehen beruhte auf nichts anderem als seinem Geld. Er hatte die Mentalität eines Hofjuden; seine jüdische Herkunft und seinem Anderssein machten ihm schwer zu schaffen, und er bemühte sich sein Leben lang, Orden und Titel zu erwerben. Aber es gelang ihm nie, die Erinnerung an seine Herkunft auszulöschen.[40] Bleichröder repräsentierte zugleich die Erfolge und die Frustrationen der deutschen Juden der zweiten Hälfte des 19. Jahrhunderts. Ihre Stellung als Minderheit, Erben einer Händlerkaste, die in einer Gesellschaft wirkte, die zwar eine beträchtliche ökonomische Ausdehnung erlebte, aber Geschäfte immer noch als entehrende Beschäftigung ansah, hatte eine doppelte Konsequenz: Einmal begünstigte sie ihren gesellschaftlichen und ökonomischen Aufstieg, andererseits trug sie dazu bei, ihr Ausgeschlossensein zu perpetuieren.

Eine der typischen Konsequenzen der Assimilation war der Wunsch, sein Judentum zu verleugnen. Die Juden, die ganz in der Gesellschaft aufgehen und in einer stark vom Antisemitismus bestimmten Umgebung anerkannt werden wollten, verinnerlichten diesen oft und wandten seine Vorurteile, deren

Opfer sie waren, auf sich selbst an. Daraus entstand das bekannte Phänomen des «Selbsthasses», der bei den mitteleuropäischen Juden der Jahrhundertwende so verbreitet war, daß daraus (nach Arthur Schnitzler) «die neueste jüdische Volkskrankheit» wurde. Otto Weininger, der junge österreichische Philospoph, der 1903 Selbstmord beging, nachdem er ein provokantes Buch mit dem Titel *Geschlecht und Charakter* veröffentlicht hatte, in dem er sich über die Minderwertigkeit von Juden und Frauen ausließ, wurde zum Inbegriff für diese Haltung, war aber bei weitem kein Einzelfall. Abgesehen von den extremen Fällen, die Theodor Lessing 1930 bis ins einzelne schilderte,[41] kann man Spuren jüdischen Selbsthasses in verschiedenem Ausmaß bei zahlreichen Intellektuellen finden, vom Komponisten Hermann Levi, der sich im Namen seiner Bewunderung für Richard Wagner demütigte,[42] bis zu Karl Kraus, der seine Zeitschrift *Die Fackel* mit Artikeln des rassistischen Theoretikers Houston Stewart Chamberlain eröffnete und Pfeile auf die jüdischen «Haie» abschoß, die in seinen Augen die Wiener Kultur zu einer Art Börse gemacht hatten, und der das Judentum als eine Art «asiatischer Barbarei» betrachtete. Allgemein war dieses Phänomen Ausdruck eines Gefühls von Minderwertigkeit, der Frustration und des Unbehagens, eine in der jüdischen Gemeinschaft weit verbreitete Seelenlage. Für die emanzipierten Juden lag ihre Wurzel in der Schwierigkeit, in einer Gesellschaft zu leben, die ihr wie eine «Welt ohne Anerkennung»[43] erschien.

Eine Art Furcht vor sich selbst kam in der Ablehnung der aus Osteuropa eingewanderten Glaubensgenossen zum Ausdruck, die gegen Ende des 19. Jahrhunderts in immer größerer Zahl nach Deutschland kamen. Der Unterschied zwischen «Krawattenjuden» und «Kaftanjuden» ging weit über den Klassenkonflikt zwischen Bürgertum und Proletariat hinaus. In den Augen der assimilierten Juden riefen die *Ostjuden* unweigerlich das unangenehme und verwünschte Bild des Ghettos in Erinnerung; in ihren Ohren klang das Jiddische wie ein barbarisches und peinliches Kauderwelsch (der Historiker Heinrich Graetz weigerte sich sogar, seine berühmte *Geschichte der Juden* ins Jiddische übersetzen zu lassen). Die Gegenwart mehrerer zehntausend Ostjuden – etwa zehn Prozent der jüdischen Bevölkerung in Deutschland zu Beginn des Jahrhunderts und etwa 19 Prozent während der Weimarer Republik[44] – schien das schon jetzt nur schwer zu erreichende Ansehen (anders gesagt die Errungenschaften der Assimilierung) zu gefährden und wurde als ein Hindernis auf dem Weg zur «jüdisch-deutschen Symbiose» angesehen.

DAS AUFKOMMEN DES ANTISEMITISMUS

Ein weiteres kritisches Element hing mit dem Aufschwung des modernen Antisemitismus zusammen, der einen bedrohlichen Schatten auf das Leben der Juden warf. Durch seine stark rassistische Orientierung, verwandelte sich der Haß gegen die Juden in eine Strömung, die nicht nur auf einer Ideologie beruhte, sondern die in dem kulturellen und psychologischen Zement enthalten war, in dem alle sozialen Widersprüche des modernen Deutschland zusammenkamen. Alle reaktionären Strömungen – Antisozialismus, Antiliberalismus, konservativer und romantischer Antikapitalismus etc. – flossen im Antisemitismus zusammen, der eine Art negativer Identität für verschiedene soziale Schichten darstellte (vor allem für die Kleinbürger), die von der plötzlichen Veränderung des Landes getroffen und durch sie verunsichert waren. Das emanzipatorische Denken wurde durch Theorien verdrängt, die zu beweisen suchten, daß die Juden nicht zum germanischen *Volk* gehörten.[45]

Im letzten Viertel des 19. Jahrhunderts speiste der Gegensatz von Judentum und Deutschtum eine Flut antisemitischer Schriften. In verschiedenen Nuancen wurde darin die grundsätzliche Fremdheit der Juden in Deutschland zum Ausdruck gebracht, in den Werken der dem Geist der Romantik verpflichteter Denker, die einen grundlegend antimodernen «Kulturpessimismus» vertraten (Paul de Lagarde, Julius Langbehn und Eugen Diederichs), in den Werken traditionalistischer katholischer sowie protestantischer Antisemiten (August Rohling und Adolf Stöcker), in den Schriften fanatischer Pangermanisten und Theoretiker des *völkischen* Nationalismus (Georg von Schönerer und Houston Stewart Chamberlain) oder mit Beginn des 20. Jahrhundetrs auch in den

Werken der Anhänger einer «konservativen Revolution» (Arthur Möller Van der Bruck, Oswald Spengler, Carl Schmitt). Zwar kann der «spirituelle» Antisemitismus Langbehns, der Spinoza bewunderte, nicht verglichen werden mit Chamberlains wahnwitzigen Äußerungen über die jüdische *Gegenrasse*, noch kann der Antisemitismus Möller Van der Brucks mit dem Rosenbergs auf eine Stufe gestellt werden. Alle aber entstammten demselben kulturellen Klima und sahen einen unversöhnlichen Gegensatz zwischen «Ariern» und «Semiten». Man könnte zahlreiche Verbindungen zwischen den verschiedenen Formen des Antisemitismus feststellen, wie der Fall Wilhelm Stepels beweist, des Herausgebers von *Deutsches Volkstum*, der einen kulturellen und nicht biologischen Antisemitismus vertrat und dem doch im Nazireich ein hoher Stellenwert zukam.[46] Der Antisemitismus konnte in Deutschland den Aufbau einer nationalen Identität begünstigen, die dem neuen Staat fehlte. Im Bismarckreich, das aus diversen Teilen bestand und wenig homogen war, fungierte der Antisemitismus als Element nationaler Einheit im Gegensatz zum «jüdischen Kosmopolitismus». Er konnte die Juden auch zum Sündenbock machen, an dem das Gefühl sozialen Unbehagens ausgelassen wurde. Der Antisemitismus nahm die Form eines «kulturellen Codes» an, wie Shulamit Volkov schreibt.[47]

Gegen Mitte des 19. Jahrhunderts trugen mehrere Schriftsteller zur Verbreitung des Antisemitismus bei, indem sie bestimmte stereotype Figuren schufen, die mit sämtlichen, üblicherweise den Juden zugeschriebenen Fehlern behaftet waren. Der berühmteste Roman dieses Genres war Gustav Freytags *Soll und Haben*, das 1853 erschien und zu Beginn der achtziger Jahre bereits in der 36. Auflage gedruckt wurde. Der Jude galt als Inbegriff aller antinationalen Werte, und der Antisemitismus wurde zu einem Hauptbestandteil der herrschenden Ideologie, die mit Vorliebe in den Universitäten zusammengekocht wurde. Ihr lautstärkster und am meisten beachteter Wortführer der antisemitischen «Mandarine» war zweifellos Heinrich von Treitschke. Dieser Altliberale hatte einst das aufklärerische Ideal der «Toleranz» vertreten, veröffentlichte jedoch 1880 ein Buch über die Judenfrage, *Ein*

Wort über unser Judentum, in dem er eine heftige Attacke gegen die Emanzipation führte.[48] Er betrachtete die Juden als mit den christlichen Grundsätzen der europäischen Zivilisation unvereinbares, fremdes Element, in das sie sich nur durch einen *Einbruch* hatten integrieren können. «Die Juden sind unser Unglück», jener berühmte Aphorismus des alten Professors, wurde zum Leitspruch eines großen Teils der deutschen Intelligenz.

Der Althistoriker Theodor Mommsen verteidigte in einer Auseinandersetzung mit Treitschke einen liberalen Standpunkt, der aus der Aufklärung entstanden war und die Emanzipation befürwortete. Mommsen erkannnte den Juden das deutsche Bürgerrecht zu, plädierte für ihre zunehmende Germanisierung und forderte sie auf, ihre Besonderheiten aufzugeben, da das Christentum die Basis der «internationalen Zivilisation» sei. Die Juden sollten sich ihm anschließen und nicht als «kosmopolitisches Ferment» wirken.[49] Sie konnten also in die Gesellschaft aufgenommen werden, vorausgesetzt, sie gaben ihr Judentum auf. Diese Haltung wurde später von Karl Kautsky vertreten, dem wichtigsten Theoretiker der deutschen Sozialdemokratie und der II. Internationale, die positiv hervorhob, daß die Juden avantgardistischen Bewegungen anhingen, das Judentum aber zugleich als «einer der letzten Überreste aus dem feudalen Mittelalter» bezeichneten. Kautsky schrieb: «Wir sind nicht völlig aus dem Mittelalter heraus, solange das Judentum noch unter uns existiert. Je eher es verschwindet, desto besser für die Gesellschaft und die Juden selbst.»[50]

In diesem Zusammenhang begann sich der Mythos von der *Verjudung* zu verbreiten, der die Assimilierung der Juden als Bedrohung der deutschen Kultur ansah. Diese Vorstellung tauchte zum erstenmal in einer Schrift Richard Wagners über *Das Judentum in der Musik* (1850) auf, in dem der Komponist den Juden vorwarf, die Kunst zu degradieren, um sie zu kommerzialisieren. Er unterstrich ihre Unfähigkeit, die «deutsche Seele» zu verstehen und verunglimpfte die Stücke Meyerbeers als eine Art jiddisch klingender Jargon.[51] Gegen Ende des letzten Jahrhunderts erlebte der Mythos von der *Verjudung* größte Verbreitung. In der Vorstellung der Anti-

semiten kam die *Verjudung* im spektakulären Aufstieg der
emanzipierten Juden innerhalb der deutschen Gesellschaft
zum Ausdruck, außerdem in der Verbreitung jüdischen Geistes, der sich die germanische Kultur aneignete, um sie von
innen zu zerstören. Um diesen Vergiftungsprozeß der deutschen Geisteswelt treffender zum Ausdruck zu bringen, wurde in antisemitischen Kreisen ein neues Adjektiv gebildet.
Man sprach neuerdings von «vermauschelter Literatur».[52]
Wien erlebte damals den Höhepunkt geistig-kulturellen
Schaffens – vom Austromarxismus zur Psychoanalyse – und
schien vom jüdischen Geist beherrscht. Es galt deshalb als
Beweis des siegreichen Vormarschs des Judentums bei der
Eroberung und Pervertierung der abendländischen Gesell-
schaft. Karl Lueger, der Bürgermeister der österreichischen
Hauptstadt, verteidigte diese Idee ausdrücklich: «In Wien gibt
es Juden wie Sand am Meer; wohin man geht, immer nur
Juden; geht man ins Theater, nichts als Juden...»[53] Für den
englischen germanophilen Intellektuellen und fanatischen
Wagnerianer Houston Stewart Chamberlain, den Autor des
Buches *Die Grundlagen des neunzehnten Jahrhunderts*
(1899), hatte der schädliche Einfluß der Juden bereits den Fall
des Römischen Reiches und den Niedergang Großbritanniens
(wegen Disraeli) zu verantworten und drohte jetzt die gesamte
abendländische Zivilisation im Innern zu zerstören, in dem er
eine entsetzliche Rassenmischung daraus machte, ein «*Völkerchaos*», das jegliche geistigen Werte leugnete.[54] Im Bereich
der Sozialwissenschaften inspirierte der Begriff der «Verjudung» ein Werk wie Werner Sombarts *Die Juden und das
Wirtschaftsleben* (1911), das den modernen Kapitalismus als
Ausdruck einer ökonomischen Rationalität sah, die wesentlich mit den Juden verbunden war.[55] Anders gesagt, der Aufschwung des Nationalismus (vor allem *völkischer* Prägung)
stellte die jüdisch-deutsche Einheit in Frage, ihre Basis wurde
immer zerbrechlicher und verletzlicher.

JUDENTUM UND DEUTSCHTUM

Wie reagierten die Juden auf den Antisemitismus? Im allgemeinen neigte der Zentralverein dazu, immer häufiger Erklärungen abzugeben, in denen man sich zu Patriotismus und Staat bekannte. Die Intellektuellen identifizierten sich fast vollständig mit der deutschen Kultur, was allerdings die teutomanen Gemüter zutiefst irritierte. Wagner stellte auf einem seiner Konzerte in Breslau 1863 «zu meinem Entsetzen» fest, daß das Publikum fast nur aus Juden bestand, ein für ihn höchst unangenehmes Erlebnis, das sich am nächsten Tag, als man ihm zu Ehren ein Essen gab, wiederholte.[56] Der Gründer des *Goethe Jahrbuchs* Ludwig Geiger, war reformierter Jude, ebenso die Hälfte der Mitglieder der Goethe-Gesellschaft in Berlin.

1880 antwortete Ludwig Bamberger, ein nationalliberaler jüdischer Intellektueller und Bismarck-Anhänger, Treitschke mit dem Artikel *Deutschtum und Judentum*. Seiner Meinung nach hatten sich die Juden während der gesamten Diaspora-Zeit nie mit einem Volk so nah verbunden wie mit den Deutschen. Sie seien dank der deutschen Sprache erwachsen geworden, sagte er, und da die Sprache der Geist sei, hätten sie sich germanisiert.[57] Moritz Lazarus, Psychologe und Vertreter der Bewegung für die Wissenschaft des Judentums, schloß sich der gängigen Unterscheidung zwischen «Germanen» und «Semiten» an, wies jedoch darauf hin, die Juden unterschieden sich von den «Ariern» nur hinsichtlich ihrer Abstammung, ansonsten gehörten sie ganz zur deutschen Nation. Er war stolz auf sein Judentum und wollte es «in den Dienst des deutschen Nationalgeistes» stellen.[58] Eugen Fuchs, einer der führenden Männer des Zentralvereins, schlug vor, das Judentum «auf dem Boden des deutsche Vaterlands wieder(zu)beleben», um zur Schaffung eines «Typus höheren Menschentums» beizutragen. Das *Deutschtum* war seine Nation und sein *Volk*, das Judentum war für ihn Glauben und Zugehörigkeit zu einem *Stamm*. Er äußerte, daß «die Stammes- und Glaubensart uns aber nicht völkisch von den Deutschen absondert».[59] In einer autobiographischen Schrift hob Eduard Bernstein, einer der wichtigsten Führer der Sozialdemokratie, hervor, daß er in seiner Jugend, kurz vor der Reichsgründung, national eingestellt gewesen sei. «Ich fühlte mich ganz als Deutscher, allerdings als liberal-demokratischer Deutscher. Die nationale Bewegung der sechziger Jahre für die deutsche Einheit nahm auch mich völlig gefangen. Schwarzrotgold, die demokratische Trikolore der Einheit Deutschlands, war mein Banner...»[60]

Das Gefühl, der deutschen Nation und Kultur anzugehören, war für die gesamte jüdische Gemeinschaft charakteristisch, und zwar jenseits aller politischen Unterschiede. Der Münchner anarchistische Schriftsteller Gustav Landauer bekräftigte in einem Essay von 1913, der später in dem Sammelband *Der werdende Mensch* erschien, seine doppelte Zugehörigkeit zu Judentum und Deutschtum. Sie waren für ihn zwei Aspekte derselben Existenz, und keiner von diesen hatte Vorrang vor dem anderen. Er verglich sie mit zwei Brüdern, die von der Mutter auf verschiedene Weise, aber gleich stark geliebt werden. Selbst die Zionisten schienen nicht auf ihr Deutschtum verzichten zu wollen. Franz Oppenheimer etwa formulierte dies mit fast denselben Worten wie Landauer: Auch er war ebenso «stolz» auf seinen deutschen wie seinen jüdischen Ursprung und erklärte, er sei «froh, im Vaterland Kants und Goethes geboren und erzogen worden zu sein», ihre Sprache zu sprechen und ihre Kultur zu besitzen. «Mein Deutschtum ist mir ebenso lieb wie meine jüdische Abstammung... Ich vereinige in mir ein jüdisches und ein deutsches Nationalgefühl».[61] Zu Anfang priesen die Zionisten voller Stolz ihr Verwurzeltsein in der westlichen Zivilisation und der deutschen Kultur. Die Gründung eines jüdischen Staates in Palästina erschien ihnen aussichtsreich für die unterdrückten und verfolgten Ostjuden des Zarenreichs, nicht aber für die deutschen Juden. Bevor der Zionismus zu einem Meilenstein ethnisch-kultureller Identität wurde, war die Anhängerschaft an die zionistische Bewegung nichts anderes als eine philanthropische Betätigung innerhalb des Judentums. Oppenheimer, der den Assimilitionismus kritisierte, gestand ohne Mühe ein, selbst ein «assimilierter» Jude zu sein und konnte zugleich sagen: «Mein Deutschtum ist mir ein Heiligtum.» 1910 erschien in der *Welt*, einem Blatt der Zionistischen Vereinigung für Deutschland, ein Artikel von ihm, in dem er einen deutlichen Trennungsstrich zwischen ethnischer Zugehörigkeit (die allen Juden gemein war und sich in ihrem *Stammesbewußtsein* kristallisierte) und der nationalen und kulturellen Zugehörigkeit, die je nach den Lebensumständen in der Diaspora ganz verschieden sein konnte. Im Gegensatz zu den Ostjuden, die Träger einer nationalen Tradition und Kultur waren, identifizierten sich die Juden in Mitteleuropa mit der deutschen Nation und Kultur.[62] Man darf nicht vergessen, daß selbst für Theodor Herzl, den Begründer des politischen Zionismus, das Deutschtum in gewisser Weise Quelle jeglicher nationaler Erneuerung des Judentums war, was in seinem Wunsch zum Ausdruck kommt, das Deutsche zur Amtssprache des zukünftigen israelischen Staates zu machen.[63]

Während des Ersten Weltkrieges wurde fast die gesamte jüdische Gemeinschaft von patriotischem Eifer ergriffen und gab sich große Mühe, zum Erfolg der deutschen Armee beizutragen (100 000 Juden wurden eingezogen und 12 000 fielen im Kampf). Der Krieg war für die deutschen Juden ein wichtiges Ereignis, eine historische Gelegenheit, sich innerhalb der Gesellschaft zu legitimieren und durch den Beweis patriotischer Treue das Privileg der Emanzipation zu erlangen, das sie bisher nicht erkämpft hatten, sondern das ihnen von der Staatsmacht gewährt wurde. Die gesamte jüdische Presse, ob liberal oder zionistisch, erging sich in patriotischem Eifer, ganz im Einklang mit dem sie umgebenden Chauvinismus. «Große und schwere Prüfungen», schrieb die *Allgemeine Zeitung des Judentums*, das offizielle Organ des Zentralvereins, «bedrohen unser Vaterland. Nein, wir Juden müssen zeigen, daß das Blut unser früheren Helden immer noch in uns pulsiert und daß wir über die Jahrhunderte weder nutzlos gelebt haben noch als Opferlämmer. Bis heute waren wir in unserem Land beschützt und in Sicherheit. Jetzt, wo unser Vaterland Schutz braucht, muß es auf uns zählen können. Möge Gott uns deshalb seinen Segen und seine Unterstützung geben.»[64] Für die Juden bedeutete Deutschland zu schützen in erster Linie, ihre Staatsangehörigkeit zu verteidigen, ihr Recht, diesem Staat als vollwertige Bürger anzugehören. So sah der Rabbiner Leo Baeck den Krieg nicht als Konflikt um die politische und militärische Hegemonie in Europa an, sondern um eine Maßnahme zum Schutz «der Kultur und Moral Europas»[65]. Ludwig Frank, ein jüdischer Reichstagsabgeordneter, der im Ersten Weltkrieg an der Front fiel, wurde von der *Allgemeinen Zeitung des Judentums* als jüdischer Märtyrer und «Held der Humanität» gepriesen. Kurt Blumenfeld, der entschieden für die Assimilation eintrat und radikaler Anhänger des deutschen Zionismus war, erklärte: «... wer gegenüber der jüdischen Nation loyal ist, kann nicht gegenüber dem deutschen Vaterland illoyal sein.»[66] Mehrere nach Palästina emigrierte Zionisten kehrten nach Deutschland zurück, um als Freiwillige in die kaiserliche Armee einzutreten.

Vor diesem Hintergrund entwickelte Hermann Cohen seine Idee von der «jüdisch-deutschen Symbiose». Mit vierundsiebzig Jahren verspürte der Begründer der Marburger Schule das Bedürfnis, einen jüdischen Beitrag für das Krieg führende Deutschland zu leisten. Er erklärte ohne Zögern, daß in Deutschland «entgegen dem herrschenden Vorurteil» die Emanzipation auf soliderem Grund stünde als irgendwo sonst und unterstrich die wichtige Bedeutung des Judentums für die Welt der Deutschen: «Wir leben in der großen deutschen patriotischen Hoffnung, daß die Einheit zwischen Judentum und Deutschtum, worauf die gesamte Geschichte des deutschen Judentums gerichtet war, endlich ans Licht komme und strahle wie eine Wahrheit der Kulturgeschichte in der deutschen Politik und dem Leben Deutschlands, aber auch im Gefühl des deutschen Volkes.» Cohen wies darauf hin, daß der hebräische Monotheismus eine der ethischen Quellen des deutschen Idealismus sei. Die tiefe Affinität von messianischem Judentum und dem Humanismus der idealistischen Philosophie war Grundlage der unzerstörbaren Allianz, welche die Juden an das Schicksal Deutschlands band. Cohens Schlußfolgerung klang wie eine Devise der liberaldemokratischen Kultur, die die jüdische Intelligenz des 19. Jahrhunderts vertrat: «Als Deutsche wollen wir Juden sein, als Juden Deutsche.»[67] Hermann Cohen drückte damit nur die herrschende Meinung der jüdischen Gemeinschaft aus und bekräftigte sie mit seiner moralischen Autorität.

Martin Buber war nicht der einzige jüdische Philosoph, der Cohens Haltung kritisierte. Der junge Franz Rosenzweig, der gegen Krieg und deutschen Nationalismus opponierte, schrieb seinen Eltern: «Cohens geistiges Germanentum ist ebenso fragwürdig wie euer eigenes soziales Deutschtum: Das eine und das andere sind Fiktionen, die nur um den Preis größter Akrobatie weiter bestehen.»[68]

EINE IDENTITÄTSKRISE

Verschiedene Stimmen erhoben sich, die darauf hinwiesen, die Beziehungen zwischen Juden und Deutschen sein alles andere als idyllisch. Zuerst äußerten sich Zionisten zu dem Problem. Im Winter 1911-1912 löste die Zeitschrift *Selbstwehr,* das Organ der Vereinigung zionistischer Studenten in Prag «Bar Kochba», eine Debatte über die Rolle der Juden in der Literatur aus und nahm begeistert die Beiträge zweier Nichtjuden, des Wiener Kritikers Hermann Bahr und des Wirtschaftswissenschaftlers Werner Sombart, auf, welche die Notwendigkeit hervorhoben, im gegenseitigen Interesse beider Völker das kulturelle Leben der Juden von dem der Deutschen zu unterscheiden. Wenige Monate später wiederholte Sombart seine Äußerungen in dem Buch *Die Zukunft der Juden* und stieß auf lebhaftes Echo in der liberalen Presse. Sombart äußerte sich folgendermaßen: «Gerade auch dieses Gemisch zwischen jüdischem und deutschem oder anderen Wesen, wie es der Tag bringt, hat weidlich dazubeigetragen, alle Arten zu verschlechtern.» Er wünschte sich «von Herzen, daß diese unnatürliche Vermengung einmal würde ein Ende nehmen, zum Heil jeder besonderen Art». Und: «brennend für das Überleben beider, daß man ein für allemal mit jener widernatürlichen Paarung aufhört.»[69] Er machte den Vorschlag, die Juden nicht zu öffentlichen Ämtern und zur Lehre an den Universitäten zuzulassen, eine seiner Ansicht nach notwendige Maßnahme, um die nationale Reinheit der deutschen Universitäten aufrechtzuerhalten. Liberale Kreise übten Kritik an Sombart, Antisemiten und Zionisten pflichteten ihm bei.

1912 schrieb der Berliner jüdische Schriftsteller, Moritz

Goldstein, einen «provokanten» Essay mit dem Titel *Deutsch-jüdischer Parnaß* für die literarische Zeitschrift *Kunstwart* (die einen leicht pangermanistischen Anstrich hatte). Er begann mit der Feststellung, daß sich alle Juden als Deutsche betrachteten, daß diese sie aber als Ausländer ansähen. Dabei könne man unschwer einräumen, daß die deutsche Kultur in großem Maße jüdische Kultur sei: «Die rassereinen Germanen mögen sich sträuben, wie sie wollen, sie mögen (mit echt germanischer Logik) alles Gute für sich in Anspruch nehmen und alles Übel den Juden zur Last legen: Sie werden doch die Tatsache nicht aus der Welt schaffen, daß deutsche Kultur zu einem nicht geringen Teil jüdische Kultur ist.» Danach griff er die Juden an, die weiterhin «deutsche Kultur» hervorbrächten, ohne zu merken, daß sie sich an eine Gemeinschaft wandten, die sie ablehnte. «Wir, die Juden, verwalten den geistigen Besitz eines Volkes, das uns die Berechtigung und die Fähigkeit dazu abspricht».[70] Goldstein appellierte an die Juden, sich nicht mehr einer Nation zu unterwerfen, die ihre Leistungen nicht anerkannte, und forderte sie auf, die spezifisch jüdische Dimension ihrer geistigen Produkte mehr zu betonen. Seine Äußerungen wurden als Beweis seiner zionistischen Orientierung angesehen. Solche Gedanken hätte man von einem liberalen oder sozialistischen Juden in der Tat kaum erwarten können, da diese entschieden für die Assimilation eintraten. Der Artikel des jungen Schriftstellers rief heftige Reaktionen hervor und löste eine lebhafte Diskussion aus (die Redaktion von *Kunstwart* erhielt nicht weniger als 90 Briefe). In dieser Debatte verteidigten Ernst Lissauer und Ferdinand Avenarius (Herausgeber der Zeitschrift) die Positionen Goldsteins. Sie hoben Wert und Bedeutung der jüdischen Literatur hervor und unterstrichen ihren der deutschen Nationalkultur grundlegend fremden Charakter. Den Standpunkt der liberalen Juden brachte Jakob Loewenberg zum Ausdruck, der dem Gedanken einer Rückkehr zu einer Art neuhebräischen Literatur heftig widersprach, nachdem die deutschen Juden so lange gekämpft hätten, um das Bürgerrecht in ihrem jetzigen Vaterland zu erlangen. In Deutschland ruhten ihre Toten und sei die Heimat ihrer Seelen. Die Juden seien Deutsche und wollten dies auch bleiben.[71]

Die Debatte, die diese Artikel in der Zeitschrift *Kunstwart* ausgelöst hatten, begründeten die Korrespondenz zwischen dem jungen Walter Benjamin und dem zionistischen Dichter Ludwig Strauss (damals waren sie beide Studenten). Benjamins Briefe sind nicht nur interessant, weil sie den Werdegang einer zentralen Gestalt der deutschen Kultur beschreiben, sondern auch, weil sie ein Symptom der Veränderung von Identität und Geisteshaltung einer neuen Generation jüdischer Intelligenz zum Ausdruck bringen. Benjamin räumte ein, in einem liberalen und assimilierten Milieu aufgewachsen zu sein, daß das religiöse Judentum «ihm fern» lag und als nationales Phänomen ihm «unbekannt» sei. Er betonte aber zugleich, daß er der jüdischen Dimension seiner Existenz immer größte Bedeutung beimaß. «Ich bin Jude, und wenn ich als bewußter Mensch lebe, lebe ich als bewußter Jude», schrieb er. Dies hinderte ihn nicht daran, sich gleichzeitig als Jude und als Deutscher zu fühlen und einen Zionismus des Geistes zu propagieren, der nichts mit den nationalen und auf Gründung eines Staates abzielenden Ideen der offiziellen Zionisten gemein hatte. Die Emigration nach Palästina hatte in seinen Augen für deutsche Juden keinen Sinn, die ihre Wurzeln in Europa hatten, wo die Dinge schlecht stünden, wenn ihnen die geistige Energie ausginge.[72] In diesen Worten zeigte sich bereits ein Kurs, der sich von dem Gershom Scholems deutlich unterschied. Aus ihnen läßt sich herauslesen, daß eine Schicht junger Intellektueller begann, ihre jüdische Identität wiederzuentdecken. Sie lehnten zwar die Assimilation nicht ab, waren jedoch nicht bereit, sich durch sie zu patriotischer Loyalität verpflichtet zu fühlen. Im Unterschied zu den meisten Deutschen «mosaischen Glaubens» waren diese jungen radikalen Intellektuellen (zu ihnen gehörten Benjamin, Scholem, Rosenzweig, Bloch, Lukács und andere) während des Ersten Weltkrieges Pazifisten.

In denselben Jahren vertraute Kafka seinem Tagebuch an, wie unwohl er sich als assimilierter Jude fühle, der entwurzelt und von einer Kultur durchdrungen war, die ihm nicht gehöre, und der sich nur in einer Sprache ausdrücken könne, die er nicht als die seine empfand. In einer bekannten Passage eines Briefes an Max Brod stellt er die Situation der jüdischen

Schriftsteller in Prag als dreifache Unmöglichkeit dar: «Sie lebten zwischen drei Unmöglichkeiten (die ich nur zufällig sprachliche Unmöglichkeiten nenne, es ist das Einfachste, sie so zu nennen, sie könnten aber auch ganz anders genannt werden): der Unmöglichkeit, nicht zu schreiben, der Unmöglichkeit, deutsch zu schreiben, der Unmöglichkeit, anders zu schreiben, fast könnte man eine vierte Unmöglichkeit hinzufügen, die Unmöglichkeit zu schreiben.»[73] Mit diesen Worten beschrieb Kafka die Qualen der gelebten Assimilation als fortwährende Zerrissenheit; er brachte die Wirklichkeit und zugleich die Unmöglichkeit einer jüdisch-deutschen Symbiose zum Ausdruck. Gegen Ende seines Lebens sprach er in einem Brief an Milena Jesenska von sich als dem «typischsten» aller westlichen Juden, denen nichts gegeben sei. «...alles muß erworben werden, nicht nur die Gegenwart und Zukunft, auch noch die Vergangenheit, etwas, das doch vielleicht jeder Mensch mitbekommen hat (auch das muß erworben werden).»[74]

In Österreich trat das von Goldstein beschriebene Phänomen vielleicht in noch krasserer Form auf. Hier wurde das politische Leben von zwei antisemitischen Parteien bestimmt – den christlichen Demokraten Karl Luegers und den Pangermanisten Georg von Schönerers. Ihnen stand eine starke Arbeiterbewegung gegenüber, der zahlreiche Juden angehörten. Der Generalsekretär der Partei, Victor Adler, und Friedrich Austerlitz, der Herausgeber der *Arbeiterzeitung*, war unter ihnen, ebenso die meisten austromarxistischen Theoretiker wie Otto Bauer, Max Adler und Rudolf Hilferding. Sie traten jedoch nie in der Öffentlichkeit in Erscheinung. Das kulturelle Leben war, wie Lueger in der oben zitierten Passage zum Ausdruck bringt, in hohem Maß von den Juden geprägt. Zeitungswesen, Verlage, Literatur, Theater, Musik und die Künste überhaupt schienen etwas speziell Jüdisches zu sein. In seinen Erinnerungen beschreibt der Berliner Jude Jakob Wassermann den Eindruck, den er gewann, als er zum erstenmal Wien besuchte, folgendermaßen: «Ich erkannte aber bald, daß die ganze Öffentlichkeit von Juden beherrscht wurde... Dennoch war meine Verwunderung groß über die Menge von jüdischen Ärzten, Advokaten, Klubmitgliedern,

Snobs, Dandys, Proletariern, Schauspielern, Zeitungsleuten und Dichtern.»[75] Nach dem Schriftsteller Stefan Zweig wurden neun Zehntel der Wiener Kultur «vom Judentum gefördert, genährt oder schon selbst geschaffen».[76] Ein wichtiger Grund dafür, daß die Kultur einen typisch jüdischen Charakter erhielt, war, daß Juden von allen offiziellen Institutionen ausgeschlossen waren. In den Universitäten oder der Staatsverwaltung, in der Armee oder im Parlament waren Juden höchst selten, wenn es überhaupt welche gab. Dies ist angesichts der großen Zahl jüdischer Intellektueller und Künstler ganz erstaunlich. Man hat oft festgestellt, daß es in Deutschland oder Österreich keine Dreyfus-Affäre gab. Dies hat seinen Grund vor allem darin, daß es in diesen Ländern nie einen Hauptmann Dreyfus hätte geben können, da Juden nicht Offizier werden durften.[77]

Zwei weitere, wenn auch nur von wenigen vertretene Formen der Reaktion auf den Antisemitismus und die Aporien der Assimilation sind zu erwähnen. Die erste bestand in der Verweigerung der Assimilation und in der Entdeckung – oder nostalgischen Evokation – eines wahren Judentums, das in der westjüdischen Zeit, der säkularisierten jüdischen Welt des Abendlandes, deformiert worden war. Die kulturelle Welt des Ostjudentums faszinierte Franz Kafka, Martin Buber oder Joseph Roth, und diese idealisierten sie, fanden darin die Spuren eines gemeinschaftlichen Lebens, das durch die Assimilation und die Moderne verlorengegangen war. Den Beginn der Hinwendung eines Teils der jüdischen Intelligenz zu den religiösen, mystischen und apokalyptischen Quellen des Judentums kann man auf das Jahr 1911 datieren, als Bubers *Drei Reden über das Judentum* erschienen. Er ging von der Voraussetzung aus, daß die Juden eine nationale und nicht nur eine religiöse Gemeinschaft seien, die ihre Identität nicht anhand ihrer Funktion innerhalb der Welt der Nichtjuden bestimmten, sondern den ursprünglichen Wert des Judentums wiederentdecken sollten. Er ermahnte die Jugend, die universale Botschaft des alten Judentums anzunehmen und die ständige Selbstverleugnung des «Diasporajuden» aufzugeben.[78] Die von Buber durch seine Schriften und seine Zeitschrift *Der Jude* ins Leben gerufene Bewegung propagierte den sogenannten *Kulturzionismus*, der auf der Idee einer spirituellen Erneuerung des Judentums fußte. Der Appell Bubers, sich auf die gemeinsamen Quellen des Judentums zu besinnen, hatte große Wirkung unter der Jugend. Denn sie befand sich in einer Identitätskrise, war durch das Aufkommen des Antisemitismus (der besonders im studentischen Milieu verbreitet war) hart getroffen und wurde überall abgelehnt, außerdem revoltierte sie gegen die Generation der Väter (die assimilierte jüdische Bourgeoisie, die sich in hohem Maß mit der bestehenden Gesellschaftsordnung identifizierte) und machte ihr zum Vorwurf, ihnen nur ein «Gespenst des Judentums», wie Kafka in seinem berühmten Brief an seinen Vater schrieb, hinterlassen zu haben. Dennoch blieb die Assimilation nach wie vor Ausgangspunkt jener Wiederbelebung der eigenen Kultur. Man wollte das Judentum durch den Filter der deutschen Sprache und Natur wiedergewinnen. Der Fall Nathan Birnbaum, der die Assimilation verweigerte und auf radikale Weise die Rückkehr zu seinen Wurzeln betrieb, dabei sogar die deutsche Sprache aufgab und sich nur noch in jiddischer Sprache literarisch äußerte, bildet eine große Ausnahme.[86]

Die zweite Reaktion war vollkommen anders. Sie verwarf die Assimilation im Namen eines jüdischen Nationalismus, der alle Züge der «völkischen» Ideologie trug. Es war der Zionismus der deutschen Anhänger Wladimir Jabotinskis, die Palästina als Land einer jüdischen Nation, die durch gemeinsame Rasse und Blut gekennzeichnet war, beanspruchten. Es wäre vermutlich übertrieben, die Ideen des österreichischen Arztes Ignaz Zollschan, die er 1919 in einer vielgelesenen Schrift über die theoretischen Grundlagen der jüdischen Rassenfrage zum Ausdruck brachte, dem «völkischen» Zionismus zuzuordnen. Zollschan weigerte sich, die Menschheit in höhere und niedere Rassen aufzuteilen, aber seine Definition des Judentums gründete sich auf strikt biologische Kriterien und nährte sich eindeutig von den Theorien Gobineaus und Chamberlains. Er kam in der Untersuchung zu dem Ergebnis, daß «ohne Zionismus» die jüdische Frage mit zwei Möglichkeiten konfrontiert sei: «Auflösung der Rasse oder physische Degeneration.»[79]

Manche Elemente des «völkischen» Denkens wurden von

zahlreichen zionistischen Intellektuellen aufgegriffen, darunter auch von Buber, der die Juden als «Gemeinschaft des Blutes» definierte und die Auffassung vertrat, daß das Blut «die wurzelhafte, nährende Macht des Einzelnen» und «daß die tiefsten Schichten unseres Wesens vom Blute bestimmt» seien.[80] Dieser heute so überraschende Sprachgebrauch war Ausdruck einer kulturellen Haltung, die – im Unterschied zum völkischen Denken und einer bestimmten Form des deutschen Zionismus – nicht in einer reaktionären oder rassistischen Haltung mündete (sondern hinsichtlich Palästina eher an einer friedlichen und auf Kooperation mit den Arabern abzielenden Politik interessiert war).

Zusammenfassend läßt sich sagen, daß der Assimilationsgedanke unter den Juden die herrschende Ideologie blieb und in den meisten Fällen die Form eines politischen Liberalismus annahm. Jetzt wurde er jedoch durch neue Strömungen in Frage gestellt: durch den Zionismus, den Universalismus, den sozialistischen Internationalismus, den Kosmopolitismus, die Faszination durch die *Jiddischkeit*. Die jüdische Kultur in Mitteleuropa war fortan durch ihren großen Reichtum und die Pluralität ihrer Orientierungen gekennzeichnet.

DIE WEIMARER WENDE

Die Weimarer Republik markiert einen neuen Meilenstein der Integration der Juden in die deutsche Gesellschaft, sie war zugleich Schauplatz schlimmster antisemitischer Auswüchse. Manche Diskriminierungen, die im Wilhelminischen Kaiserreich bestanden hatten, wurden im Rahmen neuer Institutionen aufgehoben. Die Juden hatten den gesamten Krieg über ihren Patriotismus bewiesen und schienen dadurch endgültig als Angehörige der Nation legitimiert. Die Wirklichkeit nach dem Krieg zerstörte diese Illusion, denn die Juden wurden zum Sündenbock für alle Widersprüche und alle Probleme, unter denen das besiegte Deutschland zu leiden hatte. Nach der Russischen Revolution, der Sparktakus-Revolte in Berlin und der nur wenige Tage währenden Münchner Räterepublik (an all diesen Ereignissen nahmen viele jüdische Persönlichkeiten teil, von Paul Levi bis zu Rosa Luxemburg, von

Kurt Eisner zu Gustav Landauer und Ernst Toller zu Eugen Leviné) wurde der Mythos von der *Verjudung* durch die Jagd auf «jüdische Bolschewiken» ersetzt. Die Juden galten als Ursache und Nutznießer der Niederlage; die Institutionen von Weimar wurden als Symbol eines in eine *Judenrepublik* verwandelten Deutschlands angesehen; während der großen Inflation von 1923 löste die nationalistische Rechte eine gewaltsame antisemitische Kampagne gegen den «parasitären Kapitalismus» aus; aus den alten Schubladen wurde das Klischee vom spekulierenden und sich alles aneignenden Juden hervorgeholt. Seine Basis fand der Antisemitismus in den Zentrumsparteien, in literarischen Kreisen und der akademischen Welt. Er bemächtigte sich der Angestelltenvereinigungen, der Bauernverbände und besonders der Studenten. Das christliche Zentrum verzichtete auf jegliche Verurteilung des Antisemitismus, und die Deutschnationale Partei schloß die Juden aus. Im allgemeinen Wirrwarr der ersten Hälfte der zwanziger Jahre, schossen zahlreiche paramilitärische Gruppen aus dem Boden. Dadurch erhielt der Antisemitismus eine militante Basis, die er vor dem Krieg nicht besessen hatte.

Um sich eine Vorstellung von dem Klima zu machen, das zu Ende des Ersten Weltkrieges herrschte, genügt es, sich in Erinnerung zu rufen, welch große Verbreitung damals der Antisemitismus gefunden hatte. 1922, fünf Jahre nach Erscheinen des halbpornographischen Romans des nationalistischen Autors Artur Dinter mit dem Titel *Die Sünde wider das Blut*, das die deutsche Bevölkerung vor den entsetzlichen Folgen einer Mischung germanischen und jüdischen Blutes warnte, waren bereits 200 000 Exemplare des Buchs verkauft worden, und etwa eineinhalb Millionen hatten es gelesen. Ein weiteres Beispiel ist der Science-Fiction-Roman *Deutschland ohne Deutsche* von Hans Heyck. Er zeichnet darin ein Bild seines Landes im Jahr 2050 im Zustand völligen Zerfalls aufgrund der *Rassenvermischung*, die die Herrschaft einer Kaste von Bastarddespoten hervorgebracht hat, die Tag für Tag weißhäutige junge Mädchen und die traditionellen deutschen Werte schänden. Es ist ein *Völkerchaos* aus jüdisch-orientalen und amerikano-negroiden Menschen entstanden. Glücklicherweise gibt es einen letzten Kern von 2500 reinen Ariern, der

in Nordskandinavien lebt, um dort eine Kolonie von Blond-
haarigen zu gründen, Keim einer Wiedergeburt der arischen
Rasse, die ihre gefallene *Heimat* wiedererobern und -bevöl-
kern soll.[81] Dinter und Heyck sind nur zwei Autoren unter vielen, die die antisemitische Literatur zu großer Blüte trieben.

Der Krieg hatte Deutschland ins Chaos gestürzt, und den
Juden wurde der Vorwurf gemacht, von dieser Katastrophe
profitiert zu haben. Während der ersten Hälfte der zwanziger
Jahre behaupteten Theodor Fritsch, Hans Blücher und Adolf
Bartel, die heute vergessen sind, damals jedoch einen immensen Einfluß hatten, die Literatur- und Kunstszene sei aus-
schießlich von Juden beherrscht. Die Gründung der Republik
wurde als Judenaufstand, *Secessio judaica*, qualifiziert. 1930
forderte Ernst Jünger die Juden auf, ihre Tarnung abzulegen,
nicht mehr als Deutsche aufzutreten und ihr Judentum offen
zuzugeben. Die Behauptung, man sei zugleich Jude und Deutscher war in seinen Augen reiner «Wahn».[82]

In der Weimarer Republik wandte sich die jüdische Intelligenz der politischen Linken zu, und die Zionisten erzielten
einige Fortschritte (selbst wenn sie erst von den dreißiger Jahren an wegen des aufsteigenden Nationalsozialismus an Einfluß gewannen), dennoch blieb die Assimilation die wichtigste Orientierung der Juden. Der Rabbiner Benno Jacob, einer
der Repräsentanten des Zentralvereins, erklärte 1919, daß der
neue deutsche Staat weder ein *Kirchenstaat* noch ein *Ras-
senstaat* sei und daß die Juden dort ihren Platz als Deutsche
finden könnten. «Deutschtum liegt im Gemüte, nicht im
Geblüte... Wir Deutschen sind Juden und bleiben von Religion Juden, von Nation Deutsche.»[83] Der Philosoph Franz
Rosenzweig schrieb 1923, daß das Judentum dazu beigetragen habe, aus ihm einen «guten» und keinen «schlechten»
Deutschen zu machen.[84] Das Thema der jüdisch-deutschen
Symbiose stand im Mittelpunkt des autobiographischen
Romans von Jakob Loewenberg *Die zwei Quellen* (1925).
«Die beiden Quellen», so erklärte er den Titel, «sind Judentum und Deutschtum. Aus ihnen hat mein Fühlen und Denken
geschöpft. Ich habe nie eine Spaltung zwischen dem Juden
und dem Deutschen in mir bemerkt. Der Verstand mag versucht sein, sie zu trennen, aber das Gefühl – und in diesem

Bereich zählt nur dieses – erlebt sie als Einheit. Wenn ich je einen Grund hätte, stolz zu sein, dann den, zugleich Jude und Deutscher zu sein.»[85]

Bei den Intellektuellen der revolutionären Linken war die Zugehörigkeit zur deutschen Kultur durch eine universalistische Sichtweise verankert, welche die patriotischen und nationalistischen Töne der Mitglieder des Zentralvereins zurückwies. Ernst Toller beschrieb 1933 in seiner Autobiographie Deutschland als «das Land, in dem ich aufwuchs, die Luft, die ich atmete, die Sprache, die ich lebe, der Geist, der mich formte». Zugleich jedoch betrachtete er sich als Weltbürger: «...und wenn mich jemand fragte, wohin ich gehöre, ich würde antworten: ‚Eine jüdische Mutter hat mich geboren, Deutschland hat mich genährt, Europa mich gebildet, meine Heimat ist die Erde, die Welt mein Vaterland.‘»[86] Für die jüdischen, nichtkonformistischen, pazifistischen, linkssozialistischen und mit der Kommunistischen Partei sympathisierenden Schriftsteller, die sich um die Zeitschrift *Die Weltbühne* scharten, bedeutete Assimilation nicht, einem patriotischen Deutschtum zu huldigen, sondern die Identifizierung mit einer demokratischen und progressiven universalen Kultur. Was wir heute Kultur von Weimar nennen, war in Wahrheit trotz des Reichtums, der Blüte und der nachhaltigen Wirkung nur ein Randphänomen innerhalb der deutschen Gesellschaft, in der alle kulturellen Einrichtungen – zu allererst die Universitäten – eine Bastion konservativen Denkens waren, die von den Anhängern des Kaiserreichs kontrolliert wurden, oder im besten aller Fälle von sogenannten *Vernunftrepublikanern.* Gemäß der Formel Peter Gays war die Weimarer Kultur ein brodelndes, nach Neuerungen suchendes Labor, das eine Gruppe von Outsidern geschaffen hatte, deren Weg in ihrem eigentlichen Vaterland, nämlich dem Exil, endete.[87] Es leuchtet ein, daß die jüdischen Intellektuellen und Künstler ihren natürlichen Platz in diesem Tanz am Rand des Abgrunds fanden, der gegenüber jeglichem Experiment in der Literatur, auf der Bühne, in der Musik und der bildenden Kunst aufgeschlossen war. In diesem Sinne war die Weimarer Kultur Ort eines echten Bündnisses zwischen Juden und Deutschen, die sich auf dem Terrain einer gemeinsamen Revolte begegneten, die sich manchmal gegen die Tradition, dann wieder gegen die Moderne und die bürgerliche Ordnung und ihre Institutionen richteten wie zur Zeit der jüdischen Salons von Berlin zu Beginn des 19. Jahrhunderts. Diese Begegnung fand statt, weil ein großer Teil der deutschen Kultur durch den Krieg erschüttert und entwurzelt worden war. Aber schon bald sollte die gesamte Kultur der Weimarer Republik aus Deutschland vertrieben werden.

JÜDISCH-DEUTSCHE SYMBIOSE ODER JÜDISCHER MONOLOG?

Die jüdisch-deutsche Kultur war eine aus den verschiedensten Elementen bestehende Welt, in der es an Auseinandersetzungen nicht mangelte und alle Richtungen vertreten waren. An den beiden Polen befanden sich einander radikal entgegengesetzte und unversöhnliche Positionen: die jüdische Orthodoxie einerseits, der Atheismus andererseits. Erstere wurde seit der Emanzipation von einer immer schwächer werdenden Minderheit vertreten und schien nur dank der Mühen einer kleinen Gruppe zu überleben, die jeglicher Säkularisierung des Lebens und der religiösen Riten des Judentums feindlich gegenüberstand. Im Bereich der Theologie vertrat der Rabbiner Samson-Raphael Hirsch diese Gruppe. Er war der Autor des Buches *Neunzehn Briefe über das Judentum* (1836), deren Bibelexegese im Lauf des 20. Jahrhunderts keinerlei Anhänger mehr fand. Die religiös gleichgültigen Atheisten traten zuerst im 19. Jahrhundert auf (Karl Marx), zu Beginn des folgenden Jahrhunderts wurde ihre Zahl immer größer (Georg Simmel, Georg Lukács, Karl Kraus, Egon Erwin Kisch, Otto Bauer, Victor Adler, Karl Mannheim, Kurt Tucholsky, Siegfried Kracauer, Herbert Marcuse und, zumindest bis zum Zweiten Weltkrieg, Max Horkheimer und Theodor W. Adorno). Sie bildeten eine kulturelle avantgardistische Minderheit und waren auf ihren Nonkonformismus stolz. Sie erregten großes Aufsehen und hätten sich vermutlich geweigert zuzugeben, daß sich in ihrem Randgruppendasein als kulturelle Außenseiter auch ein jüdisches Element befand. Zwischen diesen beiden Polen gab es eine Schar von Intellektuellen, die ihre doppelte Identität als Deutsche und Juden als

Verpflichtung ansahen und als einen Wert, den es innerhalb der deutschen und österreichischen Gesellschaft zu wahren galt. Im Bereich der Politik waren sie linksorientiert (Heinrich Heine im vorigen Jahrhundert, später Gustav Landauer, Ernst Toller, Walter Benjamin, Ernst Bloch, Lion Feuchtwanger, Erich Mühsam, Alfred Döblin, Manès Sperber), nahmen eine eher konformistische, liberal-fortschrittliche Position ein (Stefan Zweig, Arthur Schnitzler, Jakob Wassermann) oder tendierten zum Konservatismus (Hermann Cohen, Leo Baeck). Oft artete ihre Anhänglichkeit an Deutschland zu einer Art Pangermanismus aus, der zuweilen gegenüber dem Judentum indifferent oder sogar feindlich war (wie bei dem jungen Walther Rathenau, Ernst Kantorowicz, Josef Bloch, Maximilian Harden) oder in grotesken und paradoxen Formen zutiefst jüdisch (wie bei Hans-Joachim Schoeps und Max Neumann). Die Zionisten teilten sich in Pangermanisten (Theodor Herzl, Max Nordau, Kurt Blumenfeld), jüdisch-deutsche Kulturzionisten (Martin Buber), spirituelle Zionisten, die Judentum und Deutschtum einander gegenüberstellten (Gershom Scholem), oder neigten eher zum Sozialismus (Arnold Zweig). Manche waren der Meinung, der Zionismus solle zu einer inneren Neuerung des Deutschjudentums führen, für andere wiederum konnte diese Rückkehr zu den geistigen Quellen des Judentums allein in Palästina stattfinden.

Neben diesen wichtigsten Gruppen gab es auch viele Gestalten, die nicht einzuordnen sind, deren Bedeutung jedoch groß war: die entwurzelten «wandernden Juden» (Hannah Arendt, Joseph Roth), die Juden, für die der Bezug zum Deutschtum sich auf den Gebrauch der deutschen Sprache beschränkte (Sigmund Freud), diejenigen, welche die Assimilation als einen unausweichlichen Fluch ansahen (Franz Kafka, Nathan Birnbaum), diejenigen, für die das Judentum selbst einen Fluch, ein Verworfensein, bedeutete (die junge Rahel Varnhagen, Gerson Bleichröder oder Otto Weininger) oder diejenigen, welche man «Rückkehrjuden» nennen könnte, da sie wieder zu einer jüdischen Identität fanden (eine der ersten war Rahel Varnhagen, der ein Jahrhundert später Arnold Schönberg, Hans Mayer, Elias Canetti, Jean Améry, Norbert Elias und Karl Löwith folgten) aufgrund des Antisemitismus oder dank eines kulturellen, philosophischen Prozesses der Tarnung (Franz Rosenzweig).[88]

Für die große Mehrheit dieser Intellektuellen war die «jüdisch-deutsche Symbiose» nicht ein zu erreichendes Ziel, sondern Wirklichkeit. Dennoch zeigt das Bedürfnis, ständig die Zugehörigkeit zu Deutschland zu bekräftigen, daß diese Identität nicht bestand und durchaus problematisch war. Für Goethe und Thomas Mann stand die Zugehörigkeit zur deutschen Kultur außer Frage und mußte nicht dauernd neu beansprucht werden. Wie Isaiah Berlin zu Recht betont, war der Eifer, mit dem die jüdischen Intellektuellen und Künstler sich mit der deutschen Tradition identifizierten, oft «Produkt eines Gefühls mangelnder Verwandtschaft und des Wunsches, den Graben vergessen zu machen; je schwieriger der Graben zu überschreiten war, desto größer wurde das Verlangen, ihn auszufüllen oder so zu tun, als gäbe es ihn nicht».[89] Moritz Goldstein hatte sich nicht getäuscht, als er das schwierige Verhältnis zwischen Juden und Deutschland mit dem Leiden unerwiderter Liebe verglich. Diese einseitige Liebe brachte eine kulturelle Blüte hervor, die Frederic Grunfeld mit der italienischen Renaissance verglichen hat.[90] Die «Symbiose» kam viel eher durch jüdische die Aneignung und Transformation deutschen Geistes als durch die Annäherung zweier Kulturtraditionen zustande. Man ist versucht, diesen Dialog an einigen Gestalten festzumachen, wie es die deutsch-jüdische Gesellschaft in Berlin mit der Publikation des *Lessing-Mendelssohn-Gedenkbuchs* anläßlich des hundertsten Jahrestages der Uraufführung von *Nathan dem Weisen* versuchte.[91] Außer der Aufklärung könnte man an die Freundschaft zwischen Karl Marx und Friedrich Engels, Walter Benjamin und Bertolt Brecht, Hannah Arendt und Karl Jaspers, John Heartfield (Helmut Herzfelde) und George Grosz oder an die jüdisch-deutsche «Allianz» denken, aus der eine der wichtigsten Zeitschriften der Weimarer Republik, *Die Weltbühne*, deren Chefredakteur Carl von Ossietzky war, hervorging. In den meisten Fällen jedoch spielte das Judentum in diesen Verbindungen eine völlig marginale Rolle. In den zahlreichen Bänden der Korrespondenz zwischen Marx und Engels kommt die Judenfrage kaum zur Sprache, außer in Form einiger geschmackloser Spottnamen für Ferdinand Lassalle. Auch in der Beziehung zwischen Benjamin und Brecht fanden jüdische Themen kaum Beachtung. Brecht bezeichnete seine Thesen *Über den Begriff der Geschichte* mit ihren Anspielungen an den jüdischen Messianismus als völlig unverständliche «reine Mystik».[92] Das Nachdenken über die jüdische Frage spielte in der Korrespondenz zwischen Arendt und Jaspers eine wichtige Rolle, jedoch erst nach dem Zweiten Weltkrieg und dem Bruch, den Auschwitz darstellte. Der Einfluß assimilierter jüdischer Intellektueller auf die zeitgenössische Kultur war zweifellos sehr groß, man denke nur an Marx oder Freud. Er war es vor allem aufgrund der Universalität ihrer Botschaft, die in den Augen vieler ihr Judentum verwischte.

Von einer Flut antisemitischer Literatur abgesehen hatte die deutsche Intelligenz wenig Interesse an einer Begegnung mit der jüdischen Welt. Als Ausnahme, die die Regel bestätigt, könnte man Max Weber erwähnen, der sich im Rahmen seiner Forschungen zur Religionssoziologie ausgiebig dem Judentum widmete (*Das antike Judentum*) sowie Thomas Mann, der 1933 mit seiner Romantetralogie *Joseph und seine Brüder* begann. Eine Begegnung zwischen Juden und Deutschen, die freilich nie aus ihrer Marginalität herausfand, war der jüdisch-christliche Dialog, von dem noch einige Spuren zu finden sind: in der Korrespondenz zwischen Franz Rosenzweig und Eugen Rosenstock,[93] die 1913 in Leipzig begonnen wurde; in den Auseinandersetzungen der religiösen Sozialisten, die in den zwanziger Jahren von Carl Mennicke, Eduard Heimann und Paul Tillich angeregt und in der Zeitschrift *Die Kreatur* ausgetragen wurden, die zwischen 1926 und 1930 gemeinsam von Martin Buber und den christlichen Theologen Joseph Wittig und Viktor von Weizsäcker herausgegeben wurde;[94] schließlich in dem Briefwechsel zwischen Walter Benjamin und dem christlichen Sozialisten Fritz Lieb.[95] Einen Sonderfall stellte Nietzsche dar, zutiefst der Bedeutung des Judentums für die Entwicklung der abendländischen Zivilisation bewußt, der jedoch nicht ganz frei von den antisemitischen Stereotypen seiner Zeit war. So tauchten in seinen Schriften die Juden manchmal als hakennasige Bankiers auf, manchmal als das Volk, das ausersehen war, den Geist der griechischen Antike in das moderne Europa zu tragen.[96]

In der Kultur war die angebliche jüdisch-deutsche Symbiose in Wahrheit eine Riesenexplosion jüdischer Kreativität, die aus der Begegnung einer tausendjährigen Tradition – die seit jeher verborgen, an den Rand gedrängt und verfolgt worden war – mit dem deutschen Geist entstand. Die deutsche Sprache war das Transportmittel jener Metamorphose der säkularisierten jüdischen Welt. Soziologisch gesehen fand dieser Akkulturationsprozeß ihren Träger in einer jüdischen Intelligenz, die Deutschland als Ersatz für verlorene historische Identität ansah, oder als Trugbild einer neuen Identität, die nicht zu finden war. Eine Paria-Intelligenz in zweifacher Hinsicht: Sie hatte eine besondere Vergangenheit und mußte es weiterhin ertragen, ausgeschlossen zu werden, und zwar in bisher nicht dagewesener Form. Unter diesem Blickwinkel muß man sagen, daß die Synthese zwischen Judentum und Deutschtum scheiterte, da die Juden immer als Fremdkörper innerhalb der Nation galten. Deutschland, das sie als ihr Vaterland betrachten wollten, stieß sie zurück, aber sie fanden in der deutschen Sprache eine Heimat und identifizierten sich völlig mit ihr. Das Judentum wurde zu einem konstitutiven Element des kosmopolitischen und nationenübergreifenden Denkens in Mitteleuropa, das als einheitlicher kultureller Raum jenseits der staatlichen Grenzen gedacht war und von Berlin bis Prag, von Wien bis Budapest reichte. Von Anfang an verfolgte die in der Aufklärung entstandene und durch die Emanzipation ermöglichte jüdisch-deutschen Kultur die Drohung des Antisemitismus. Die Juden wurden dazu aufgerufen, sich in die Nation einzugliedern, aber sie mußten sich als Reaktion auf den sie umgebenden Antisemitismus ständig neu definieren, bis sie schließlich durch ihn vernichtet wurden. Dort, wo Diskriminierung der Juden geächtet war, wie etwa in der sozialistischen Bewegung, geschah dies um den Preis des Identitätsverlusts. Der Klassenkampf ließ keinerlei Unterschied der Rasse und Religion zu, und die Juden konnten daran teilnehmen, wenn sie sich selbst verleugneten.

Durch den Nationalsozialismus wurde der Glaube, die Zukunft des Judentums hänge mit der Deutschlands zusammen, zutiefst erschüttert. Viele Vertreter der Assimilation wie Max Liebermann, Maler und Direktor der Berliner Hochschule der Künste, erklärten, sie seien endlich aus dem «Traum der Assimilation»[97] erwacht, die dominierende Haltung war jedoch die des Rabbiners Leo Baeck, der darauf beharrte, daß sein Platz in Deutschland sei: «Solange es einen einzigen Juden gibt, bleibe ich an seiner Seite.» Die Juden, die 1933 das Land verließen, waren vor allem Linksintellektuelle und und Kämpfer der sozialistischen oder kommunistischen Bewegung. Die eigentliche Auswanderungswelle der Juden begann 1935 nach Erlaß der Nürnberger Gesetze und weitete sich 1938 nach der Reichspogromnacht und dem Anschluß Österreichs aus. Oft reisten die Juden in der Hoffnung ab, zurückzukehren, sobald sich die Situation normalisiert habe. Hitlers Regime erschien ihnen als Unglücksfall, das jedoch in der deutschen Geschichte nur von kurzer Dauer sein würde.

Die jüdisch-deutsche Kultur wurde von den exilierten jüdischen Intellektuellen außerhalb Deutschlands bewahrt. Während ihre Werke in den Autodafés der Nationalsozialisten verbrannt wurden, brachten sie in der Emigration zahlreiche Zeitschriften heraus. Für die Begründer der Frankfurter Schule im amerikanischen Exil war die Gründung einer deutschsprachigen Zeitschrift eine Pflicht, eine Art Treueakt gegenüber einer vernichteten Tradition, und ein Ausdruck ihres Widerstands gegen die Pervertierung der deutschen Kultur durch die Nationalsozialisten. Ende 1936 veröffentlichte Walter Benjamin in Zürich ein schmales Buch mit dem Titel *Deutsche Menschen*, das er als Arche verstanden wissen wollte, um die humanistische Tradition der deutschen Kultur vor der Nazi-Sintflut zu retten.[98] 1944 gab Elias Canetti seinem inneren Bedürfnis Ausdruck, in deutscher Sprache zu schreiben, um die Erinnerung an eine zerstörte Gemeinschaft und Kultur zu bewahren, und um seine intellektuelle Verpflichtung gegenüber einer untergegangenen Welt zum Ausdruck zu bringen, in der er aufgewachsen war. «Die Sprache meines Geistes wird die deutsche bleiben, und zwar weil ich Jude bin. Was von dem auf diese Weise verheerten Land übrig bleibt, will ich als Jude in mir behüten. Auch ihr Schicksal ist meines; aber ich bringe noch ein allgemein menschliches Erbteil

mit. Ich will ihrer Sprache zurückgeben, was ich ihr schulde.
Ich will dazu beitragen, daß man ihnen für etwas Dank hat.»[99]
Die jüdisch-deutsche Kultur lebte im Exil weiter, und es entstanden dort einige ihrer Hauptwerke: In Basel enstand *Über
den Prozeß der Zivilisation* von Norbert Elias; Walter Benjamin schrieb 1940 in Paris seine Thesen *Über den Begriff der
Geschichte*, Ernst Bloch während des Krieges in New York
Das Prinzip Hoffnung; 1947 veröffentlichten Horkheimer und
Adorno, die noch in den USA lebten, *Die Dialektik der Aufklärung*. Nach dem Krieg erreichten die Denker, die innerhalb
der deutschsprachigen jüdischen Intelligenz vor 1933 aufgewachsen waren, ihre geistige Blüte. Ohne diesen Kontext
wäre das Werk von Hannah Arendt, Norbert Elias, Erich
Fromm, Lucien Goldmann und Siegfried Kracauer schwer zu
begreifen; ebensowenig das philosophische Denken Ernst
Blochs, Leo Löwenthals, Herbert Marcuses und anderer Vertreter der Frankfurter Schule, die historischen Arbeiten George
L. Mosses, Peter Gays oder Jacob Katz'; das literarische
Werk Elias Canettis, Paul Celans oder Manès Sperbers; dasselbe gilt für die Psychoanalyse Bruno Bettelheims oder
selbst für den einzigartigen geistigen Werdegang des Historikers der Kabbala Gershom Scholem.

Heinrich Heine sprach 1838 von den Wahlverwandtschaften zwischen zwei Nationen wie Juden und Deutschen, deren
Vereinigung in Europa eine neue kulturelle Welt geschaffen
habe. Deutschland müsse sich für eine Art «Heimat des heiligen Wortes... Mutterboden des Prophetentums... Burg der reinen Geistheit»[100] halten. Ein Jahrhundert später war diese kulturelle Welt Wirklichkeit geworden, aber nur für kurze Zeit,
denn Mitteleuropa fiel unter die Hitlerdiktatur. Der endgültige
und irreparable Charakter des vom Nationalsozialismus her-
vorgerufenen Bruch wurde durch die Worte Carl Schmitts,
des Theoretikers des totalitären Staats, der im Bündnis von
Juden und Liberalismus den Grund für den Niedergang
Deutschlands sah, klar zum Ausdruck gebracht: «Wir müssen
den deutschen Geist von allen jüdischen Fälschungen befrei-
en, Fälschungen des Begriffes Geist...»[101] Von März 1933 an
wurde in den Universitäten ein riesiges Plakat ausgehängt,
daß in Zukunft jedes Werk eines Juden in deutscher Sprache

mit dem Aufdruck «aus dem Hebräischen übersetzt»[102] versehen würde. Die Nürnberger Gesetze besiegelten das Ende der
«jüdisch-deutschen Symbiose». Die Fremdheit der Juden
gegenüber der arischen Rasse wurde durch eine Gesetzgebung zum Ausdruck gebracht, die den Begriff des Juden so
weit wie möglich zu definieren versuchte. Diese Gesetze
beschränkten sich nicht darauf, die Deutschen von den
«Nichtariern» abzugrenzen, sie berücksichtigten auch jegliche
Form des «Mischlings» ersten und zweiten Grades und legten
genau fest, welche verschiedenen Kategorien einander heira-
ten durften und welche nicht. Der Literaturkritiker Jean
Améry (Hans Mayer) «entdeckte» sein Judentum, als er 1935
in Wien beim Friseur einen Artikel über die Nürnberger
Gesetze las und begriff, daß sie auch gegen ihn angewendet
werden konnten. Bis dahin hatte er sich nie als Jude betrachtet, aber für den Nazistaat, der weltweit als legitimer Reprä-
sentant des deutschen Volkes angesehen wurde, war er nichts
anderes als ein «Jude», «formell» und «ohne jeden Zweifel».[103] Ludwig Wittgenstein, dessen Eltern das Judentum
abgelegt hatten, wuchs ohne Religion auf und schrieb 1938 an
John Maynard Keynes, daß er seit dem Anschluß Österreichs
durch die Gesetze des Dritten Reiches in einen «deutschen
Juden verwandelt»[104] worden sei.

*E*S IST UNS AUFERLEGT, *FREMDE ZU BLEIBEN*
1893 veröffentlichte der Schriftsteller Oskar Panizza,
einer der schärfsten und respektlosesten Kritiker des Wilhelminischen Deutschland, eine satirische Novelle mit dem Titel
Der operierte Jud, eine Art Fabel auf die Assimilation. Er
erzählte darin die Geschichte von Itzig Faitel Stern, einem
armen osteuropäischen Juden mit unheilbar «semitischem»
Gesicht, der mit stark jiddischem Akzent Deutsch spricht und
sich operieren lassen will, um «arischer» auszusehen und
höheres Ansehen in der deutschen Gesellschaft zu finden, in
der zu leben er sich entschlossen hat. Die Operation scheint
gelungen; Itzig sieht jetzt wirklich arisch aus, und mit viel
Mühe ist es ihm gelungen, die Privilegien der deutschen Elite
zu erlangen. Dank seines Charmes hat er das Herz Othilias

erobert, eines Mädchens rein germanischer Abstammung. Am Tag seiner Hochzeit läßt sich Itzig von seinem Erfolgstaumel mitreißen, trinkt im Übermaß und fällt vor seinen Gästen, insbesondere dem berühmten Chirurgen der ihn operiert hatte, zu Boden. Er ist nichts anderes mehr als «eine asiatische Gestalt im Frack, ein einfaches Stück trügerischen Menschenfleischs, Itzig Faitel Stern». In diesem humoristischen Porträt eines Juden, der von Selbsthaß ergriffen wird, und sich so sehr wünscht, sich in einen Deutschen zu verwandeln, daß er sich operieren läßt, brachte Panizza seine Zweifel an der Assimilation zum Ausdruck, die in seinen Augen nichts als eine Illusion war. Ein paar Jahre später, zu Beginn der Weimarer Republik, schrieb der Philosoph Salomo Friedländer unter dem Pseudonym Mynona (Anagramm von anonym) eine parodistische Antwort an Panizza mit der Novelle *Der operierte Goy*. Darin verliebt sich der Graf von Reschok, der so arisch aussieht, wie nur möglich und aus einer preußischen Familie mit starker antisemitischer Tradition stammt, in eine junge Jüdin und wird begeisterter Zionist. Er läßt sich in Jerusalem nieder und nimmt den Namen Moische Koscher (Anagramm von Reschok) an. Der Historiker Jack Ziper hat den exemplarischen Charakter dieser beiden Parodien hervorgehoben, in denen wie in einem Spiegel die schwierigen und widersprüchlichen Beziehungen zwischen Juden und Deutschen sichtbar werden, die eher auf Verwandlungsoperationen als auf einer offenen und ehrlichen Zusammenarbeit beruhen.[105] Diese Schlußfolgerung ist richtig, wenn man voraussetzt, daß die Verwandlung Itzig Feitel Sterns entschieden häufiger war als die des Grafen von Reschok/Moische Koscher, einer gleichermaßen komischen wie höchst unwahrscheinlichen Gestalt.

Die Auflösung der Ghettos, die Verleihung von Bürgerrechten an die Juden, ihre Aufnahme in die Gesellschaft und die Annahme der deutschen Sprache führten zu einer jüdisch-deutschen Kultur, die allerdings nie das Ergebnis einer echten Symbiose war. Anstatt einen Dialog zwischen Juden und Deutschen zu beginnen, machte die Assimilation Platz für einen jüdischen Monolog, der innerhalb der germanischen Welt stattfand, in deutscher Sprache geführt wurde und sich vom deutschen Kulturerbe nährte. Der Gesprächspartner aber war nur ein Phantom. Eine wirkliche Symbiose hätte eine pluralistische Gesellschaft vorausgesetzt, die fähig wäre, jüdische Tradition und jüdisches Anderssein zu akzeptieren. Die Aufklärung und die Emanzipation hatten Deutschland darauf vorbereitet, die Juden zu assimilieren, nicht jedoch, ihrer Tradition mit Aufgeschlossenheit zu begegnen und sie zu integrieren, ihre Besonderheiten und ihre Kultur zu achten. Die Juden blieben daher Außenseiter in der germanischen Welt. Aufschwung und Entwicklung des Antisemitismus drückten dem jüdischen Anderssein einen negativen Stempel auf. Sie galten als «Gemeinschaftsfremde» und wurden zu einem negativen Gegenpol für die Definition einer deutschen Nation. Im Unterschied zu Italien und Frankreich folgte die Emanzipation nicht dem Prozeß der nationalen Einheit, sondern fiel mit ihm mehr oder weniger zusammen. Das Ergebnis war anders: In Italien war, wie Momigliano und Gramsci bemerken, die Assimilation fast vollkommen, und die Juden galten ebenso als Italiener wie die Sarden, Lombarden oder Veneter.[106] Als sich in Deutschland ein Nationalbewußtsein herausbildete, wurden Judentum und Deutschtum einander als widersprüchliche und unversöhnliche Gegensätze gegenübergestellt.

Die scharfsinnigste Bilanz des Scheiterns und der Unmöglichkeit einer «jüdisch-deutschen Symbiose» zog Franz Rosenzweig, indem er sagte, es sei für die Juden unmöglich, Fremde zu bleiben, Fremde gegenüber allen geistigen Gütern der Völker, die sie daran teilhaben ließen, und im tiefsten Herzen Fremde gegenüber dem, was sie selbst innerhalb dieser Kultur leisteten, gewissermaßen als Entschädigung dafür, daß sie daran teilhaben dürften. Sie könnten an den Dingen teilhaben, aber nicht als Juden. Sie dürften an der Kultur mitwirken, aber nicht als Juden. Dennoch müßten sie eine Verbindung zwischen ihrem Judentum und dem, was sie empfingen und vollendeten, herstellen. Zwar könnten die Völker entscheiden, ob sie ihre Art annähmen oder ablehnten, aber ihr Urteil hätte eine Grenze. Nur die Juden selbst nämlich könnten darüber entscheiden, wie sie sich die Welt aus der Sicht des Judentums aneigneten.[107]

2 DER JUDE ALS PARIA

DAS PARIAVOLK IN DER SOZIOLOGIE: MAX WEBER
Die Definition der Juden als Pariavolk durchzieht die
ökonomische und soziologische Literatur des 19. Jahrhunderts, besonders in Deutschland, sie war typisch für die liberalen Kreise. 1823 wurde in den Berliner Theatern ein Thea-
terstück von Michael Beer aufgeführt, das den Titel *Der
Paria* trug und in dem das Leiden der Juden in einer Gesellschaft geschildert wurde, die ihnen das volle Bürgerrecht verweigerte. Es kam auch ein Hindu namens Gadhi darin vor, der
keiner Kaste angehörte und sich mit folgenden Worten an
Gott wandte: «Warum folgt dein ew'ger Haß / Dem unglück-
sel'gen Stamme, der mich erzeugt ...» Goethe sah in diesem
Stück von Beer das Symbol der erniedrigten, unterdrückten
und verachteten Schichten der Gesellschaft, diese Figur in
seinen Augen höchst «menschlich und poetisch» machte.[1]
Inspiriert von Beers Werk, sah Heinrich Heine im Paria das
Bild des «Unterdrückten» und die Stimme, «die seelenzer-
reißend zu unseren Herzen drang, war der Notschrei der belei-
digten Menscheit».[2] Obwohl der Begriff des Paria in den
Schriften zahlreicher Autoren vorkommt, wurde er erst in der
ersten Hälfte unseres Jahrhunderts von drei Denkern systema-
tisch verwendet: Max Weber, Bernard Lazare und Hannah
Arendt. Bei Weber handelt es sich um einen ökonomischen
Begriff, die beiden anderen erweitern die Bedeutung des
Begriffs und versuchen, mit ihm die Lebenssituation der
Juden in der Moderne zu beschreiben.
Max Weber spricht zum erstenmal in seiner 1904-05 ent-

standenen Untersuchung *Die protestantische Ethik und der Geist des Kapitalismus* von den Juden als Pariavolk. Er sah sie als Repräsentanten eines «Abenteurer-» oder besser gesagt «Paria-Kapitalismus» an, in dem wenig produziert und in erster Linie spekuliert wurde und dem es am rationalen Ethos der Puritaner mangelte, die in der Lage waren, sich den modernen Industrieunternehmen anzupassen.[3] In manchen späteren Schriften wie *Das antike Judentum* (1917) oder *Wirtschaft und Gesellschaft* (1920) wandte er den Begriff des Paria auf das Leben der Juden in der Diaspora in Antike und Mittelalter an. Nach Ansicht des Heidelberger Soziologen unterschieden sie sich von den indischen Parias, denn die Juden bildeten eine Kaste in einer Gesellschaft, die gar kein Kastensystem kannte. Weber stellte die Frage, was die Juden soziologisch betrachtet eigentlich seien, und kam zu dem Ergebnis, sie seien ein Pariavolk, ein «Gastvolk», das in fremder Umgebung lebte, von der es sich rituell, formell und tatsächlich unterschied.[4]

In *Wirtschaft und Gesellschaft* nannte er eine Reihe von Zügen, die den jüdischen Parias eigen waren: *a)* Sie besaßen kein Bürgerrecht und blieben überall Fremde; *b)* sie lebten zwischen den Nationen und waren nie auf ein Land konzentriert; *c)* ihre Abgrenzung gegenüber den anderen Völkern besaß «rituellen» Charakter, da sie ihnen nicht aufgezwungen, sondern von ihnen aus religiösen Gründen freiwillig gewählt worden war; *d)* sie waren keine Bauern und bildeten typische städtische Gemeinschaften; *e)* sie besaßen eine «doppelte Moral», deren eine Seite innerhalb ihrer Gemeinschaft galt und deren andere ihre Beziehungen zur Außenwelt regelte. So konnten die Juden zwischen verschiedenen sozialen Schichten und ökonomischen Größen als Vermittler dienen (verwalteten die Finanzen mehrerer Staaten etc.) und behielten doch ihre Gruppenzugehörigkeit; *f)* sie neigten stark zur Endogamie. Alle diese Elemente machten aus den Juden eine Art «Wirtschaftskaste», die mit einer Religion gleichgesetzt wurde, kurz gesagt, ein Pariavolk, das ein strikt von der christlichen Gesellschaft getrenntes Leben führte. Nach Max Weber war der im Talmud verankerte jüdische Traditionalismus bei jeglicher wirtschaftlichen Neuerung hinderlich und trug dazu bei, daß die wirtschaftliche Stellung der Juden in einem prämodernen Stadium verharrte. Er schränkte diese Behauptung ein wenig ein, indem er einräumte, daß das Judentum entscheidenden Anteil an der Bildung der rationalen Denkweise der Wirtschaft des Abendlandes habe: durch seine Ablehnung jeglicher Magie. Er war der Meinung, dies sei das einzige Element der jüdischen Religion, das in den modernen Kapitalismus eingeflossen sei.[5] Das von Weber beschriebene Pariavolk bezeichnete die Juden vor der Emanzipation; manche «negativen Privilegien» der Pariavölker waren, so meinte er, jedoch auch bei den emanzipierten Juden zu finden, nämlich das Ausgeschlossensein von einer ganzen Reihe Berufe, von Staatsverwaltung, der Armee, der Universitätslehre; letzteres bedauerte er wegen einiger seiner Schüler.

Ein anderes Element, das den jüdischen Paria von seinem indischen Schicksalsgenossen unterschied, war die messianische Dimension, die die Juden dazu brachte, sich gegen Ungerechtigkeit aufzulehnen. Im Gegensatz zum indischen Paria, der sein Ausgeschlossensein als natürliche und unabänderliche Gegebenheit betrachtete und deshalb ergeben auf eine Besserung durch die Seelenwanderung wartete, war der Jude immer von Hoffnung auf eine messianische Erlösung erfüllt, die seinem irdischen Leiden ein Ende setzte und eine ursprüngliche Harmonie wiederherstellte, in der er in Würde und Gerechtigkeit leben konnte.

Der deutsche Soziologe Georg Simmel zieht den Begriff des Fremden dem des Paria vor, um Ausgeschlossensein und Randexistenz der Juden zu charakterisieren. Er fügt der Entwurzelung, Mobilität und besondere Eignung für den Handel, welche die wirtschaftliche Situation der Juden kennzeichneten noch einige andere grundlegende psychologische Gegebenheiten hinzu, wie Vorurteilsfreiheit, geistige Offenheit, große Verwundbarkeit, die von der schwierigen Situation in der Gesellschaft herrührt. Seiner Meinung nach ist die Geschichte der europäischen Juden «das klassische Beispiel» des *Fremden*.[6]

Einige Jahrzehnte später nimmt Hannah Arendt den Begriff wieder auf, allerdings in einem ganz neuen Sinn: Es geht darum, den Begriff auf die Juden in der Moderne, der Zeit nach der Emanzipation, anzuwenden. Im Denken Hannah Arendts scheint der Begriff des Paria seinen wirtschaftlichen Sinn zugunsten einer neuen politischen und geistigen Bedeutung zu verlieren. Arendt erkennt den Weberschen Ursprung des Begriffs des Paria und dessen Stellenwert innerhalb der Soziologie an, unterstreicht jedoch die Bedeutung, die Bernard Lazare diesem Begriff gab, als er zur Zeit der Jahrhundertwende eine eigene Vorstellung vom jüdischen Paria entwickelte (höchstwahrscheinlich ohne mit den zeitgenössischen soziologischen Arbeiten in Berührung gekommen zu sein).

DER «STOLZ, PARIA ZU SEIN»: BERNARD LAZARE

Die Beschreibung der Juden als Pariavolk findet sich schon in dem Buch *L'Antisémitisme, son histoire et ses causes*, das Lazare 1893 verfaßte. In diesem Werk nahm der Begriff des Paria noch keinen zentralen Stellenwert ein; es handelte sich nur um ein Adjektiv, das die Situation der Unterdrückung, in der die Juden leben mußten, bezeichnete. Interessanterweise neigte Lazare dazu, den Paria einer revolutionären Tradition zuzuordnen. Sein gesamtes Werk – von dem er später sagte, es bringe nicht seinen endgültigen Standpunkt zu dem Problem zum Ausdruck (da es teilweise noch von den Rückständen eines ursprünglichen Antisemitismus geprägt war, den er gerade erst ablegte) – beschäftigte sich mit der Teilung des Judentums in zwei entgegengesetzte Zweige: einerseits die schwärmerische Strömung, die von den Theophanien ausging, mit den «mystischen Träumereien der Kabbala» fortgesetzt wurde und bis zu Spinoza hinführte; andererseits eine positivistische und rationalistische Strömung, die durch die rabbinischen Gesetze zum Dogma erklärt wurde und letzten Endes in Handelsaktivität, Geiz, Sinn für Geschäfte und Freude am Reichtum mündete. Diese Strömung soll im Zusammenhang mit dem Klischee vom Juden als «Geldmenschen», Wucherer und Kapitalisten stehen. Im Gegensatz zu Max Weber, der im Talmud eine Sammlung obskurantistischer und irrationaler Doktrinen sah, war Bernard Lazare der Meinung, daß die Fähigkeit der Juden zu rechnen ihren Ursprung nicht in der jüdischen Religon habe, sondern eine Folge der Reformation war.[7] Die Paria-Tradition war für ihn vergleichbar mit dem ersten Judentum, denn sie stellte nicht den «Geldjuden», sondern die ausgeschlossenen und verfolgten Juden in den Mittelpunkt. Nach Bernard Lazare ermöglichte die aus der religiösen Einzigartigkeit entstandene Isolierung ihr Überleben «bis in moderne Zeiten als eine Legion von Parias, die verfolgt und oft zu Märtyrern wurden».[8] Der Paria wurde jedoch noch als traditioneller Jude angesehen, der nicht emanzipiert war und im Ghetto lebte. Später, nachdem er sich von dem rückschrittlichen und konservativen ideologischen Panzer befreit hatte, hörte der Jude auf, Paria zu sein und wurde zum Revolutionär. «Dieser emanzipierte Jude», so schrieb Lazare, «wurde nicht mehr durch den Glauben seiner Väter gebremst und hatte keine Bindungen mehr an die veralteten Formen einer Gesellschaft, innerhalb der er als Paria gelebt hatte. So wurde er in den modernen Kollektiven zu einem geeigneten revolutionären Ferment.»[9]

In *Le fumier de Job* (Hiobs Misthaufen), einem unvollendet gebliebenen Werk, das 1928 postum erschien, hatte sich das Denken Bernard Lazares grundlegend gewandelt. Der Paria war zu einer Gestalt geworden, die das Leben der Juden in der Geschichte vor und nach der Emanzipation symbolisierte. Das negative Bild, das die Antisemiten gepflegt hatten, wurde umgestürzt, und Lazare sah den Paria nicht mehr nur als von der Geschichte Besiegten, sondern auch als Träger einer «verborgenen» Tradition, die durch den Stolz und die Größe der Verfolgten weitergetragen wurde. «Der Stolz darauf, ein Paria zu sein», schrieb er, «und vor allem jene Art Paria, welche der Jude darstellt und aus dem die Welt entstanden ist. Welches Glück, seine Nichtswürdigkeit in Adel zu verwandeln, seine Erniedrigung in Königtum. Wußtest du, Schlomo, armseliger Bruder, der du in Brody in deinem stinkenden Keller vor dich hin dämmertest, daß du die Welt beherrschst? Wußtest du, daß dein verborgener, dein sehr wohl verborgener Wille, die geheimen Getriebe der Reiche in Bewegung setzte, dein Wille, elender Schlomo, der du nur viermal in der Woche zu essen hast?»[10]

Durch die Emanzipation wurde neben dem Paria eine neue Gestalt innerhalb des Judentums geschaffen, der Parvenu, der seine Identität, seine Tradition und seine Geschichte ablegt, weil er die Illusion hegt, in die oberen Gesellschaftsschichten aufgenommen zu werden. Er legt den Stolz und den Widerstandsgeist des Paria ab und wird bald darauf die Demütigungen und Ablehnung erfahren, welche die Besitzenden denen entgegenbringen, die nicht zu ihrer Sippe gehören. Die Parvenus lebten als Juden, die ihrem Volk den Rücken gekehrt hatten, aber nicht Christen werden konnten; so hatten sie das, was ihr Menschsein ausmachte, verloren und lebten nur noch als «egoistische, zur Solidarität unfähige» Individuen. Der jüdische Parvenu war ein Ergebnis der Assimilation und litt darunter, «sich seiner Herkunft erinnern zu müssen». Er schämte sich seiner Vergangenheit, und seine Tragik rührte von der Unmöglichkeit her, «seiner Rasse zu entkommen, und wenn er noch so Übles tat, um das Verdienst zu erwerben, daß die christliche Kanaille seine Herkunft vergaß».[11] In einem Aufsatz aus dem Jahr 1897 zeichnete er mit beißendem Spott ein Bild des jüdischen Parvenu: «Die reichen Juden lecken denen, die sie schlagen, die Hand ab, sie werfen sich vor denen, die sie zertreten, in den Staub, die knien vor denen, die sie beschimpfen... Sie sind diejenigen, die jeden Widerstand lähmen, die alle Anstrengungen zunichte machen; ihre Eriedrigung und Feigheit sind so groß, daß sie bei ihren Feinden eine berechtigte Abscheu erzeugt haben, daß sie der ganzen jüdischen Seele Ekel eingeflößt haben.»[12]

Die Juden sollten ihre Identität nicht leugnen, sondern würdevoll ihr Leben als Parias akzeptieren. Sie sollten «bewußte Parias» werden und für ihre Befreiung kämpfen. Mit dieser Haltung kam Bernard Lazare dem Zionismus nahe und dem, was er «jüdischen Nationalismus» nannte. Aber seine Vorstellung von Zionismus war der von Theodor Herzl begründeten politischen Bewegung, der er für kurze Zeit anhing, konträr entgegengesetzt. Er stellte bald fest, daß die Unterschiede, die sie trennten, sehr groß waren. In seinen Augen war es nicht Aufgabe des Zionismus, einen Staat zu gründen, sondern einem gejagten Volk nationale Würde zu verleihen. Das jüdische Volk sollte nicht als «achtbare» Nation in Erscheinung treten, mit einem eigenen Staat neben den europäischen Mächten, sondern sollte die Parias versammeln und zum Widerstand gegen die bürgerliche Ordnung aufrufen, die sie ausschloß und mißachtete. In einem berühmten Brief distanzierte er sich von Theodor Herzl: «Ihr denkt bürgerlich, ihr fühlt bürgerlich, habt bürgerliche Ideen und eine bürgerliche Vorstellung von der Gesellschaft. Als solche wollt ihr ein Volk führen, unser Volk, das ein Volk der Armen, der Elenden, der Proletarier ist.»[13]

Es ist erstaunlich, daß der Mann, der den Paria so preist, seine Karriere als Journalist und Kritiker begann, indem er die fanzösischen «Israeliten» gegen die Ashkenasim verteidigte und sich sogar gegen die Einwanderung von Ostjuden nach Frankreich wandte.[14] Drei Dinge sind wahrscheinlich Ursache für diesen intellektuellen und politischen Wandel. Zuerst die Dreyfus-Affäre, in deren Verlauf Bernard Lazare Hauptverteidiger von Dreyfus wurde, wodurch er sich des Schicksals der Juden und der Tücken der Emanzipation bewußt wurde. Während des Prozesses schrieb er, Hauptmann Dreyfus sei ihm «wie das Symbol des Juden» erschienen und «von einem Tag auf den anderen « habe er selbst das Gefühl gehabt, «zum Paria» zu werden.[15] Er lernte aus der Dreyfus-Affäre außerdem, wie mächtig und reaktionär der Antisemitismus war. In seinem 1893, also kurz vor Beginn der Affäre erschienenen Buch hatte er die antijüdischen Vorurteile als ein im wesentlichen ideologisches und literarisches Phänomen dargestellt. Inzwischen aber war ihm klar geworden, welch ein destruktives Potential im Antisemitismus als politischer und sozialer Massenbewegung steckte. Als er sich für die Verteidigung des von der französischen Justiz verfolgten Hauptmanns engagierte, kam er mit einer Welt in Berührung, die er bisher nicht gekannt hatte, der Welt des osteuropäischen jüdischen Proletariats, das aus politisch aktiven Immigranten bestand, die Sozialisten, aber auch Monarchisten waren. Bei dieser Begegnung lernte er eine andere jüdische Identität kennen als die der französischen Juden, welche für ihn bald zum Prototyp des jüdischen Parvenu wurden. Dank dieser drei entscheidenden Erfahrungen geriet der Begriff des Paria in den Mittelpunkt von Lazares Denken.

DIE «VERBORGENE TRADITION»: HANNAH ARENDT

Hannah Arendt begegnete die Gestalt des Paria zum erstenmal in Rahel Varnhagen, der jungen Intellektuellen der Romantik, die zu Beginn des 19. Jahrhunderts die Berliner Salons belebte. Arendt schrieb 1933 ihre Biographie (die sie in den dreißiger Jahren überarbeitete und die bis 1958 unveröffentlicht blieb). Aber vor allem die Kenntnis der Werke von Bernard Lazare, insbesondere des Buchs *Le Fumier de Job*, die sie während ihres französischen Exils zwischen 1933 und 1941 las, regten ihre Überlegungen zum Paria-Judentum an. In einer Reihe von Schriften aus den vierziger Jahren, die in deutscher und englischer Sprache in verschiedenen New Yorker Zeitschriften erschienen, gab sie diesem Begriff immer neue Dimensionen. Sicher beeinflußten Hannah Arendts Lebensumstände ihre Gedanken. Und nicht zufällig entdeckte eine im Exil lebende jüdische Intellektuelle im Frankreich der dreißiger Jahre den Reichtum des Denkens von Bernard Lazare und erinnerte sich daran, welch beeindruckendes Denkmal ihm Charles Péguy in der Zeitschrift *Notre Jeunesse*[16] gesetzt hatte. Lazare war bereits nach dem Ersten Weltkrieg völlig in Vergessenheit geraten. Seit 1933 war Hannah Arendt Emigrantin und verlor wenig später ihr Vaterland. In Paris lebte sie im Kreis antifaschistischer Emigranten (zu ihren Freunden gehörten Bertolt Brecht, Arnold Zweig und Walter Benjamin) und erlebte das furchtbare Schicksal, das die erste Hälfte des 20. Jahrhunderts jener jungen Generation deutscher Juden auferlegte: nicht nur die Unbill des Lebens im Exil, sondern die Qual einer doppelten Verfolgung, die mit dem Zweiten Weltkrieg begann. Zunächst wurde sie in Gurs interniert, einem französischen Lager für deutsche Staatsangehörige, die als potentielle Feinde galten (in Wahrheit kamen in dieses Lager, im Unterschied zu den anderen, fast nur noch antifaschistische Exilierte, sehr oft Juden). Nach der französischen Niederlage war Hannah Arendt von der Verfolgung durch die Nazis und die Kollaboration des Vichy-Regimes bedroht.

Im Mai 1941 gelangte sie nach New York und schrieb dort für verschiedene politische und kulturelle Zeitschriften mit dem Ziel, einen jüdischen Widerstand gegen das Nazi-Regime ins Leben zu rufen. Schon 1933 war ihre Position eindeutig: «Diejenigen, welche angegriffen werden, weil sie Juden sind, müssen sich auch als Juden verteidigen, nicht als Deutsche, nicht als Kosmopoliten und auch nicht als Verteidiger der Menschenrechte.»[17] Eine humanistische und universalistische Haltung durfte die jüdische Dimension des Leidens, das der Nationalsozialismus seinen Opfern auferlegte, nicht verbergen. Ihr Judentum war ja Ursache der erlittenen Verfolgung. Als Hannah Arendt nach dem Krieg in Deutschland einen Vortrag über Lessing hielt, sagte sie einen für ihre Haltung überaus aufschlußreichen Satz. Hinsichtlich der berühmten Stelle in *Nathan der Weise*, in welcher die Titelfigur auf die Worte: «Komm näher, Jude» mit «Ich bin ein Mensch» antwortet, sagte Hannah Arendt, dieses Verhalten erscheine ihr als Realitätsflucht. Sie hätte während der Zeit der Judenverfolgung auf die Frage «Was sind sie?» nichts anderes antworten können als «Eine Jüdin».[18]

Während sie in der Wilhelminischen Ära und im Dritten Reich um jeden Preis als echte Deutsche erscheinen wollten, versuchten die Juden im Exil verzweifelt, in Frankreich oder Amerika ihr neues Vaterland zu sehen. Sie bemühten sich, ohne Akzent Französisch zu sprechen, aber zu Beginn des Krieges wurden sie als *boches* interniert; im besetzten Frankreich lebten sie als Juden in den Lagern. 1943 zeichnete Hannah Arendt in einem bewegenden Artikel mit dem Titel *Wir Flüchtlinge* ein Porträt einer ganzen Generation deutscher Juden: «Die Geschichte unseres Kampfes ist inzwischen bekannt. Wir haben unser Heim verloren, also die Vertrautheit des Alltagslebens. Wir haben unseren Beruf verloren, also die Gewißheit, in dieser Welt irgendwie von Nutzen zu sein. Wir haben unsere Muttersprache verloren, also unsere natürlichen Reaktionen, die Einfachheit der Bewegungen und den spontanen Ausdruck unserer Gefühle. Wir haben unsere Eltern in jüdischen Ghettos zurückgelassen, und unsere besten Freunde wurden in Konzentrationslagern umgebracht. Unsere Privatexistenz ist gebrochen.»[19] Besonders in dieser Situation bildete sich bei ihr die Vorstellung vom «Juden als Paria» heraus, ein Bild, das im Zweiten Weltkrieg eine konkrete Realität, nämlich die Naziverfolgung, meinte und weniger eine literarische Metapher oder ein abstrakter soziologischer Begriff war.

Hannah Arendt griff die Unterscheidung zwischen Aufsteiger und Paria, die auch schon Bernard Lazare vorgenommen hatte, wieder auf. In ihren Augen bestimmten die gesamte Geschichte des modernen Judentums zwei einander gegenüberstehende Traditionen: einerseits die reichgewordenen Juden – wobei eine Linie von den *Hofjuden* bis zur Familie Rothschild führte –, die in materieller Hinsicht erfolgreich waren und die Illusion hegten, Ansehen zu erwerben, indem sie sich den herrschenen sozialen Normen anpaßten, (denen eines Nationalstaats, in dem die Emanzipation der Juden betrieben wurde, weil er das Anderssein der Juden nicht akzeptieren konnte); auf der anderen Seite eine unterirdische und diskrete «verborgene Tradition», die von jenen vertreten wurde, die ihre Seele nicht verkaufen wollten und es nicht hinnahmen, die Rolle des Aufsteigers zu spielen, selbst um den Preis, als Paria zu leben. Beispiele dieser Tradition sind nach Hannah Arendt verschiedenste und auf den ersten Blick heterogene Gestalten wie Heinrich Heine, Rahel Varnhagen, Scholem Aleichem, Bernard Lazare, Franz Kafka, Rosa Luxemburg und Charlie Chaplin.[20] Der Paria-Jude definiert sich durch ein ihm feindliches Lebensmilieu und durch subjektive Eigenschaften, die als Reaktion auf die Ablehnung von außen entstehen. Ausgangspunkt hierfür war, daß die Juden von der Gesellschaft ausgeschlossen und an den Rand gedrängt wurden. Dies wurde zwar von der Aufklärung und der Assimilation angeprangert, jedoch setzte sich danach die jahrhundertelange Ausgrenzung in anderer Form fort. Die Entwurzelung wurde von Hannah Arendt als ein Zustand der «Akosmie», des Weltverlusts, charakterisiert, der den Paria dazu zwingt, auf der Grundlage von Werten, die sich von den in der Gesellschaft gültigen unterscheiden, seine eigene Welt zu schaffen.[21] Was aber den Paria vor allem ausmachte, war seine Rechtlosigkeit, sein Status des außerhalb des Gesetzes stehenden Vaterlandslosen, durch welchen er zum Sündenbock und zum ersten Opfer aller Krisen wurde, die die nach dem Prinzip des Nationalstaats strukturierte Gesellschaft erschütterten. Die Arendtsche Auffassung vom Paria ist eminent politisch und beschreibt immer wieder das Leben der exilierten Juden während der dreißiger und vierziger Jahre (die «Staatenlosen»).

Neben diesen äußeren Merkmalen besaß der Paria auch eine Menge subjektiver Eigenschaften, die seinen Reichtum und seine Größe ausmachten. Max Weber sprach von «negativen Privilegien» des Paria, Hannah Arendt hingegen hob hervor, daß zu seinem Leben auch «Privilegien» gehörten, die vor allem geistiger Art und keineswegs negativ seien. In einem Brief an Karl Jaspers, in dem sie von ihrer Biographie Rahel Varnhagens spricht, zählt sie die «Pariaqualitäten» auf: «…es gibt ja ein außerordentliches Gefühl für Ungerechtigkeiten; es gibt große Vorurteilslosigkeit und Großzügigkeit; und es gibt … Respekt für das ‚Geistige‘».[22] In dem bereits erwähnten Vortrag über Lessing sprach sie von einer «Humanität» und «Brüderlichkeit», die den «Erniedrigten und Beleidigten» zukomme, einer Gemeinschaft der ausgeschlossenen «Parias». Sie erklärte auch die Faszination und Solidarität, welche die Parias bei den großen Geistern unserer Zeit auslösten, denn bei ihnen, die inmitten einer Welt des Hasses und der Gewalt lebten, fänden «Wärme» und Gefühle der Menschlichkeit Schutz. Sie schrieb: «Die Wärme, die für die Parias das Substitut des Lichts ist, übt eine große Faszination auf all jene aus, die sich vor einer Welt, wie sie ist, dermaßen schämen, daß sie sich am liebsten in Unsichtbarkeit flüchten würden.»[23]

An anderer Stelle schrieb sie den Parias Eigenschaften zu wie Sorglosigkeit, Humor, uneigennützige Intelligenz, Unabhängigkeit des Urteils – das *Selbstdenken* hob sie in einer berühmten Polemik mit Gershom Scholem über den Eichmann-Prozeß hervor[24] – und selbst eine Neigung zur «Utopie». Es ist bei genauem Hinsehen sicher kein Zufall, daß ein wichtiger Vertreter des utopischen Denkens in der deutschen Kultur zwischen den Weltkriegen ein im Exil lebender und marginalisierter Jude war: Ernst Bloch. In den Vereinigten Staaten, wo ihm keine einzige Institution jemals eine Unterstützung oder Arbeit gewährte, nahm er die Erforschung früher Formen einer freien und egalitären Gesellschaftsordnung auf, in einem genialen und einzigartigen Werk, dem *Prinzip Hoffnung*, das zwischen 1938 und 1947 entstand.

Die Sensibilität des Paria machte ihn empfindsamer als jeden anderen für den Schmerz, den ein zutiefst menschliches Gefühl auslöst: die Scham. 1943 eröffnete Hannah Arendt ihre Kritik an den Memoiren Stefan Zweigs *Die Welt von Gestern* mit dem Bericht über einen Traum, den Rahel Varnhagen in ihr Tagebuch notiert hatte. Gemeinsam mit ihren Freundinnen Bettina von Arnim und Caroline von Humboldt unterhielt sie sich über die schmerzhaften Erfahrungen im Leben. Die drei Frauen waren sich einig darin, daß durch Enttäuschungen in der Liebe, Treuelosigkeit, Krankheit und vieles andere viel Leid in die Welt gebracht werde. Arendt beendet die Geschichte von dem Traum folgendermaßen: «Schließlich fragte die Rahel: Kennt Ihr die Schande? Kaum hatte sie diese Worte gesprochen, verbreitete sich Schweigen, und beide Freundinnen rückten von ihr ab und betrachteten sie verstört und befremdet. Da wußte die Rahel, daß sie ganz allein sei und daß diese Last ihr nicht vom Herzen genommen werden könne.»[25] Rahels Scham war ein Zeichen dafür, daß sie ihrem Judentum nicht entrinnen und sie es nicht als naturgegebene Sache hinnehmen konnte. Dieses Gefühl rührte von einer zweifachen Unmöglichkeit her: der Unmöglichkeit, von einer vom Antisemitismus durchdrungenen Umgebung akzeptiert zu werden und der Unmöglichkeit, das Judentum als Ganzheit zu leben. Es war auch die Scham des Opfers angesichts des Henkers, des Unterdrückten angesichts des Unterdrückers oder die Scham, dem Menschengeschlecht anzugehören, welche Arendt 1945 in einem Artikel über den Völkermord an den Juden zum Ausdruck brachte.[26] Man könnte hinzufügen, daß es die Scham war, die Josef K., den Helden in *Der Prozeß* überkam, als das Todesurteil an ihm vollstreckt wurde.

Betrachtet man die Scham des Paria als «Kategorie des öffentlichen Lebens», dann rührt sie von seinem Ausgeschlossensein her, von seiner Unmöglichkeit, einen Sicherheit gebenden Schatten zu werfen wie alle anerkannten Leute, die einen Platz in der Gesellschaft einnehmen. Oder sie geht darauf zurück, daß er ein Körper ohne Schatten ist in einer Welt, in der alle Individuen zu Schatten geworden sind. Wenn für einen Geschäftsmann, der nach Reichtum und Erfolg strebt,

Armut Scham bedeutet und für den Schriftsteller, der berühmt sein möchte, die Tatsache, daß ihn niemand kennt, dann erlitten die im Exil lebenden jüdischen Intellektuellen beides und zwar auf um so schmerzhaftere Weise, als sie in der Vergangenheit vom Schreiben gelebt hatten und auch berühmt geworden waren. Ihre Scham verwandelte sich in den Hochmut des Paria, als sie ihre neuen Lebensbedingungen auf sich nahmen und doch sie selber blieben. Viele berühmte Schriftsteller und Essayisten, die zugesehen hatten, wie im Mai 1933 ihre Werke von den Nazis verbrannt wurden, mußten sich mit materieller Not und der Tatsache abfinden, gänzlich unbekannt zu sein. Mit Ausnahme weniger Exilierten, die in ihren Gastländern großzügig aufgenommen wurden – Thomas Mann und Bertolt Brecht konnten in Hollywood ein recht angenehmes Leben führen, der Naturwissenschaftler Albert Einstein und die Soziologen der Frankfurter Schule setzten ihre Arbeit in amerikanischen Universitäten fort – lebten die meisten Emigranten am Rand des Elends. Walter Benjamin schrieb seine Thesen *Über den Begriff der Geschichte* in einem schlecht geheizten Zimmer, das er in Paris gemietet hatte; Ernst Bloch schrieb *Das Prinzip Hoffnung* in den USA dank seiner Frau Karola, einer Schülerin von Walter Gropius, die in einem Restaurant als Kellnerin arbeitete; Heinrich Mann, der in der Weimarer Republik sehr berühmt gewesen war, lebte von einer bescheidenen Summe Arbeitslosengeld in Los Angeles und mußte dauernd fürchten, daß die Zahlungen eingestellt würden; Alfred Döblin schrieb einem Freund, er gehöre nicht mehr der Elite renommierter Autoren an, sondern einer anderen Kategorie von Autoren: «zu denen, die im Schmutz leben.»[27]

Als Entwurzelter und Heimatloser war der Paria ein Mensch ohne Bindungen, gewöhnt, die Welt aus einer weiten Perspektive zu sehen und nicht von einem engen nationalen Standpunkt aus. 1946 schrieb Hannah Arendt ein Gedicht von Rilke um, in dem die Zeile vorkommt: «Wohl dem, der jetzt noch Heimat hat.» Sie wandte den Inhalt in sein Gegenteil und machte ein Lob des Paria daraus: «Wohl dem, der keine Heimat hat, denn er kann sie noch im Traum sehen.»[28]

Für Hannah Arendt bedeutete Paria zu sein auch, eine

bewußte Wahl getroffen zu haben. Der Antisemitismus vereinigte alle Juden zu Schicksalsgenossen, aber ausgeschlossen zu sein und verfolgt zu werden, hieß noch nicht, daß man Paria war. Dies wurde man erst, wenn man gegen diese Situation revoltierte. Sie schrieb: «Die Entscheidung, gesellschaftlich ein Paria zu sein, und war es in der Form des Widerständlers, war mehr oder weniger jedem einzelnen überlassen».[29] In der großen Mehrheit befanden sich die Juden in einem Niemandsland und betrachteten die Wirklichkeit, die sich gegen sie verschworen hatte, als absurd und unverständlich. Der durchschnittliche Jude, weder Parvenu noch Rebell, war von einem Gefühl des Andersseins durchdrungen, von einer «angeborenen Seltsamkeit», und er stand vor der Realität wie vor einem Rätsel. Sein Anderssein machte ihn wider Willen zum *Außenseiter*, zu einem Menschen, der seinen Platz in der Gesellschaft nicht fand und, sobald diese in eine Krise geriet, nicht in der amorphen und atomisierten Masse, die die soziale Basis totalitärer Regime bildet, aufgehen konnte. Sobald «ein Bündnis zwischen Kapital und Masse»[30] geschlossen wurde, war sein Schicksal besiegelt.

DER PARIA ALS «SCHLEMIHL»

Die Unterscheidung zwischen Paria und Aufsteiger zeigt sich in Hannah Arendts Schriften auch in anderer Form, in der Unterscheidung zwischen *Schlemihl* und *Schnorrer*. Bereits in der Biographie Rahel Varnhagens wurde diese als *Schlemihl* dargestellt: «Weder reich, noch schön und jüdisch.»[31] Der *Schlemihl* – eine Gestalt, die Hannah Arendt nicht nur in Rahel Vernhagen, sondern auch in Heinrich Heine und Charlie Chaplin verkörpert sah – besitzt alle Eigenschaften des Paria. Nur das Bewußtsein, sich wehren zu müssen, fehlt. Der Versuch, der Realität mit seiner unerschöpflichen Sorglosigkeit und seiner Menschlichkeit und seinem Fatalismus zu begegnen, unterscheidet ihn vom Paria. Der *Schnorrer* hingegen besitzt alle negativen Eigenschaften des Parvenu. Hannah Arendt schreibt: «Als Schnorrer aber hat auch der Paria seine Würde verloren, nicht weil er arm ist und nicht einmal, weil er bettelt, sondern weil er bettelt bei denen, die er bekämpfen sollte und weil er seine Armut mißt mit den Maßstäben derer, die sie mitverschuldet haben. Als Schnorrer wird der Paria, ohne zur Gesellschaft zugelassen zu sein, zu einer der Stützen der Gesellschaft.»[32] Er revoltierte nicht, aber er weigerte sich auch, sich den Werten einer Gesellschaft zu unterwerfen, die ihn verstieß. Seine Realitätsflucht war illusorisch, und so entstanden alle komischen Aspekte seines gemessen an den von der Macht auferlegten Normen gegenüber zutiefst befremdlichen Verhaltens. Er war ein Außenseiter, bewahrte aber die Würde dessen, der nicht dazugehört, und blieb weiterhin Träger seiner eigenen Kultur. Der *Schnorrer* hingegen wollte um jeden Preis von der Gesellschaft akzeptiert werden, in der er nur leben konnte, wenn er den Haß und die Geringschätzung der anderen hinnahm. Er verlor jeden Stolz und brach mit der Tradition seines Volkes, ohne daß es ihm gelang, von den Nichtjuden anerkannt zu werden. Hannah Arendt sah den *Schnorrer* in erster Linie in der jüdischen Bourgeoisie verkörpert, jedoch auch in assimilierten Intellektuellen, die unbedingt als deutsche Staatsbürger gelten wollten. Nichts erschien ihr demütigender und peinlicher als ein jüdischer Intellektueller, der seinen Doktortitel zur Schau stellte und immer wieder als Schnorrer auftrat.[33]

Die allegorische Figur des *Schlemihl* wurde durch Adalbert von Chamissos 1814 erschienener Novelle *Peter Schlemihls wundersame Geschichte* berühmt, in der der Held seinen Schatten mit ewigem Reichtum vertauscht, dafür aber aus der Welt ausgeschlossen wird, in der jeder die Fähigkeit, sich selbst zu verlängern, besitzt und der, welcher keinen schützenden Schatten hat, als schändlich gilt. Zwar hat Chamisso die Figur des Schlemihl in die deutsche Literatur eingeführt, aber ihr Ursprung ist zweifellos jüdisch (offenbar erfuhr er durch Rahel Varnhagen von ihm).[34] Er kommt in zahlreichen Werken jüdischer Schriftsteller vor, von Mendele Mocher Sforim bis Scholem Aleichem, Isaac Bashevis Singer nicht zu vergessen. Der Ursprung des Namens *Schlemihl* ist umstritten. Manche Philologen sind der Ansicht, er stamme von dem jiddischen Adjektiv *schlimazl*, das aus dem deutschen Wort «schlimm» und dem hebräischen Wort *mazl*, «Glück», zusammengesetzt sei. Andere glauben, es sei eine Abwandlung des hebräischen Wortes *shelu-nuel*, «Taugenichts». In der jiddischen Literatur ist der *Schlemihl* ein Unglücksrabe, ein ewiger Verlierer, ein Opfer des Schicksals, das aus Naivität immer wieder in die Falle gerät, eine zugleich einfache und komische Figur voller Ironie und Melancholie, die nicht wirklich unglücklich ist, sondern ganz im Gegenteil von einer tiefen Weisheit beseelt ist, die für die engstirnige Rationalität dieser Welt nicht erkennbar ist und deren Ordnung und Hierarchien der *Schlemihl* nicht anerkennt. Er besitzt viele geistige Werte und schafft es nicht, sich einer Gesellschaft anzupassen, in der nur Materielles zählt. Deshalb bleibt er Außenseiter, wird verachtet und verlacht.

Es scheint fast so, als stelle Hannah Arendt die Unschuld und Ironie des *Schlemihl* der «verzweifelten Traurigkeit» der Assimilationisten entgegen.[35] Dabei übergeht sie jedoch einige Züge, die den *Schlemihl* der jiddischen Tradition vom jüdischen Paria des Abendlandes unterscheiden. Anstatt sich gegen seine Lebensumstände aufzulehnen, versucht der *Schlemihl* nicht nur, ihnen auszuweichen, indem er sich in Lachen und Sorglosigkeit flüchtet, sondern ist vor allem Träger einer Identität, die dem Paria nicht mehr eigen ist. Wie Ruth R. Wisse in einer aufschlußreichen Untersuchung darlegt, repräsentiert die Gestalt des *Schlemihl* «den Sieg der Identität trotz der Feindseligkeit der Lebensumstände»[36], die Identität des von Hannah Arendt beschriebenen Paria hingegen wurde durch die Assimilation grundlegend verändert. In der Welt des *Schtetl* steht die Figur des *Schlemihl* zu der des *Schnorrers*, der ein Bettler, aber kein Parvenu ist, nicht im radikalen Gegensatz.[37] Anders gesagt, seine Identität ist eine Selbstverständlichkeit und braucht nicht geschützt zu werden. Der *Schlemihl* ist in der Welt, in der er lebt, zutiefst verwurzelt, der Paria hingegen muß seine Kultur und Tradition in einem permanenten Kampf gegen den herrschenden Konformismus behaupten und läuft ständig Gefahr, zum Parvenu zu werden. Der *Schlemihl* wird durch seinen Glauben bestärkt, lebt in einer Welt, in der es noch eine Ordnung gibt und in der ein Gesetz herrscht, das seinem Leben einen Sinn gibt. Der Paria muß seine Seele schützen und in einer säkularisierten Welt seine Zukunft sichern. Der *Schlemihl* ist ein Held der Jiddischkeit, der Paria aber gehört in die *westjüdische Zeit*, wie Kafka sie nannte.

REVOLTE DES PARIA: ZIONISMUS UND SOZIALISMUS

In welcher Form äußerte sich die Revolte des Paria? Diese Frage wirft unweigerlich das Problem des Verhältnisses Hannah Arendts zum Zionismus auf. Im allgemeinen wird sie als kritische Zionistin bezeichnet. Zwischen 1933 und 1939 arbeitete sie tatsächlich für Organisationen, die der zionistischen Bewegung angehörten, zunächst für eine Vereinigung, die sich um die Auswanderung jüdischer Kinder nach Palästina bemühte, danach in einer Beratungsstelle für jüdische Flüchtlinge. Sie grenzte sich jedoch ständig von der herrschenden Strömung der zionistischen Bewegung ab und machte keinen Hehl daraus, daß sie Bernard Lazare näher stand als Theodor Herzl. Der Zionismus, den sie vertrat, hatte mit den Bestrebungen Herzls nach Gründung eines Staates und Kolonisierung des Landes nichts gemein. Sie wollte die Emanzipation des jüdischen Volkes fördern. In ihren Augen gab es zwei Arten von Zionismus: einerseits den Befreiungskampf der Parias, andererseits die Bewegung der Schnorrer, die bei den Großmächten um Zugeständnisse bettelten. Sie teilte Theodor Herzls Meinung, der Antisemitismus sei «die natürliche, dauerhafte und allgemeine Reaktion der Völker auf die bloße Existenz der Juden»[38] und hoffte, daß sich die zionistischen Ziele durch den Druck «gewisser einflußreicher Persönlichkeiten» realisieren ließen. «Der Zionismus», so schrieb sie, «war nie eine wirkliche Volksbewegung. Er hat zwar im Namen des jüdischen Volkes gehandelt und geredet, hat sich jedoch nicht darum geschert, ob die Masse des Volkes ihm folgte oder nicht. Seit den Verhandlungen, die Herzl mit den Ministern des zaristischen Rußland geführt hatte... bis zu dem denkwürdigen Brief, den ein englischer Lord, Lord Balfour einem anderen englischen Lord, Lord Rothschild, schrieb, und in dem es um das Schicksal des jüdischen Volkes ging, konnten die zionistischen Führer ohne große Unterstützung des jüdischen Volkes Verhandlungen zu seinen Gunsten führen, mit Staatsmännern, die auch für ihre Völker handelten und nicht als deren Repräsentanten».[39]

In Abgrenzung gegen diese Haltung wollte Hannah Arendt aus dem Zionismus eine Massenbewegung machen, die in der

Lage war, die unterdrückten und verfolgten Juden ganz Europas zu mobilisieren. Sie sollten sich nicht als Franzosen oder Amerikaner, auch nicht als Demokraten oder Antifaschisten zusammenschließen, sondern vor allem als Juden, denn durch ihr Judentum wurden sie ja zu Opfern. Dies war in ihren Augen die einzige Möglichkeite, ihre Würde wiederzuerlangen. 1946 setzte sich Hannah Arendt im *Aufbau*, einer New Yorker Zeitschrift für jüdische Emigranten, für die Bildung einer «jüdischen Armee» ein, die am Krieg gegen den Nationalsozialismus hätte mitkämpfen sollen. Sie wollte damit «das Gesetz der Vernichtung und das Gesetz der Flucht durch das Gesetz des Kampfes»[40] ablösen. Ihre Position unterschied sich deutlich von der Haltung der Revisionisten Jabotinskys, die sie als «jüdische Faschisten» bezeichnete (auch sie waren Betreiber einer unabhängigen jüdischen Armee), denn Hannah Arendt sprach sich zugleich für den Beginn eines jüdisch-arabischen Dialogs in Palästina und für die Zusammenarbeit beider Gruppen aus. In ihren Schriften zum Zionismus, die nach 1948 erschienen, bezeichnete sie interessanterweise nicht mehr die Juden als Parias, sondern die Palästinenser.[41]

Für Max Weber war die Definition der Juden als Parias eine wissenschaftliche Kategorie, die ihre sozioökonomische Rolle im Europa der Antike und des Mittelalters beschrieb. Bernard Lazare und Hannah Arendt haben den Begriff durch eine kulturelle, psychologische, ja beinahe geistliche Dimension bereichert, die ihn erheblich aufwertet. Ihre Theorie hat nichts von der Weberschen wissenschaftlichen Wertfreiheit, sondern impliziert eine tiefe innere Beteiligung und Betroffenheit. Als Paria schreibt die im Pariser Exil lebende Hannah Arendt die Biographie Rahel Varnhagens, und kurz nach ihrer Ankunft in New York einen langen Artikel mit dem Titel «Wir Flüchtlinge». Die Begriffe des Paria von Bernard Lazare und Hannah Arendt stehen einander nahe, sind jedoch nicht völlig identisch. Für den französischen Anarchisten gehörten die aus Osteuropa eingewanderten Proletarier zur großen Familie der modernen Parias, die deutsche Philosophin schien den Begriff nur für den Bereich des Politischen gelten zu lassen. Für Hannah Arendt waren Parias die Unzahl von Recht- und Heimatlosen, die seit der ersten Hälfte des 20. Jahrhunderts rastlos durch Europa zogen, nicht jedoch die ökonomischen *Luftmenschen*. Dieser Unterschied wurde immer feiner und bedeutungsloser, als Europa sich dem Zweiten Weltkrieg näherte. In Auschwitz wurde das gesamte Volk der Juden vernichtet, ohne Unterschied der Klasse oder Staatsangehörigkeit. Dennoch muß der eminent politische Sinn des Arendtschen Paria-Begriffs hervorgehoben werden, weil er die hartnäckige Tendenz spiegelt, die soziale Dimension des historischen Prozesses zu unterschätzen. Dieser Aspekt wird in manchen nach dem Krieg erschienenen Schriften noch deutlicher, wie etwa in den *Essays über die Revolution* (1963), in denen diese, definiert als «Grund der Freiheit angesichts der Tyrannei»[42] kaum als Befreiung von sozialer Unterdrückung angesehen wird. Aufgabe der Revolution war die Gewährung der Freiheit, jedoch nicht die des Glücks (gemäß den Träumen der Jakobiner, die in ihren Augen die Französische Revolution in die Sackgasse des Terrors geführt hatten). Es ging darum, die Ausgeschlossenen «sichtbar» zu machen, ihnen eine Mitwirkung in Politik und öffentlichem Leben zu ermöglichen, aber diese Mitwirkung sollte nicht aufgrund ihrer Bedürfnisse realisiert werden, sondern weil sie ein Recht darauf hatten. In Arendts Augen waren das Ausgeschlossensein der Massen vom poltischen Leben und ihre Ausgrenzung Hauptmerkmale totalitärer Regime, in denen die Parias nicht mehr toleriert wurden.

Der Vorrang des Politischen vor dem Sozialen und Ökonomischen – eine Vorstellung, die, wie Martin Jay betont, vermutlich auf die Tradition der deutschen Existenzphilosophie zurückzuführen ist[43] – brachte Hannah Arendt dazu, ein für das 20. Jahrhundert typisches Phänomen zu unterschätzen: das Bündnis des Paria-Judentums mit der sozialistischen Arbeiterbewegung. Wie soll man die Mitwirkung der Juden – sowohl in qualitativer als auch in quantitativer Hinsicht höchst beachtlich – bei allen revolutionären Bewegungen, die Mittel- und Osteuropa während der ersten Jahrhunderthälfte erklären, ohne darin den Ausdruck der Revolte des Paria zu sehen und zugleich seiner Weigerung, zum Parvenu zu werden? Die Eigenschaften des Paria, wie Hannah Arendt sie beschrieb – «eine außerordentliche Sensibilität für Ungerechtigkeit, Großzügigkeit und Fehlen von Vorurteilen» – waren ein wichtiger Grund dafür, daß sich viele jüdische Intellektuelle dem Sozialismus zuwandten. Hier konnten sie ihren «Weltverlust» und ihr Ausgeschlossensein überwinden, hier fand ihre Revolte gegen die Gesellschaft eine organisatorischen Rahmen. Hannah Arendt, die, wie sie gerne betonte, von der deutschen Philosophie herkam und in den Jahren des französischen und amerikanischen Exils ganz in ihrem Engagement für zionistische Organisationen aufging, erkannte weder die Bedeutung noch den tieferen Sinn der Verbundenheit von Judentum und Sozialismus (obwohl sie den ehemaligen Bucharin-Anhänger Heinrich Blücher heiratete). Erst viel später wandte sie sich diesem Phänomen zu, nämlich als sie die Gestalt der Rosa Luxemburg entdeckte. Doch auch jetzt konnte sie ein Engagement in sozialistischen und revolutionären Bewegungen nicht als wichtigstes Merkmal des Paria-Judentums ansehen. Um nur ein Beispiel zu nennen, könnte man Manès Sperber zitieren, der in der «Solidarität» mit «allen, denen Unrecht getan wird» eine der Hauptquellen für sein Judentum sah; seine Art, sein Judentum zu leben, hing untrennbar mit seiner sozialistischen Überzeugung zusammen. Für ihn gehörte eine kritische Haltung gegenüber allem, was ihm im Leben seines Volkes «...ungerecht, unwürdig, zu anspruchsvoll oder opportunistisch und daher unecht» erschien, unbedingt dazu.[44] Der Werdegang mehrerer Generationen jüdischer Sozialisten – von dem im Londoner Exil lebenden Karl Marx bis zu zahlreichen aus dem russischen Zarenreich nach Österreich oder Deutschland emigrierten Revolutionären – macht diese zu Angehörigen des Paria-Judentums. Die Unterscheidung zwischen Paria und Parvenu kommt in Trotzkis Autobiographie an der Stelle zum Ausdruck, an der er beschreibt, welches Unbehagen er empfand, als er in Wien den Führern der Sozialdemokratie begegnete, in den meisten Fällen jüdischen Intellektuellen, die die Idee einer russischen Revulution mit äußerster Skepsis betrachteten und Wert darauf legten, mit der ehrfürchtigen Anrede «Genosse Doktor»[45] angesprochen zu werden.

Man könnte noch andere Beispiele für die Folgen des Vorrangs des Politischen bei Hannah Arendt nennen.[46] Sie selbst hatte ihren Paria-Status 1951 aufgegeben, als sie, vermutlich dank des großen Erfolgs ihres Werks *Die Ursprünge des Totalitarismus,* die amerikanische Staatsbürgerschaft erhielt und eine glänzende Universitätskarriere einschlug. Vielleicht enthielt das Werk ein gewisses Element von Schlemihlität. Es fand große Verbreitung und hatte zugleich das Pech, fast immer mißverstanden zu werden. Ihre Analyse des Stalinismus verfiel den Klischees eines vulgären Antikommunismus nicht und enthielt sogar eine radikale Imperialismuskritik. In den fünfziger Jahren wurde es jedoch bald zu einer «Bibel des Kalten Krieges». Zur selben Zeit entstand in Amerika eine neue Paria-Generation, die der Opfer der McCarthy-Verfolgungen.

JUDE SEIN UND FRAU SEIN: ROSA LUXEMBURG

Es ist interessant festzustellen, daß vom 19. Jahrhundert an der Paria-Begriff (insbesondere von Flora Tristan und George Sand) nicht nur verwendet wurde, um die Lebensbedingungen der Juden, sondern auch die der Frauen zu beschreiben. Trotz ihres unterschiedlichen Ursprungs, religiöser Natur im ersten Fall, sexueller im zweiten, begegnen sich diese beiden Formen des Andersseins in derselben sozialen Situation, beide wurden ausgeschlossen und diskriminiert. Zwischen der Emanzipation der Juden und der der Frauen lassen sich leicht Parallelen finden. Zwar erreichten die Frauen die volle Entfaltung ihrer Rechte viel später, aber die Vorurteile und Widerstände gegen sie waren oft dieselben, mit denen man den Juden begegnete. Das Ghetto der Frauen waren Familie und Haushalt. Ihre Emanzipation und ihr Eintritt in das öffentliche Leben wurden wie bei der Emanzipation der Juden als typische Erscheinungen einer Moderne angesehen, welche die hierarchische (zugleich nationale, religiöse und sexuelle) Ordnung der herkömmlichen Gesellschaft zerstörte. Wie die Emanzipation der Juden in der Aneignung einer Kultur und in der Anpassung an ein nicht jüdisches Milieu ihren Ausdruck fand, so vollzog sich die Emanzipation der Frauen oft als Aneignung von Werten und Verhaltensnormen einer von Männern dominierten Welt. Gegen Ende des

Jahrhunderts flossen Antisemitismus und Antifeminismus zusammen, denn beide machten das Anderssein von Juden und Frauen in erster Linie zu einem biologischen Phänomen.[47] Das Anderssein wurde als minderwertig angesehen und mit soziobiologischen Argumenten untermauert.

Otto Weininger hatte in seiner selbstzerstörerischen, auf der Verinnerlichung von antisemitischen Vorurteilen basierenden Deutung bereits auf seine Weise die «Wahlverwandtschaften» zwischen dem Juden und der Frau erkannt.[48] Als Hannah Arendt zu Beginn der dreißiger Jahre die Gestalt der Rahel Varnhagen entdeckte, war das Bild des Paria in ihren Augen nur noch ein Paradigma des Judentums. Daß Rahel eine Frau war, gab zwar ihrer Sensibilität eines Paria eine gewisse Nuance, war jedoch kein wesentliches konstitutives Merkmal ihrer Existenz. Nach der feministischen Welle der sechziger Jahre in Amerika räumte Hannah Arendt der feministischen Dimension des Lebens als Paria eine höheren Stellenwert ein und betonte die tiefe Affinität zwischen Frau sein und Jude sein. Anlaß für diese Brücke zwischen den beiden Formen kulturellen und sexuellen Andersseins und sozialen Ausgeschlossenseins war das Erscheinen der Rosa-Luxemburg-Biographie des britischen Historikers John Paul Nettl.[49] Dieses Buch holte die mythische Figur der Märtyrerin des Spartakusaufstands aus der Vergessenheit, würdigte aber zugleich die Tiefe und den Reichtum ihres Denkens. Ihre Schriften über die Anhäufung von Kapital, Massenstreiks und Arbeiteraktionen wurden bekannt, ebenso ihre Auseinandersetzung mit Eduard Bernstein und ihre Kritik an der russischen Revolution. Darüber hinaus vermittelte der Autor das Bild einer Kämpferin, die sich ganz der Revolution verschrieben und manche unwichtigen Details ihrer Existenz vergessen hatte: daß sie eine Frau war (nicht nur in der Gesellschaft, sondern auch in der weitgehend von Männern dominierten Arbeiterbewegung), außerdem noch Jüdin (in einer Welt – Polen und Deutschland der Jahrhundertwende –, die stark vom Antisemitismus durchdrungen war) und dazu noch behindert (seit ihrer Kindheit hinkte sie). Hannah Arendts Ansatz war anders: Ihre Deutung des Lebens von Rosa Luxemburg läßt sich so zusammenfassen: Sie war eine Fremde, nicht nur weil sie in einem ihr verhaßten Land und einer Partei, die sie zunehmend mißbilligte, eine polnische Jüdin war und blieb, sondern auch, weil sie eine Frau war.[50] Allgemeiner gesagt, die Widersprüche bei Rosa Luxemburg zeigten sich deutlich in drei Aspekten ihres Lebens: der geheimgehaltenen Beziehung zu Leo Jogiches, ihrer Indifferenz gegenüber der Frauenbewegung und schließlich der Verdrängung ihres Judentums.

Ihre Beziehung zu Leo Jogiches machte das ständige Zerrissensein zwischen dem immer wieder enttäuschten Wunsch deutlich, das «normale» Leben einer verheirateten Frau zu führen, und dem Verlangen nach sozialer, geistiger und politischer Unabhängigkeit, durch welches ihr Leben nur eine Existenz am Rand der Gesellschaft sein konnte. Rosa und Leo lernten sich im Exil in der Schweiz kennen, von wo aus sie die Sozialdemokratie des Königreichs Polen und Litauens (SDKPiL) leiteten, eine revolutionäre Organisation, die im Untergrund gegen das Zarenregime kämpfte. 1891 wurden sie in Zürich ein Paar, aber nur wenige Freunde erfuhren von ihrer Beziehung. Jahrelang, bis 1907, verbargen sie sorgfältig in der Öffentlichkeit, wie sie zueinander standen, obwohl Rosa immer wieder gegen diese Heuchelei protestierte. Um Konflikte mit ihrer Familie zu vermeiden, täuschte sie sogar eine Ehe mit Leo Jogiches vor. Er stammte aus einer reichen jüdischen Familie Litauens und finanzierte die Veröffentlichungen der SDKPiL. Rosa schickte ihm Listen, in denen alle Ausgaben genau aufgeführt waren. Als sie nach Berlin kamen – Rosa im Jahr 1897, Leo etwas später – lebten sie weiterhin getrennt, Leos Zimmer in der Wohnung seiner Freundin war als Gästezimmer getarnt. Um die deutsche Staatsbürgerschaft zu erhalten, heiratete Rosa zum Schein Gustav Lübeck. Leo war darüber keineswegs verärgert, sondern traf sogar alle Vorbereitungen. Ihre Rollenverteilung war perfekt: Rosa war eine öffentliche Figur, schrieb für die Zeitungen und trat auf den Kongressen der SPD auf. Leo lenkte die Arbeit hinter den Kulissen, ohne je zu schreiben oder öffentlich aufzutreten. Er war ein hervorragender Organisator, der nur im Schatten agierte. Seine Versuche, Rosa zu kontrollieren und ihre Aktivitäten zu steuern, schlugen fehl. Sie wurde zunehmend unabhängiger. Während sie sich ihrer Fähigkeiten immer mehr bewußt wurde und immer mehr öffentliche Anerkennung für ihre propagandistische Arbeit erhielt, fühlte Leo seinen Stern immer weiter sinken. Rosa brauchte ihn nicht mehr, und er durchlebte lange Zeiten der Passivität und Einsamkeit. Rosas Briefe an ihren Liebhaber zeugen von dem Wunsch, ein harmonisches und «geachtetes» Leben an seiner Seit zu führen. Dies befriedige sie weit mehr als ihre Erfolge als Intellektuelle und politische Führerin. Manchmal überkam sie der Wunsch nach einem Kind, und um ihn abzuschwächen, wollte sie sich Haustiere anschaffen: «Ohne Kinder ist das Haus leer und öde, und ich fühle mich so allein! Ein Kind würde mich ins Leben zurückbringen, glaube ich. Bis dahin möchte ich wenigstens einen Hund oder eine Katze haben...»[51]

Rosa Luxemburg und Leo Jogiches starben einen tragischen Tod. Sie wurden 1919 nur wenige Wochen nacheinander von den Freikorps ermordet, die den Spartakusaufstand niederschlagen sollten.

Die Haltung Rosa Luxemburgs zur Frauenbewegung, die alle anderen Frauen ihrer Generation, die ihre politischen Ansichten teilten, unwiderstehlich anzog, ist nach Meinung Hannah Arendts bezeichnend; angesichts der Forderungen der Suffragetten nach Gleichheit hätte sie versucht sein können zu antworten: *Es lebe der kleine Unterschied.*»[52] Sie war mit Clara Zetkin befreundet, sie die in der sozialistischen Frauenbewegung eine wichtige Rolle spielte, zeigte aber nie das geringste Interesse für das Problem der sexuellen Unterdrückung, und was die Möglichkeiten der Frauenbefreiungsbewegung betraf, blieb sie immer skeptisch. Alle Vorschläge, sich in der Frauenbewegung zu engagieren, wies sie entrüstet zurück, da ihr dies als unwichtig erschien.

1902 schrieb Rosa Luxemburg für die polnische *Gazeta Ludowa* einen Artikel mit dem Titel «Damen und Frauen», indem sie den Feminismus als Freizeitbeschäftigung für reiche Bürgerfrauen apostrophierte, die «es leid sind, die Rolle der Köchin oder der Puppe ihrer Ehemänner zu spielen und in der Aktion ein Mittel suchen, ihre leeren Köpfe und ihre sinnentleerten Existenzen mit Inhalt zu füllen.»[53] Dieser Form des Feminismus stellte sie die Haltung proletarischer Frauen gegenüber, die nicht für ihre «besonderen Interessen» kämpften, sondern für die Befreiung ihrer Klasse und dabei keinen Unterschied zwischen den Geschlechtern machen. Die Idee einer autonomen Frauenbewegung erschien ihr als kleinbürgerlicher Irrweg. Man könnte kaum von größerer Blindheit sein. Zwar waren feministische Orientierungen innerhalb der Arbeiterbewegung damals noch selten, aber man darf nicht vergessen, daß andere Frauen bereits viel fortschrittlichere Positionen geäußert hatten (z.B. Alexandra Kollontai). Der Widerspruch ist noch größer, wenn man bedenkt, daß Rosa Luxemburg die einzige Frau im Leitungsgremium der SPD war. Als 1909 über Generalstreik und eine Strategie zur Erringung der Macht debattiert wurde, war sie unter den deutschen Marxisten die einzige, die es wagte, die Autorität Karl Kautskys, des «Papstes» der II. Internationale, in Zweifel zu ziehen.

Man muß einräumen, daß Rosa Luxemburg zwar Inbegriff einer emanzipierten Frau war, in ihren Ideen aber dem Feminismus keineswegs nahestand. Wie soll man diesen Widerspruch erklären? Nach Hannah Arendt, gehörte durchaus eine feministische Dimension zu Rosa Luxemburgs Leben, die jedoch verborgen war und unbewußt blieb, zugleich mußte sich ihr zäher Wille, ihren «kleinen Unterschied» zu bekräftigen, durch eine Emanzipation innerhalb der verschiedenen Bereiche der Gesellschaft – Arbeiterbewegung, Journalismus, Politik – äußern, in denen es keinen Platz für Frauen gab. Christel Neusüß schreibt zu Recht, daß das ganze Leben Rosa Luxemburgs von einer «nicht patriarchalischen Denk- und Lebensweise zeugt» und daß die Kritik, die sie an «ihren männlichen Genossen übte, eine Kritik an den patriarchalischen Zügen ihres Denkens war».[54] Die Verdrängung ihrer Weiblichkeit – sowohl in ihrer Beziehung zu Leo Jogiches als auch in der Arbeiterbewegung – war demnach der Preis, um ihre Unabhängigkeit und ihre Besonderheit angesichts der Macht der Männer zu bekräftigen.

Noch ambivalenter und widersprüchlicher war die Beziehung Rosas zum Judentum. Ihr richtiger Name lautete *Luksemburg*, und sie änderte ihn in *Luxemburg*, um weniger jüdisch zu wirken. Sie war in Zamosc geboren, einer kleinen polnischen Stadt, in der zahlreiche Juden lebten. Ihr Vater war ein wohlhabender Händler und gehörte zur ersten Generation der «assimilierten» Juden polnischer Sprache. Ihre Mutter war orthodoxe Jüdin, und zu ihren Vorfahren gehörten siebzehn Generationen von Rabbinern. In seiner Rosa-Luxemburg-Biographie schreibt Paul Frölich, daß «das Luxemburgsche Heim erfüllt» war «von der polnischen und deutschen Kultur...».[55] Die Wirklichkeit war zweifellos anders. Der Vater war mit seinem Geschäft ausgelastet und hatte kein besonderes Interesse an der Kultur. Die Mutter hatte ihrerseits nichts von einer assimilierten jüdischen Intellektuellen. Ihre Beerdigung 1897 wurde nach streng religiösem Ritual vollzogen, den ganzen Tag über sangen ihre Brüder Psalmen und das Totengebet und den Kaddisch.

Rosa wünschte sich nichts mehr, als dieser Welt zu entkommen. Ihr Leben lang brachte sie ihre Mißbilligung für die jüdische Kultur zum Ausdruck und zeigte damit, wie komplex und widersprüchlich ihr Verhältnis zu Familie und Herkunft war. Alles, was mit Judentum zu tun hatte, war in ihren Augen nichts als eine Ansammlung obskurantistischer Überzeugungen, von denen man sich befreien mußte. Nach Aussagen von Tadeus Radwanski beurteilte sie die jiddische Literatur folgendermaßen: «Das ist Dialektliteratur! Über wen lacht man eigentlich? Besonders der verrückte Perez, der es wagt, Heine zu beschimpfen wegen seines guten Deutsch und das in diesem altschwäbischen Dialekt, der durch eingestreute hebräische Wörter und durch einheimisches Polnisch ganz verdorben ist.»[56]

Es besteht ein starker Kontrast zwischen dieser Verachtung für jüdische Traditionen und ihrem Lob der Qualitäten Polens. 1889 schrieb sie Leo Jogiches, als sie sich auf einem Propagandafeldzug durch Polen befand: «Welches Vergnügen – Weizenfelder, Wiesen, Wälder... die polnische Sprache und polnische Bauern... ein kleiner barfüßiger Kuhhirt und unsere wunderbaren Tannen. Es stimmt schon, die Bauern sind hungrig und schmutzig, aber zu was für einer schönen Rasse sie doch gehören!»[57] Man ist beinahe versucht, diese Art von polnisch völkischem Romantismus als eine typische Form jüdischen Antisemitismus anzusehen.

Ihre Beziehung zur deutschen Kultur war weniger eindeutig. So bewunderte sie etwa den nationalistischen und antisemitischen Komponisten Richard Wagner, aber die Begeisterung des deutschen Publikums für Beethoven widerte sie an. Man darf bei alldem nicht vergessen, daß Rosa Luxemburg, obwohl sie die deutsche Staatsangehörigkeit erhielt und große literarische Erfolge hatte, in Deutschland weiterhin als polnische Jüdin galt und in Polen den Haß der gesamten antisemitischen Presse zu spüren bekam.

Nach Hannah Arendts Meinung war die Verdrängung des Judentums bei Rosa Luxemburg ein typisches Merkmal des Paria-Judentums, das die Bedeutung der Sprachbarrieren nicht begriff und ständig auf der Suche nach einem «Zuhause» war, das mit keinem Vaterland gleichgesetzt werden konnte. Zugleich bewies der Werdegang Rosa Luxemburgs in ihren Augen etwas, was sie bereits im Hinblick auf Rahel Levin-Varnhagen geschrieben hatte, daß man «seinem Judentum nicht entrinnen kann». Für Hannah Arendt hing der Antinationalismus Rosa Luxemburgs, ihre Kritik an der Forderung nationaler Unabhängigkeit für Polen, unleugbar mit ihrer Existenz als Jüdin zusammen.[58]

In einem berühmten Brief an ihre Freundin Mathilde Wurm, geschrieben im Feburar 1917 im Gefängnis zu Wronke, bekräftigte Rosa, sie habe keinerlei Sinn für das Leben im Ghetto: «Ich fühle mich in der ganzen Welt zu Hause, wo es Wolken und Vögel und Menschentränen gibt.»[66] In einem anderen Brief ermunterte sie ihre Freundin, die die Schrecken des Krieges erlebt hatte, folgendermaßen: «Dann sieh zu, daß Du Mensch bleibst. Mensch sein, ist vor allem die Hauptsache. Und das heißt: fest und klar und heiter sein, ja, heiter trotz alledem, denn das Heulen ist Geschäft der Schwäche. Mensch sein heißt, sein ganzes Leben ,auf des Schicksals große Waage' freudig hinwerfen, wenn's sein muß, sich zugleich aber an jedem hellen Tag und jeder schönen Wolke freuen, ach... Die Welt ist so schön bei allem Braus und wäre noch schöner, wenn es keine Schwächlinge und Feiglinge auf ihr gäbe.»[60] Hier finden wir in wenigen Worten, die auch in den Briefen Rahel Levin-Varnhagens stehen könnten, ein neues Zeugnis für die Menschlichkeit, Sorglosigkeit und Herzenswärme der Parias angesichts der Gewalt und der Ungerechtigkeit der Welt.

3 DAS JUDE–SEIN ALS HEIMATLOSIGKEIT: JOSEPH ROTH

DER «HOTELPATRIOT»

Der geistige und politische Werdegang des Schrifstellers Joseph Roth scheint deutlich das Leben und Schicksal des Paria-Judentums in Europa widerzuspiegeln. Vom galizischen Schtetl bis ins Wien der Habsburger, von Berlin bis Paris durchquerte er Europa zwischen den Weltkriegen als Outsider. Er teilte das Schicksal zahlreicher anderer deutschsprachiger jüdischer Intellektueller seiner Generation. Joseph Roth starb im Exil. Am 27. Mai 1939, wenige Monate vor Beginn des Zweiten Weltkriegs, raffte ihn der Alkohol dahin. Er hatte gerade eine seiner besten Erzählungen, *Die Legende vom heiligen Trinker*, beendet, die er in Momenten geistiger Klarheit an einem Tisch im Café Tournon niederschrieb. Seine Beerdigung auf dem Friedhof von Thais war alles andere als ein banales Ereignis, sondern ging auf tragikomische Weise vonstatten, wodurch ein letztesmal die Ambiguität des Toten hervorgehoben wurde. Als die österreichischen Monarchisten, die in einer offiziellen Delegation gekommen waren, einen mit Otto von Habsburgs Unterschrift versehenen Kranz in den Farben des Habsburgerreiches niederlegten, protestierten lautstark die linksintelektuellen Emigranten, darunter Egon Erwin Kisch und Bruno Frei. Die Auseinandersetzung war noch nicht zu Ende, da geschah wieder etwas: Joseph Gottfarstein protestierte, als der katholische Priester den Sarg segnete, da er das Kaddisch, das hebräische Gebet für die Toten, am Grab sprechen wollte.[1]

Man hat nie erfahren, ob Joseph Roth tatsächlich zum

katholischen Glauben konvertiert war, wie er gegen Ende der dreißiger Jahre behauptet hatte. Er präsentierte sich gerne widersprüchlich als papistischen Juden und fortschrittlichen Monarchisten. Als Heimatloser und antikonformistischer Intellektueller schuf er sich aus einem Paradox eine Identität. Bereits 1926 bezeichnete er sich in einem Brief an Bernhard von Brentano als «Mittelmeer-Mensch... Römer und ein Katholik, ein Humanist und ein Renaissance-Mensch.»[2] Das einzige, wessen man gewiß sein kann, ist, daß er Jude war. Zu seinen Lebzeiten kannte man ihn in erster Linie als jüdischen Journalisten und Schriftsteller. Sein Engagement für den Sozialismus in den zwanziger Jahren sowie seine Sympathien für die Monarchie im folgenden Jahrzehnt sind Ausdruck eines besonderen und ganz spezifischen Werdegangs, dem eines Denkers, der sich vor dogmatischer Festlegung scheute und der nicht bereit war, sich im Kampf zu engagieren. Im Grunde kam in der Entwicklung seiner politischen Haltung – dem Übergang von der extremen Linken zur extremen Rechten (in der Form eines monarchistischen Antifaschismus) – immer dieselbe romantisierende, antikapitalistische Attitüde zum Ausdruck, die sich von einer radikalen Kritik an Fortschritt und Modernität des Abendlandes nährte. Es handelte sich um einen ganz eigenen Sozialismus und Monarchismus, der seine persönliche Prägung trug und nichts mit dem offiziellen Marxismus und Bolschewismus oder der reaktionärten Ideologie der im Exil lebenden royalistischen Kreise gemein hatte.

Joseph Roth verkörperte den Archetyp des entwurzelten jüdischen Intellektuellen und veranschaulichte gewissermaßen Karl Mannheims Theorie von der Intelligenz «ohne Bindungen». In seinem Fall muß man diese Formulierung wörtlich nehmen. Außer einer kurzen Zeit im Jahr 1922 nach seiner Hochzeit mit Friedericke Reichler (Friedl), in der er in einer normalen Wohnung lebte, verbrachte er sein gesamtes Leben in Hotelzimmern. Dies war kein Zufall, sondern eine bewußte Entscheidung, die er dadurch unterstrich, daß er sich *Hotelbürger* oder *Hotelpatriot*[3] nannte. Vom Luxushotel – dort wohnte er, als er es sich leisten konnte, z. B. während seiner Arbeit als Sonderkorrespondent der *Frankfurter Zeitung* –

bis zur einfachen Pension, alle diese Orte gaben ihm eine Sicherheit: in einem Provisorium zu leben und eine Existenz zu führen, das ein ständiges Umherirren bedeutete. Sein Verzicht auf eine eigene Wohnung brachte seine Vorliebe für aristokratischen Luxus und Lebensgewohnheiten zum Ausdruck sowie seine Weigerung, zum respektablen Bürger zu werden, der sich auf äußere Sicherheit stützt. Sein Charakter kam in bestimmten Romanhelden zum Ausdruck, so in Gabriel Dan, jenes Mannes aus *Hotel Savoy*, der in sein Hotelzimmer zurückkehrt, «wie in eine wiedergefundene Heimat»[4].

In Roths Korrespondenz finden wir einige Erklärungen zu seinem Lebensstil. Im Gegensatz zu den Hotels, echten zur Welt geöffneten Fenstern ist ein Haus «etwas Endgültiges. Eine «Krypta», sagte er seinem ungarischen Freund Géza von Cziffra.[5] In einem Brief an seinen Verleger Gustav Kiepenheuer beanspruchte er den Status des Heimatlosen: «Ich habe keine Heimat, wenn ich von der Tatsache absehe, daß ich in mir selbst zu Hause bin und mich bei mir heimisch fühle. Wo es mir selbst schlecht geht, da ist mein Vaterland. Gut geht es mir nur in der Fremde.»[6] Seine schwierige Kindheit – er wuchs ohne Vater auf, weil dieser die Familie vor seiner Geburt anläßlich einer Geschäftsreise verlassen hatte – ist ohne Zweifel ein wichtiger Grund für seine fast «angeborene» Entwurzelung.

SCHTETL-NOSTALGIE

Sein unbedingtes Verlangen, als Fremder durch die Welt zu reisen, immer wieder sein Außenseitertum zu bekräftigen und von außen auf die Gesellschaft seiner Zeit zu blicken, rührte von seiner Herkunft her. Roth kam 1894 in Brody, an der Peripherie des Habsburgerreiches, als galizischer Jude zur Welt. Diese Stadt war schon seit langem einer der zentralen Orte der Chassidim und der Haskala gewesen. Roth war zugleich ein Produkt des osteuropäischen Schtetl und der jüdisch-deutschen Kultur. Er war der Kulturwelt des Ostjudentums eng verbunden und machte es sich zur Aufgabe, deren Werte zu verteidigen, wodurch er zum Ankläger und heftigen Kritiker der Assimilation wurde. Seine Waffen –

Journalismus und Literatur – stammten aus dem Arsenal der deutschsprachigen Kultur. Wie die meisten galizisch jüdischen Intellektuellen seiner Generation hatte er eine österreichische Bildung genossen, woraus er keinerlei Hehl machte. In einem Brief an Stefan Zweig vom März 1933 bekannte er sich zu den Errungenschaften der Assimilation und schrieb: «Unsere Ahnen sind Goethe, Lessing, Herder nicht minder als Abraham, Isaak und Jakob.»[7]

Roths Besonderheit liegt darin, daß er sowohl der deutschen als auch der osteuropäisch-jüdischen Kultur angehörte. Für einen jungen Intellektuellen, der an den Universitäten von Lemberg und Wien studiert hatte, war eine Rückkehr ins Schtetl und ein Leben als in jiddischer Sprache schreibender Schriftsteller kaum möglich. Die meisten, die mit den Quellen des osteuropäischen Judentums in Berührung kamen, waren von diesem fasziniert wie von einer «exotischen» und nur wenig bekannten Welt.[8] Roth fühlte sich durch die Flucht aus dem Schtetl und seine Kritik an der Assimilation zu einer kosmopolitischen und nationenübergreifenden Haltung berufen. Das Verwurzeltsein in den Werten der ostjüdischen Welt, in der es die Idee der Nation nicht gab, machte Roth zum Weltbürger. Er war sich seiner Heimatlosigkeit bewußt und war stolz darauf.

Unter den Schriftstellern nahm er eine Sonderstellung ein. Das Deutsche, Sprache der jüdischen Intellektuellen in Galizien und unerläßliches Mittel, um sich im Habsburgerreich gesellschaftlich zu behaupten, war seine Muttersprache, die Österreicher jedoch betrachteten ihn als galizischen Juden. Bei den polnischen Grundbesitzern und ukrainischen Bauern galt er als deutscher Jude. Man könnte noch hinzufügen, daß Roth als Jude deutscher Zunge für die galizischen Juden in gewisser Weise ein Fremder war, denn die meisten von ihnen sprachen Jiddisch. Da er zugleich aus dem Schtetl und der Assimilation hervorgegangen war, gehörte er beiden Kulturen an, ohne sich freilich mit der einen oder anderen identifizieren zu können. Diese doppelte kulturelle Zugehörigkeit ließe sich vermutlich auch bei anderen Schriftstellern desselben Milieus ausmachen, bei Alfred Döblin oder Manès Sperber, aber bei Roth war sie wesentlich stärker ausgeprägt. Eine soziosemiotische Untersuchung seines Werkes – insbesondere des Romans *Hiob* – hat den Gebrauch der deutschen Sprache als «mimetisches Mittel»[9] zutage gefördert, durch den ein System von Werten tradiert wird, das eindeutig jüdisch ist. In dieser Hinsicht könnte das Deutsch Joseph Roths als «Lehnsprache» betrachtet werden, die verwendet wird, um eine gojische (nichtjüdische) Realität zu beschreiben, während das Jiddische das Leben einer «Schicksalsgemeinschaft» verkörpert, das der österuropäischen jüdischen Nation.[10]

Dieses kulturelle Niemandsland, das Roth charakterisiert, erinnert an Kafka. Beide waren Juden, beide lebten im Habsburgerreich, beide kritisierten die Assimilation als Verlust der Wurzeln und stellten ihr die Echtheit des Lebens im Schtetl gegenüber. Dank seiner Begegnung mit dem jiddischen Theater – man könnte beinahe davon sprechen, daß es ihn traf wie ein Blitz – entdeckte Kafka die jüdische Welt Osteuropas, in der Jude sein ebenso natürlich war wie Essen und Trinken. Der ostreuropäische Jude besaß eine Kultur und ein Gedächtnis und identifizierte sich mit einer Vergangenhgeit; er kannte das beängstigende Gefühl des Fremdseins gegenüber sich selbst und seinen eigenen Wurzeln nicht, welches nach Kafka das Leben in der «westjüdischen Zeit»[11] bestimmte. Die Welt erschien ihm nicht als undechiffrierbares Chaos, sondern als eine auf einer festen Grundlage ruhende Einheit, ein organisches Ganzes. Die Ostjuden repräsentierten in seinen Augen die erträumnte Gemeinschaft, der die Westjuden gegenüberstanden, die assimiliert und entwurzelt waren und weder eine Erinnerung noch eine Tradition besaßen. Wenn er die russisch-jüdischen Emigranten sah, die nach Prag kamen, um von dort mit einem Visum in die Vereinigten Staaten weiterzureisen, ergriff ihn das Verlangen, den Platz eines «kleinen Ostjuden» einzunehmen, denn dieser erschien ihm im Kreise seiner Familie und umgeben von Leuten seines Volkes als Inbegriff des Glücks.[12] Bei Roth findet sich dieselbe Kritik an der Assimilation und dieselbe Beurteilung, um nicht zu sagen Idealisierung der Welt der *Jiddischkeit* (besonders in *Juden auf Wanderschaft*). Im Unterschied zu Kafka war das Schtetl jedoch für Roth kein mythischer Ort, keine erträumte Welt, sondern die konkrete Realität seiner Kindheit und ersten

Jugendjahre. In mehreren Romanen beschrieb er das osteuropäische Leben der Schtetlakh im Bahnhofsviertel, in der Synagoge, auf dem Markt, eine Welt die von Chagallschen Figuren bevölkert war, Handwerkern, Arbeitern *cheder*-und *yeshiva*-Lehrern, *Luftmenschen* jeglicher Art, vor allem aber von kleinen Händlern. Im Roman *Radetzkymarsch* zeichnete er ein lebendiges Porträt jüdischer Krämer: «Die Händler jener Gegend lebten viel eher von Zufällen als von Aussichten, viel mehr von der unberechenbaren Vorsehung als von geschäftlichen Überlegungen, und jeder Händler war jederzeit bereit, die Ware zu ergreifen, die ihm das Schicksal jeweilig auslieferte, und auch eine Ware zu erfinden, wenn Gott ihm keine beschert hatte. In der Tat, das Leben dieser Händler war ein Rätsel. Sie hatten keine Läden. Sie hatten keine Namen, sie hatten keinen Kredit. Aber sie besaßen einen scharfgeschliffenen Wundersinn für alle geheimen und geheimnisvollen Quellen des Geldes. Sie lebten von fremder Arbeit; aber sie schufen Arbeit für Freunde. Sie waren bescheiden. Sie lebten so kümmerlich, als erhielten sie sich von der Arbeit ihrer Hände. Aber es war die Arbeit anderer. Stets in Bewegung, immer unterwegs, mit geläufiger Zunge und hellem Gehirn, wären sie geeignet gewesen, eine halbe Welt zu erobern, wenn sie gewußt hätten, was die Welt bedeutet. Aber sie wußten es nicht, denn sie lebten fern von ihr, zwischen dem Osten und dem Westen, eingeklemmt zwischen Tag und Nacht, sie selbst eine Art lebendiger Gespenster, welche die Nacht geboren hat und die am Tage umgehen.»[13] Diese Juden des Ostens, in deren Adern mehr slawisches als deutsches Blut floß, bildeten noch eine organisch gewachsene Gesellschaft, eine Gemeinschaft, die nicht mit nationalen Kategorien zu erfassen war, sondern echte Werte besaß. Roth war sich ihrer Schwierigkeiten sehr wohl bewußt und hütete sich, ihre Lebensbedingungen zu idealisieren. Wie er in *Juden auf Wanderschaft* (1927) darstellte, lebten sie «in schmutzigen Straßen, in verfallenen Häusern», wurden von den Christen verachtet und von den Behörden verfolgt. Ihre Erziehung erhielten sie «in dunklen Chedern. Die schmerzliche Aussichtslosigkeit des jüdischen Gebets lernen sie im frühesten Kindesalter kennen.»[14] Für diejenigen, die ihr Leben gemäß

der Thora führten, war Gott nicht nur ein strafender und ver-
urteilender Gott, sondern war auch Quelle ihrer Freude. Als
Joseph Roth 1926 nach Galizien kam, war er fasziniert von
den Tänzen der Chassidim, für die die Begegnung mit Gott
etwas von der Sinnlichkeit eines Liebesaktes hatte. Sie «faß-
ten sich bei den Händen, tanzten in der Runde, lösten den
Ring und klatschten in die Hände, warfen die Köpfe im Takt
nach links und rechts, ergriffen die Thora-Rollen und
schwenkten sie im Kreise wie Mädchen und drückten sie an
die Brust, küßten sie und weinten vor Freude. Es war ein
Tanz, eine erotische Lust. Es rührte mich tief, daß ein ganzes
Volk seine Sinnenfreude seinem Gott opferte und das Buch
der strengsten Gesetze zu seiner Geliebten machte und nicht
mehr trennen konnte zwischen körperlichem Verlangen und
geistigem Genuß, sondern beides vereinte.»[15]

Im Westen waren diese Werte längst aufgelöst, die Juden
von ihrer Geschichte abgeschnitten. Roth verurteilte die Assimilation gnadenlos. Die assimilierten Juden trügen Krawatten
und verachteten ihre Brüder im Osten, die den Kaftan trügen.
Sie fürchteten die Gegenwart ostjüdischer Einwanderer, die
ihr neu erworbenes und noch wenig gefestigtes Ansehen trüb-
ten und erinnerten an ihre alles andere als aristokratische Herkunft, das Ghetto. Manchmal versuchten sie sogar, diesem
Fluch zu entkommen, indem sie zum Christentum konvertierten, aber, so unterstrich Roth voll Ironie, dies sei kaum von
Vorteil. «Denn unvermeidlich ist die durchaus jüdische Verwandtschaft des glücklich Assimilierten und selten entgeht
ein Richter, ein Advokat, ein Kreisarzt jüdischer Abstammung dem Schicksal, einen Onkel zu besitzen, einen Vetter,
einen Großvater, der schon durch sein Aussehen die Karriere
des Arrivierten gefährdet und dessen gesellschaftliche Ach-
tung beeinträchtigt.»[16] In *Flucht ohne Ende* (1927) beschrieb
Roth voller Sarkasmus die Juden einer deutschen Stadt, die
vorgeben, sich gemeinsam mit den Römern vor den Germanen am Rhein niedergelassen zu haben, und die örtliche Uni-
versitätsverwaltung auffordern, einen Numerus clausus gegen
immigrierte Juden einzuführen.[17]

Roth kannte die Psychologie des assimilierten Juden im
Westen sehr genau, denn kurze Zeit über hatte er sie sich

selbst zu eigen gemacht, nämlich als er am Vorabend des Ersten Weltkrieges nach Wien kam. Wie sein Biograph David Bronsen betont, legte er den Vornamen Moses ab, versuchte, sich den galizischen Akzent abzugewöhnen und trug ein Monokel wie die Adligen. Man kann sich die legitime Frage stellen, ob dieses Verhalten nicht von dem bekannten «jüdischen Selbsthass» herrührte, der zur Zeit der Jahrhundertwende in Wien besonders verbreitet war.[18] Die Entdeckung, daß die immigrierten Juden der Leopoldstadt eine Randexistenz führten, und der starke Antisemitismus – der sich in der Demagogie des christlich-sozialen Wiener Bürgermeisters Karl Lueger und den Schriften des Pangermanisten Georg von Schönerer äußerte – brachte ihn in der ersten Zeit dazu, sein Judentum von sich zu weisen. Bald jedoch, vor allem infolge des Kriegs und des Zusammenbruchs des Habsburgerreiches, mit dem auch die überkommene soziale Ordnung zerfiel, überwand er dieses Assimilations-Syndrom, von dem in seinen Romanen nicht mehr das Geringste zu spüren ist. Als die Integration in die westliche Welt zur normalen Lebensweise wurde und keiner Anstrengung mehr bedurfte, nahm Roth wieder die Beziehungen zu der Welt auf, aus der er gekommen war.

Für Kafka bedeutete das Leben in der *westjüdischen Zeit* dauerndes Zerrissensein und tiefste existenzielle Angst. Roth hingegen sah in den Westjuden nichts als Parvenus. Sie waren seiner Auffassung nach von ihrer Tradition abgeschnitten und ohne Seele und wollten nicht mehr «Juden» genannt werden, sondern «Bürger mosaischen Glaubens». Sie trugen Gehröcke, hatten sich die Bärte gestutzt und besuchten Synagogen, die an protestantische Kirchen erinnerten. Sie waren stolz auf ihre neue Kultur. «Das nennt man dann: westliche Kultur haben. Wer diese Kultur hat, darf bereits den Vetter verachten, der, noch echt und unberührt aus dem Osten kommt und mehr Menschlichkeit und Göttlichkeit besitzt, als alle Prediger in den theologischen Seminaren finden können.»[19] Die einzige Hoffnung Roths bestand darin, daß die Ostjuden die Kraft finden würden, der Assimilation zu widerstehen. Die Flucht aus dem Schtetl war für ihn nichts anderes als Verlust von Werten und Niedergang. In *Hiob* beschrieb

Roth die Emigration nach Amerika als unaufhaltsamen Verfallsprozeß der überkommenen jüdischen Welt. Die Familie Mendel Singers, eines armen, frommen und gottesfürchtigen Lehrers, eines Juden von der Art, wie man sie nicht alle Tage sieht, konnte in jenem «tödlichen Vaterland», das die Neue Welt darstellte, nicht überleben und zersprang in tausend Stücke: Die Söhne wurden vom Krieg dahingerafft, einer im Kampf getötet, der andere blieb verschollen, seine Tochter wurde wahnsinnig, nachdem sie mit einem *gojim* «gesündigt» hatte, und seine Frau, mit der er nur noch aus Gewohnheit, nicht jedoch aus Leidenschaft lebte, starb, weil sie unter alldem zu sehr litt.[20]

Auch in ihrer zionistischen Form lehnte Roth die Assimilation ab, denn diese Bewegung, so meinte er, wolle die Juden verwestlichen, indem sie sie in einen nationalen Rahmen zwängte. Die Besiedelung Palästinas erschien ihm als eine Art jüdischer Kreuzzug. «Er bringt den Arabern Elektrizität, Füllfedern, Ingenieure, Maschinengewehre, ‚flache‘ Philosophien und den ganzen Kram, den England liefert», kurz gesagt, eine westliche Zivilisation, die ihre Kultur zerstört.[21] Um diese Aufgabe zu vollenden, mußten die Zionisten ihre Tradition und die eigentlichen Werte des Judentums verraten. In Roths Augen war die Idee eines jüdischen Vaterlandes nur der Beweis der Untreue und Verleugnung der «jüdischen Tradition einer vom umherwandernden Juden geerbten Heimatlosigkeit».[22]

JUDENTUM UND KRITIK AN DER MODERNE

Die abwehrende Haltung gegenüber Assimilation und Zionismus rührte von einer romantisierenden Kritik an der Moderne her, die im Deutschland der Jahrhundertwende stark verbreitet war. Roth bezog zu Beginn der zwanziger Jahre diese Haltung, die sich im folgenden Jahrzehnt weiter entwickelte und zunehmend radikalisierte. Schließlich sah er in der Tradition der Aufklärung sogar die Quelle einer falschen Ordnung, die unmittelbar zu den Diktaturen unserer Zeit führte. Kritik an der Häßlichkeit und technischen Kälte der Industriegesellschaft – er nimmt dabei auch Bezug auf Ernst

Blochs zwischen 1918 und 1923 entstandenes Buch *Geist der Utopie* – spielt in den Schriften Roths nach 1920 eine wichtige Rolle. In jenem Jahr siedelte er nach Berlin über, um dort als Journalist beim *Börsen-Kurier* zu arbeiten. Im Unterschied zu Walter Benjamin und Franz Hessel bedeutete ihm der Charme der deutschen Hauptstadt zu Beginn des Jahrhunderts nichts. Er haßte diese Stadt, die ihm ungastlich und seelenlos erschien und in der nur Geschäfte, Geld und Industrieproduktion zählten. Er griff den «Pranger der Industriekultur» an, die «satanischen Strömungen der Zeit», und die «Lokomotive des technischen Fortschritts». Er verurteilte seine Zeit, in der «die Maschine den Geist unterjocht» und der Mensch in «den Materialismus der Gegenwart eingeschlossen» sei.[23] 1924 beschrieb er das Berliner Gleisdreieck-Viertel als Inbegriff der industriellen Hölle. Diese «Stahlmaske, dieser riesige Tempel der Technik mit zugedecktem Himmel» verberge bald die gängige Vorstellung einer «Landschaft», in der man sonst Wälder und Wiesen fände. Mit resignierter romantischer Attitüde zog er den Schluß, «die zukünftige Welt» werde «ein riesiges Gleisdreieck»[24] sein. Er beteiligte sich an den Aktivitäten der expressionistischen Bewegung, insbesondere der «Gruppe 1925» und äußerte seine Bewunderung für Werke wie *Der Untergang des Abendlandes* des preußischen Reaktionärs Oswald Spengler.[25]

Fast alle seine in Berlin verfaßten Schriften in den ersten Jahren der Weimarer Republik kamen auf ein Hauptthema zurück: die Modernität in den Städten und der Industrie als Ort der Entfremdung und des Verlusts menschlicher Werte. Sein Feind war die Zivilisation, die er wie Max Weber als mechanisierte, quantifizierte, rationalisierte, bürokratisierte und «entzauberte» Welt sah. Er kritisierte die Wolkenkratzer, die mit dem Klappern der Schreibmaschinen und dem Klingeln der Telefone das Geheimnis und die romantische Aura der Landschaften zerstörten. Er griff die «Leser ohne qualités» an, die nicht mehr versuchten, mit Autoren in Verbindung zu treten, sondern sich damit begnügten, «Wörter zu kaufen». Die Warteschlangen vor den Schaltern und die Verteilung von Eintrittskarten erschienen ihm als ein Phänomen, das die Verdinglichung sozialer Beziehungen in der modernen Stadt zum Ausdruck brachte. Der Jazz, eine Musik «ohne Melodie», bringe das Chaos und die Wildheit des Hauptstadtlebens zum Ausdruck. Schließlich wies er auf die steigende Zahl der «Toten ohne Namen» hin, die jeden Tag in den Armenvierteln Berlins gefunden würden.[26] Schonungslos erklärte er die Preußen zu «Verfechtern der chemischen und industriellen Hölle dieser Welt». In seinen Augen entsprachen ihre Taten jedoch nur einer allgemeinen Tendenz der Epoche. Was die bürgerliche Gesellschaft vor allem charakterisiere, sei, so meinte er, «die Umwertung aller Werte in Börsenwerte».[27]

In *Der Antichrist* (1934), seinem ersten Werk, das im Exil herauskam und das er unter dem Schock des an die Macht gelangten Nationalsozialismus und dem Einfluß Max Picards, des Autors von *Le Visage humain (Das Menschengesicht)*, 1930, schrieb, fügte Roth seiner Kritik an der Moderne eine mystische und theologische Dimension hinzu. Der Antichrist war gekommen, in aller Stille und ohne einen apokalptischen Umsturz herbeizuführen, aber er prägte das Bild der modernen Welt in jeder Hinsicht. Der Mensch des Westens war im 20. Jahrhundert verloren in einer kalten, rationalisierten und technologisierten Wirklichkeit und von Dingen umgeben, die weder Sinn noch Inhalt hatten, und wurde zum bloßen Schatten. «Ja, von den antiken Menschen unterscheiden sich die modernen Menschen dadurch besonders, daß sie den Hades, das Reich der Schatten bereits auf Erden eingeführt haben.» In der Antike hatte das Reich der Schatten den Toten gehört, in der Gegenwart bestimmt es das Leben der Lebenden. Allegorie dieser Entfremdung war für Roth das Kino: «Hollywood ist der Hades der modernen Welt.»[28] Die Leinwand erschien ihm als idealtypische Kunstform einer entfremdeten und ihrer Echtheit beraubten Gesellschaft, denn sie sei verhext von den Schatten der Schauspieler, die durch ihre eigenen Schatten gedoppelte Menschen seien.

Eine der Quellen, von denen Roth sich bei dieser Kritik inspirieren ließ, war das Buch *Das Ornament der Masse*, in dem Siegfried Kracauer das Kino und die Photographie analysiert und als künstlerische Formen unserer Epoche par excellence bezeichnet hatte, die die «illusorische Veräußerlichung» einer Welt, die sich im «historischen Verfall» befinde und durch eine Art Fortschritt gekennzeichnet sei, die einer «Höllenfahrt gleichkommt»[29]. Man weiß auch, daß Roth durch Aldous Huxleys Roman *Schöne neue Welt* beeinflußt wurde, vor Orwell und Samjatin die erste negative Utopie einer gänzlich entfremdeten und der Herrschaft einer totalitären Macht unterstellten Welt.[30]

In *Der Antichrist* erhielt die romantische Empfindsamkeit Roths eine religiöse Dimension. Nun verdammte er die Moderne nicht mehr nur in der Metapher des Antichristen, es ging ihm vielmehr darum, allen menschlichen Werten einen Anteil des Göttlichen zu verleihen. Manche Passagen des Buches erinnern an die Sprachtheorie des jungen Walter Benjamin. Jener war zur selben Zeit wie Joseph Roth Mitarbeiter der *Frankfurter Zeitung* und sprach in biblischen Begriffen von der ursprünglichen «Sprache Adams», in der die Wörter nicht mehr den Unterschied zwischen den Dingen und der Realität bezeichneten, sondern vielmehr den Namen Gottes zum Ausdruck brachten. Für Roth trug «Adam, der Ursprung der Menschheit in sich die Voraussetzungen aller Sprachen, Rassen, Völker, Hautfarben.» Gott vereinte in seinem Bild alle physichen und kulturellen Unterschiede, die die Menschheit trennten: «Beleidigt man die Nase des Juden oder den Mund des Negers oder die Augen des Mongolen oder die Bleichheit der weißen Menschen,so beleidigt man damit auch die Nase, die Augen, den Mund und die Farbe Gottes.»[31]

JOSEPH DER ROTE

Die religiöse Dimension des Rothschen Kulturpessimismus war in den Schriften aus den zwanziger Jahren zwar unterschwellig vorhanden, kam aber noch nicht explizit zum Ausdruck. Nach dem Krieg und dem Sturz des Habsburger Reichs ließ er sich in seiner Kritik an der Modernität zunächst von der Revolution inspirieren. Während des Krieges war er Pazifist und Antimilitarist. In der Revolutionszeit zwischen 1918 und 1923 sah er in der russischen Revolution ein Labor, das der Regenerierung des vom Verfall bedrohten Abendlandes diente. Er bezeichnete sich als Sozialisten und Revolutionär und schrieb für die linke Presse. Sein erster Roman, *Das Spinnennetz* erschien 1923 in der *Arbeiterzeitung*, dem Organ der Sozialistischen Partei Österreichs. Seine Artikel unterzeichnete er mit «der rote Joseph». Seine radikale Überzeugung führte zum Bruch mit dem *Börsen-Kurier,* der konservativen Tageszeitung, für die er in Berlin gearbeitet hatte, und zur Mitarbeit im sozialdemokratischen *Vorwärts* (später wurde er einer der berühmtesten Autoren der *Frankfurter Zeitung*, der wichtigsten deutschen liberale Tageszeitung der Weimarer Zeit. 1924 begrüßte er die Freilassung Ernst Tollers, der wegen seiner führenden Rolle in der Münchner Räterepublik fünf Jahre im Gefängnis gesessen hatte, und bezeichnete ihn als «Märtyrer für das Proletariat». [32]

1926 ging Roth nach Rußland, um eine Reihe von Reportagen für die *Frankfurter Zeitung* zu schreiben. Er blieb etwa ein halbes Jahr dort, zwischen Juni und Dezember, in dieser Zeit erlebte er die Realität des Lebens in der Sowjetunion aus nächster Nähe und änderte seine Meinung über die Revolution radikal. In einem Brief an Bernard von Brentano, den er kurz vor seiner Abreise nach Moskau schrieb, hieß es, er sehe der Verwirklichung des Bolschewismus mit Ungeduld entgegen. Die russische Revolution erscheine ihm weniger wegen ihrer sozioökonomischen und politischen Auswirkungen als höchst wichtiges Ereignis, sondern vor allem wegen ihrer «kulturellen, geistigen, religiösen und metaphysischen»[33] Dimension. In *Der stumme Prophet*, dem Roman, den er nach seiner Rückkehr schrieb und den er nicht zu seinen Lebzeiten veröffentlichen wollte, erwartet Friedrich Kargan, eine Figur, die ein wenig von Leo Trotzki beeinflußt ist, den Ausbruch des Klassenkampfes gegen die Bourgeoisie und ihre Auffassung von «Fortschritt». Er stellt sich als Entwurzelter dar, der Krieg führen will, um eine Welt zu errichten, in der er sich endlich zu Hause fühlen kann.[34] In *Flucht ohne Ende* kommt diese messianische Auffassung von der Revolution als reinigender Apokalypse in einer Allegorie des Feuers zum Ausdruck: «Der große Ozean hat keine Grenzen, und das große Feuer – es muß nämlich irgendwo ein Feuer geben, so groß, so grenzenlos wie der Ozean, vielleicht unter der Erde – vielleicht aber auch im Himmel – ein großes Feuer, es hat keine

Grenzen. So ist die Revolution. Sie hat keinen Körper, ihr Körper ist das Brennen, wenn sie ein Feuer ist, oder das Fluten, wenn sie ein Wasser ist. Wir selber sind Tropfen im Wasser oder Funken im Feuer, wir können gar nicht hinaus.»[35]

Die Wirklichkeit erwies sich als ganz anders. Die Begegnung mit dem Rußland von 1926, das noch die Wunden des Bürgerkriegs trug und schon durch die Saat der Bürokratisierung vergiftet war, wurde zu einer riesigen Enttäuschung. Walter Benjamin, den er im Dezember traf und mit dem er lange sprach, schrieb in seinem *Moskauer Tagebuch*, Roth sei als Bolschewist nach Moskau gekommen und als Monarchist abgereist.[36] Diese Reise bedeutete in Roths Leben zweifellos einen Wendepunkt, denn die Hoffnungen, die er auf die Revolution gesetzt hatte, schwanden. Obwohl er ein Bolschewik *sui generis* gewesen war, verwandelte er sich dennoch nicht zum borniertem Antikommunisten. In seinen Reportagen zeichnete er lebendige Bilder eines Sowjetreichs, dem der Atem der Oktoberrevolution noch nicht ganz ausgegangen war. Voll Bewunderung beschrieb er die sozialen Errungenschaften der Sowjetmacht und erkannte ihren Willen, eine neue Welt aufzubauen, durchaus an. Roths tiefe Enttäuschung wurde weniger durch den Bürokratisierungsprozeß und die Entwicklung der UdSSR zum autoritären Staat am Vorabend des Stalinismus hervorgerufen als von ihrer Verwestlichung. Er hatte deutlich erkannt, daß in der Sowjetunion das Fieber der Revolution nachließ: «Nach dem roten, ekstatischen, blutigen Terror der aktiven Revolutionäre kam in Rußland der dumpfe, stille, schwarze, der Tintenterror der Bürokratie.»[37] Was die Revolution aber gänzlich und heillos wegfegte, war die Konzentrierung sämtlicher Energien auf einen immensen Modernisierungsprozeß. Das Sowjetregime war unfähig, eine neue Menschheit zu schaffen, es beschränkte sich darauf, das rückständige Rußland zu verwestlichen und brachte die Revolution auf eine Bahn, die «direkt nach New York» führte. Roth hatte in der Revolution ein großes geistiges Ereignis gesehen und mußte nun seine Verblendung erkennen. «Auf materiellen, politischen und sozialen Gebieten war sie eine Revolution. Auf geistigem und geistig-moralischem ware sie nur ein quantitativer Fortschritt.»[38] In seinen Augen erschien der russische Marxismus nur noch als «Teil der bürgerlich-europäischen Zivilisation». Er hatte den Eindruck «als hätte die bürgerlich-europäische Zivilisation den Marxismus mit der Aufgabe betraut, in Rußland ihr Schrittmacher zu sein.»[39] In den folgenden Jahren, in denen der Stalinismus sich schließlich durchsetzte und auf dem Land die Zwangskollektivierung und die Fünfjahrespläne eingeführt wurden, wurde Roths Skeptizismus hinsichtlich der Entwicklung in der Sowjetunion stärker.

Nach seiner Rußlandreise verlor sein romantisierendes Weltbild seine sozialistische und revolutionäre Orientierung und nahm eine zunehmend konservative Färbung an.[40] Er sah in der Arbeiterklasse nun nicht mehr das historische Subjekt eines Wiederaufbaus der Gesellschaft auf neuer sozialer und geistiger Grundlage. 1929 schrieb er seinem Freund Ephraim Frisch: «Auch das Proletariat zersetzt sich.»[41] Diese Enttäuschung fiel zusammen mit der Gemütskrankheit seiner Frau (einer Schizophrenie), die sicher zur Verstärkung seines Pessimismus beitrug.

*E*XIL ODER *F*LUCHT AUS DER *G*ESCHICHTE

Am 30. Januar 1933, dem Tag der Machtübernahme durch Hitler, verließ Joseph Roth Berlin mit dem Ziel Paris, wo er die letzten Jahre im Exil verbrachte. Er setzte seine literarische Arbeit fort, schrieb für die deutsche Emigrantenpresse und einige französische Zeitschriften. Die Artikel, in denen er heftig gegen den Nationalsozialismus zu Felde zog, vermitteln einen lebendigen und bewegenden Eindruck des geistigen Klimas unter den antifaschistischen Emigranten während der dreißiger Jahre.

Mit Hitler zeigte sich der Antichrist von seiner schlimmsten Seite. Sein Zug durch das Abendland mündete in einem radikalen Antihumanismus, der sich in der totalitären Diktatur niederschlug. Durch diese ungeheure Katastrophe wurde Roth in die Lage versetzt, sich über den geistigen Beitrag der Juden bewußt zu werden und diesen zu würdigen. Die deutsche Kultur war von den Juden geschaffen worden, und sie hatten sich an ihr genährt. «Allein die deutschen Juden (Ärzte, Rechtsanwälte, Kleinhändler, Eigentümer großer Kaufhäuser, Handwerker und Fabrikanten) interessierten sich für Bücher, das Theater, Museen, die Musik.»[42] Die meisten nichtjüdischen Schriftsteller produzierten Heimatliteratur, beschrieben Landschaften und Landleben in Deutschland, die jüdischen Schriftsteller waren bis in die Seele der modernen Stadtzivilisation vorgedrungen mit ihren Cafés und Fabriken, ihrem Reichtum und ihrem Elend. «Für das Ausland gab es nur das Deutschland, dessen literarische Interpreten in der Mehrzahl jüdische Schriftsteller waren.»[43] Unter Anspielung auf die Autodafés, in denen die Nazis die «entartete» Literatur verbrannt hatten (darunter auch seine Werke) zog er den Schluß: «Wir haben Deutschland besungen, das wahre Deutschland! Deshalb werden wir heute von Deutschland verbrannt.»[44]

Im Februar 1934 ließ Dollfuß die österreichische Arbeiterbewegung von der Armee blutig niederschlagen. Roth protestierte und klagte heftig den Austrofaschismus an. Diese Haltung aber konnte nichts anderes bewirken, als die Ereignisse zu bezeugen und moralisch zu verurteilen. Roths Pessimismus nahm, seitdem er diese nicht abreißende Kette von Katastrophen erleben mußte, immer mehr die Form einer «Flucht aus der Geschichte» und eines Rückzugs in den Mythos an.[45] Er begann seine monarchistischen und konservativen Überzeugungen immer klarer zu äußern und hob immer stärker seinen streng katholischen Glauben hervor. Man darf nicht übersehen, daß sein Hang zum Monarchismus von besonderer Art war und daß er im Milieu der im Exil lebenden Deutschen nie besonders ernst genommen wurde. Arthur Koestler kritisierte seine Haltung und erinnert sich: «Wir hielten seine Haltung der Monarchie gegenüber für reine Donquichotterie.»[46]

Als zu Ende des Ersten Weltkriegs das österreichische Kaiserreich zusammenbrach, hatte Roth keinerlei Nostalgie empfunden. Zwischen 1918 und 1920 hatte er Artikel gegen die «Parasiten der Habsburger Herrlichkeit»[47] verfaßt. 1927 beschrieb er mit Ironie, aber nicht ohne Anteilnahme die Tragödie des im Exil lebenden zaristischen Adels, sprach von den Fürsten, die in Paris in möblierten Zimmern leben mußten, den Gräfinnen, die in den in Mode gekommenen russischen Restaurants als Kellnerinnen arbeiteten. Er hatte den

Eindruck, es mit «Überresten» zu tun zu haben, «die ihre eigene Katastrophe nicht begriffen».[48] Einige Jahre später hatte er sein Urteil über die österreichische Vergangenheit vollkommen geändert.

Er war im übrigen nicht der einzige, der in den dreißiger Jahren das österreichische Kaiserreich als Oase des Wohlbefindens und der Menschlichkeit vor dem Zusammenbruch Europas idealisierte. Andere jüdische Intellektuelle wie Franz Werfel, Stefan Zweig und Hermann Broch teilten die mythische Sicht auf die alte Habsburger Monarchie mit Roth.[49] Nicht ohne Selbstironie pflegte er seine Unterschrift mit dem Zusatz «ehemals Leutnant der k.u.k. Armee» zu versehen.[50] Der Autor von *Radetzkymarsch*, Jude und Heimatloser, projizierte in den Vielvölkerstaat Franz-Josephs, in dem das Nebeneinander von slawischer, jüdischer und deutscher Kultur ein Losbrechen chauvinistischer Hysterie aufgehalten hatte, seine Wunschvorstellung von einem kosmopolitischen und weltoffenen Vaterland. Bereits 1932 stellte er in einem Brief an den Literaturkritiker Otto Forst de Battaglia den Krieg und das Ende der österreichisch-ungarischen Monarchie, des einzigen Heimatlandes, das er je besessen habe, als «stärkstes Erlebnis» überhaupt dar. Er pflegte die Erinnerung an seine Heimat wie eine Reliquie, die es fromm zu bewahren galt.[51] In der Novelle *Die Büste des Kaisers* (1934) erschien ihm das Habsburger Österreich als «ein Vaterland. Ein echtes, nämlich eines für die ‚Vaterlandslosen‘, das einzig mögliche Vaterland»[52].

Wie Claudio Magris deutlich gemacht hat, setzte Roth die Habsburger Monarchie mit einer geistigen Heimat gleich, die nichts mit dem deutschen, imperialistischen und autoritären Vaterland gemeinsam hatte.[53] 1938 beschuldigte er die Deutschen, den Untergang des Kaiserreichs verursacht zu haben, das an der «Nibelungentreue der Teutonen» zugrunde gegangen sei. Das wahre Österreich war, so meinte er, nicht im Zentrum des riesigen Reiches zu finden, sondern eher am Rande. «Freilich sind es die Slowenen, die polnischen und ruthenischen Galizianer, die Kaftanjuden aus Boryslaw, die Pferdehändler aus der Bacska, die Moslems aus Sarajevo, die Maronibrater aus Mostar, die ‚Gott erhalte‘ singen.»[54] Er stellte den Habsburger Universalismus dem deutschen Nationalismus gegenüber und war überzeugt, daß die Wiederherstellung der Monarchie die einzig mögliche Alternative zum Totalitarismus sei. Dies erklärt, weshalb er bei einigen Zeitschriften mitarbeitete, die für die Habsburger eintraten. Auch seine Wienreise im Februar 1938, kurz vor dem Anschluß, auf der er den Kanzler überreden wollte, einen monarchistischen Staatsstreich zu versuchen, wird so verständlich. Im Grunde hielt er die Idee einer Wiederherstellung des Kaiserreichs wohl nicht für realisierbar.

Seine tiefe Sehnsucht nach Harmonie und verlorener Größe fand ihren Ausdruck in einem zutiefst resignierten Romantizismus. In dem Roman *Radetzkymarsch* feierte er nicht den Glanz der österreichisch-ungarischen Monarchie, sondern eher ihren unausweichlichen Niedergang.

In seinem letzten Roman *Die Kapuzinergruft*, der 1938 erschien, erklärte er seine Konversion zum Christentum. Seiner Ansicht nach blieb die römisch-katholische Kirche der einzige Ort, «der dieser verkommenen Welt, noch seinen Stempel aufdrücken konnte...» Sie verkörpere, so meinte er, die alten Werte inmitten von Zusammenbruch und Niedergang. Sie war letzter Unterschlupf in einer Welt, die von Gewalt und Unordnung hinweggerafft wurde, sie bewahrte das, was von einer antiken Menschlichkeit, die ihrem Untergang entgegenging, übriggeblieben war. Die Kirche konnte sogar die Sünde zulassen, denn die, welche nicht sündigten, betrachtete sie nicht mehr als einfache Menschen, sondern machte «Glückselige oder Heilige» aus ihnen. «Die römische Kirche ist in dieser modernen Zeit noch die einzige Formgeberin, Formerhalterin.»[55] In der *Kapuzinergruft* legte er diese Worte dem Grafen Chojnicki in den Mund, welcher dem slawischen Adel angehörte und selbstredend der österreichischen Monarchie anhing, deren unabänderlichen Zusammenbruch er mit Fatalismus erwartete.

Einen Schlüssel zum Verständnis der religiösen Dimension des Rothschen Denkens bietet vielleicht ein Bericht Gustav Reglers, eines zum Marxismus bekehrten Katholiken, der in den dreißiger Jahren einen schwierigen Dialog mit dem im Exil lebenden Schriftsteller führte. Roth hatte ihn beschuldigt, mit seiner «roten Barbarei» die «Hierarchie der Welt» zu gefährden und ihm Abschnitte aus dem Buch *Christentum oder Europa* des Romantikers Novalis vorgelesen. Er hatte betont, daß «die wahre Anarchie das Element sei, das die Religion hervorbringt».[56] Dies ist nur eine kurze, aber bedeutsame Äußerung, denn sie stellt eine innere Verbindung zwischen den Überzeugungen des «roten Joseph» und denen des «katholischen» Autors her.

Das Christentum von Roth blieb von seiner jüdischen Herkunft geprägt, so äußerte er: «Die Juden sind der irdische Schoß von Jesus Christus», und: «Wer Christ ist, achtet die Juden.»[57] Der ehemals antiklerikale Schrifststeller, der die Priester für die Metzeleien des Ersten Wetlkriegs verantwortlich machte (neben den Junkern und dem Kapital)[58], war katholisch geworden, wollte jedoch die metaphysische Sensibilität der chassidischen Rabbiner nicht aufgeben. Seine Haltung gegenüber der katholischen Hierarchie und dem Vatikan, der sich weigerte, offen gegen den Nationalsozialismus Stellung zu nehmen, war äußerst kritisch. Roths religiöse Einstellung manifestierte sich nicht in politischem und kämpferischem Engagement, sie war eher ein Aspekt des Mythos, in den er sich geflüchtet hatte, nachdem er von der russischen Revolution enttäuscht worden war und Nazideutschland ihm tiefe Furcht eingeflößt hate. In seinen Augen war die Kirche die einzige Kraft geblieben, die man dem Antichristen noch entgegenhalten konnte, der jegliche Spur Gottes auf der Erde zu vernichten drohte. Die innere Kraft des Judentums war durch die Assimilation zerstört worden, und die Juden waren nicht mehr in der Lage, Widerstand zu leisten. 1933 waren die Juden für ihn ein Volk, das im Zerfall begriffen war. Da sie ihre geistige Heimat aufgegeben und ihre innere Einheit verloren hatten, konnten sie – im Unterschied zu ihren Vorfahren – die Leiden und Verfolgungen der Gegenwart nicht mehr ertragen. «Haben sie den Talmud gelernt? Beten Sie jeden Tag zu Jehovah? Legen Sie Tefilim? Nein, es ist vorbei», schrieb er an Stefan Zweig.[59]

Er fühlte sich besiegt und versank in Pessimismus. Zum Faschismus, jenem reinen Produkt der Moderne, die die Menschen dafür bestrafte, daß sie eine Welt ohne Gott hatten schaffen wollen, gab es in seinen Augen keine Alternative mehr, außer einer ganz und gar anachronistischen religiösen und politischen Haltung, die sich eher in der Berichterstattung als im Kampf äußerte. Allein die Literatur ermöglichte es ihm noch, eine Illusion aufrechtzuerhalten, die Wirklichkeit zu verlassen und aus der Geschichte zu fliehen. So machte er sich auf die Suche nach Orten, an denen die Zeit stillzustehen schien, um so dem Wahnsinn der modernen Welt zu entkommen. Solche Orte waren die Kapuzinergruft in Wien, in der die Habsburger begraben liegen, die Seine-Brücken in Paris, die von Clochards bewohnt werden wie von Andreas, dem Helden der *Legende vom heiligen Trinker* oder die sibirische Steppe, die Franz Tuna in *Flucht ohne Ende* entdeckt.[60] Auch der Alkohol war für ihn, allerdings nur für kurze Zeit, ein Ausweg angesichts des Verfalls dieser Welt, die sich, wie er an Stefan Zweig schrieb, in eine «Vorhölle» verwandelt hatte.[61]

Viele seiner Freunde waren überzeugt, daß sein Alkoholismus nur eine Art mehr oder weniger bewußten «heimlichen Selbstmords» war.

Nach Meinung von Magris sah Roth die Geschichte als «Geschichte der Besiegten und die geschichtliche Darstellung als Allegorie eines schmerzlichen Geheimnisses, das eine *via crucis* aus ihr macht».[62] Er war unter den im Exil lebenden Deutschen in Frankreich nicht der einzige, der die Geschichte als schrecklichen feierlichen Umzug der Sieger und eine endlose Kette von Unterdrückung der Besiegten sah. Im Unterschied zu der Hölle jedoch, von der Benjamin in seinen Thesen *Über den Begriff der Geschichte* spricht, war für Roth keine Erlösung aus der Hölle mehr möglich.

4
DER JUDE ALS PARVENU

*E*IN LITERARISCHER ARCHETYP

Neben der «verborgenen Tradition» des Paria-Judentums gab es eine andere, zu der sicher eine große Zahl mitteleuropäischer Juden während der ersten Jahrhunderthälfte zu rechnen ist, die der Parvenus (ohne welche es die Parias nie gegeben hätte). Große Geister, die in der Lage gewesen wären, sich von der Masse der jüdischen Parvenus zu unterscheiden, waren selten. Im allgemeinen gehörten diese der großen und mittleren Bourgeoisie an und strebten danach, sich mit den normalen Deutschen oder Österreichern zu vermischen. Sie machten aus ihrem Konformismus eine Art intellektuelle Devise und moralische Verpflichtung, wollten vor allem nicht aus einer Sicherheit bietenden Anonymität auftauchen, der einzigen Garantie einer Ehrbarkeit, die zwar fragwürdig, aber zu wertvoll war, um aufs Spiel gesetzt zu werden. In den meisten Fällen war der jüdische Parvenu ein unbewußter Parvenu. Diese Gestalt wurde oft in der Literatur verwendet, wo sie immer dann auftaucht, wenn ein Autor das Bild eines Juden innerhalb seines soziokulturellen Kontextes zeichnet. Im folgenden einige Beispiele.

Beginnen wir mit dem Großbürger, der am wenigsten unter Identitätsproblemen litt, die Dinge als naturgegeben hinnahm und keinerlei Schwierigkeiten hatte, einen Platz in der Gesellschaft zu finden. Robert Musils Figur des Herrn Fischel, Direktor der Lloyd-Bank in *Der Mann ohne Eigenschaften,* entspricht diesem Typus. Seine «philosophischen» Überlegungen beschränken sich auf einige Gemeinplätze, die aus dem Positivismus stammen, der damals eine wichtige Rolle spielte, und dauern nie länger als zehn Minuten täglich: «Er liebte es, das menschliche Dasein als vernünftig begründet zu erkennen, glaubte an seine geistige Rentabilität, die er sich gemnäß der wohlgegliederten Ordnung einer Großbank vorstellte, und nahm täglich mit Gefallen zur Kenntnis, was er von neuen Fortschritten in der Zeitung las.»[1]

Es folgte der Jude, der hart hatte kämpfen müssen, um seinen Parvenu-Status zu erlangen, den er stolz für sich in Anspruch nahm. Fred Uhlmann sagte in seiner Beschreibung des sozialen und psychologischen Milieus, in dem er aufgewachsen war, einer der Mittelschicht angehörende Familie im Stuttgart der Weimarer Zeit, Deutschland sei sein Land und seine Heimat. «Wir waren vor allem Schwaben, erst danach Deutsche und dann Juden... Wir waren keine armen ,Pollacken', die vom Zaren verfolgt worden waren.» Jüdischen Ursprungs zu sein, hieß für ihn, einmal im Jahr, am Jom-Kippur-Tag gemeinsam mit seiner Mutter die Synagoge zu besuchen. Sein Vater verpaßte keine Gelegenheit, sein Deutschtum herauszustreichen. Er war ein geachteter Arzt, die *Stuttgarter Zeitung* hatte sein Bild veröffentlicht, und an seinem 45. Geburtstag erhielt er Besuch vom Bürgermeister der Stadt in Begleitung einer Honoratioren-Delegation. Im Ersten Weltkrieg hatte er in der Kaiserlichen Armee gedient, worauf er unendlich stolz war. Über seinem Bett hingen das Eiserne Kreuz Erster Klasse und sein Offiziersschwert, daneben ein Bild von Goethes Haus in Weimar. Vor Hitler hatte er keine Angst, denn er wußte, daß der Nationalsozialismus eine «vorübergehende Krankheit» war, die vorbei sei, sobald sich die wirtschaftliche Lage bessere. Immerhin, so dachte er, «wären die Landsleute Goethes und Schillers, Kants und Beethovens» nicht bereit, «diesem Unsinn auf den Leim zu gehen».[2]

Dann gab es den Parvenu, der schon von Selbsthaß gezeichnet war, der sich von seinem Judesein verfolgt fühlte und den das Verlangen quälte, dem Fluch seiner Herkunft zu entgehen. Dies war die unerfreulichste und kleinlichste Figur, die sich mehr als die anderen plagte. Oscar, eine der jüdischen Gestalten in Arthur Schnitzlers Roman *Der Weg ins Freie*, versuchte um jeden Preis zu reden wie ein Wiener Aristokrat und sich niemals in der Umgebung von Juden aufzuhalten. Er wollte nicht mehr für Juden arbeiten, weil ihn dies in den Augen seiner Freunde lächerlich machte, und er hoffte, eine Anstellung als Redakteur beim *Christlichen Boten* zu finden. Als sein Vater während des Essens jiddische Ausdrücke benutzte, regte er sich maßlos auf, und beinahe wäre es zum endgültigen Bruch mit seiner Familie gekommen.[3]

Ein großer Teil des literarischen Werks von Kafka könnte als Allegorie der Unmöglichkeit einer Assimilation verstanden werden. Im *Prozeß* zeichnet er in der Gestalt des Händlers Block eine Karikatur des jüdischen Parvenus. Er ist eine Elendsfigur, abstoßend und pathetisch, hat alle Würde und jegliche Unabhängigkeit gegenüber der Macht verloren (im Roman u.a. verkörpert in dem Advokaten Huld, der die Schlüssel zu seiner Rettung in Händen hält). «Er war kein Kunde, er war der Hund des Advokaten. Hätte dieser ihm befohlen, unter das Bett zu kriechen wie in eine Hundehütte und zu bellen, er hätte es mit Freuden getan.»[4]

Die Figur des Parvenu weist auf eine bestimmte Mentalität und Art hin, das Judentum zu leben und bildet gegenüber dem Paria einen der Pole der jüdischen Welt, die aus der Assimilation hervorgegangen ist und nun mit der Moderne konfrontiert wird. Innerhalb der jüdisch-deutschen Wirtschaftselite, die im Lauf der ersten Hälfte des 19. Jahrhunderts entstand und ihren Höhepunkt in Wilhelminischer Zeit erreichte, war die Zahl der Parvenus sehr groß. Es war eine Schicht, die aus Honoratioren, Bankiers, Finanziers und einigen einflußreichen Industriellen bestand, deren Geschichte Werner Mosse gründlich untersucht hat.[5] Der jüdische Parvenu war in erster Linie Ergebnis der sozialen Wandlung, die das Judentum während des ganzen 19. Jahrhunderts erfuhr. Die kulturelle Assimilation und sozioökonomische Integration verliefen parallel – anders ausgedrückt, die traditionellen Händler verwandelten sich während der Blüte des Kapitalismus in eine neue Art Bürgertum. Hierbei wurden die Juden dazu gedrängt, eine konformistische Haltung einzunehmen, die die bestehende Ordnung respektierte. Man könnte dem Parvenu beinahe den Status einer besonderen soziologischen Kategorie zuerkennen. Parias traf man häufiger in der Generation, die während des Ersten Weltkriegs erwachsen wurde, einer Generation also, die mit der bürgerlichen Ordnung konfrontiert wurde, als diese bereits ihre Stabilität verloren hatte, und die gegen den Konformismus ihrer Väter rebellierte, jene jüdische assimilierte, liberale und patriotische Bourgeoisie, die von jenen gebildet wurde, die man *Kaiserjuden* nannte. Wenn die Parias heimatlose und entwurzelte Juden waren, so klammerten sich die Parvenus verzweifelt an ihr neues Vaterland beziehungsweise an ihre Illusion, diesem für immer anzugehören. Im Grunde war der Parvenu nichts anderes als Ausdruck der Zwiespältigkeit der Assimilation. Es brachte das von Arnold Zweig in *Caliban oder Politik und Leidenschaft* angeprangerte Syndrom, die für den emanzipierten Juden typischen Züge zum Ausdruck: «In allen Gestalten der modernen Gesellschaft hat sich der Jude verborgen, alle Züge seines Wesens aufgelöst und alle Haltungen des Machtvolkes in sich aufgenommen bis zum völligen Schwund seines Wissens und Ahnens von sich selbst».[6]

Manche Elemente, die bereits auf den Parvenu hinweisen, lassen sich sogar bei Moses Mendelssohn und der Tradition der Haskala nachweisen, deren Plan einer Modernisierung und Säkularisierung der jüdischen Kultur zugleich bewußte Übernahme der innerhalb der Welt der Deutschen herrschenden ideologischen Modelle bedeutete. Er war der jüdischen Religion zutiefst verbunden und hätte von Dohms Devise «Laßt sie aufhören, Juden zu sein» nicht akzeptiert, aber seine Auffassung vom Judentum als einem rationalen Glauben, der mit den Prinzipien der Aufklärung zu vereinbaren war, bereitete der Identifikation von Judentum und Deutschtum den Weg. Diesen Schluß zog, wie wir bereits gesehen haben, hundert Jahre später sein wichtigster Schüler Hermann Cohen. Die Beharrlichkeit, mit der sich Mendelssohn schlug, um seinen Glaubensbrüdern die deutsche Sprache aufzuerlegen und sein tiefes Mißtrauen gegenüber dem Jiddischen, der Sprache des Ghettos und der Schande, die eines zivilisierten Volkes unwürdig war, zeugen von einem Assimilationswillen, der auch als Bruch mit einer Tradition und als Annahme der herrschenden kulturellen Paradigmen angesehen werden muß.

Der Parvenu war eine zwiespältige, widersprüchliche Figur mit unscharfen Konturen. Man kann versuchen, sein Porträt zu zeichnen, seine Eigenschaften aufzuzählen, muß jedoch festhalten, daß sie selten alle zugleich bei einem einzelnen zu finden waren. Merkmale, die bei dem einen dominierten, konnten bei anderen schwächer ausgeprägt oder kaum noch vorhanden sein. Im allgemeinen zeichneten den jüdischen Parvenu folgende Besonderheiten aus: *a)* er war bestrebt, von seiner Umgebung anerkannt zu werden; *b)* er bemühte sich, sich dem herrschenden System anzupassen, ohne es je in Frage zu stellen; *c)* er versuchte, seine jüdische Identität zu verdrängen. Sein Verhältnis zum Judentum konnte höchst verschieden sein – man beachte den Unterschied zwischen Theodor Herzl, dem Oberhaupt der zionistischen Bewegung, und Otto Weininger, dem Juden, der Antisemit war und dieser Zerrissenheit durch Selbstmord ein Ende machte –, im allgemeinen aber war diese Beziehung schwierig und konfliktvoll; *d)* die Mühe, sein Judentum anzunehmen, trieb ihn dazu, es zu verbergen. Dies konnte bis zur Selbstverleugnung führen und in der bekannten Form des jüdischen Selbsthasses enden; *e)* ein für seine Identitätskrise aufschlußreiches Merkmal war die Ablehnung der jüdischen Einwanderer aus Osteuropa, deren Sprache, Aussehen, Sitten und Bindung an eine religiöse Tradition ihm ein Bild des Judentums vor Augen hielten, das dem, das er sich in einem Jahrhundert der Assimilation mühsam aufgebaut hatte, konträr entgegenstand. Der Parvenu wollte von den Antisemiten akzeptiert werden, konnte die Ostjuden jedoch nicht tolerieren, denn alle seine Bemühungen, sich deutschen Maßstäben anzupassen, wurden zunichte gemacht durch das Auftauchen jener beängstigenden Form jüdischen Andersseins, das Deutschland und im weiteren auch der bürgerlichen Rationalität der abendländischen Welt so fremd war.

VON BLEICHRÖDER BIS WENDRINER

Der Inbegriff des ökonomischen Parvenus war selbstverständlich Gerson Bleichröder. Bismarcks Bankier versteckte sich ständig hinter seinem Chef, obwohl er eine der Hauptquellen für dessen Macht und von entscheidender Bedeutung für die Erfolge des preußischen Kanzlers war. Wie sein Biograph Fritz Stern betont, waren die beiden Männer komplementäre Gestalten. Dank des Kapitals Bleichröders und seiner hervorragenden Finanzverwaltung verfügte Bismarck über die notwendigen Ressourcen für seine Eroberungskriege (1866 gegen Österreich und 1870 gegen Frankreich). Bleichröder wiederum, mächtigster Berliner Bankier zu Ende des 19. Jahrhunderts und eine Schlüsselfigur der internationalen Finanzwelt, erlangte ein Ansehen und eine soziale Stellung wie kein anderer Jude im Deutschen Reich.

Bismarck besaß eine Junker-Mentalität: Investitionen und Anhäufung von Kapital bereiteten ihm nicht dieselbe materielle und psychische Genugtuung wie der Großgrundbesitz. Sein Bewußtsein war aristokratisch und präkapitalistisch, was für die damalige preußischen Elite im industriell und wirtschaftlich expandierenden Deutschland typisch war. Bleichröders Arbeit war von moderner kapitalistischer Rationalität – in den Augen der romantischen Nationalisten und der deutschen Antisemiten verkörperte er den Geist der verhaßten Manchestertums –, aber es war sein tiefster Wunsch, den Kreisen der preußschen Elite anzugehören. Als er 1872 geadelt wurde, gab er einen prächtigen Empfang, zu dem er sämtliche Diplomaten und die Crème des Berliner Hofes einlud, jedoch nicht seine Familie. Diese hätte allein durch ihre Anwesenheit das Fest verdorben und eine Beleidigung für die illustren Gäste dargestellt. Sein Titel verschaffte ihm nicht die erhoffte Befriedigung, sondern ließ ihn um so mehr spüren, daß er für den preußischen Adel nur ein Parvenu war.

Die Beziehung zwischen Bismarck und Bleichröder beruhte auf gegenseitigem Respekt und guter Zusammenarbeit, fast hätte man sie Freunde nennen können. Dennoch gab der jüdische Bankier seine Servilität gegenüber Bismarck nie ganz auf und verharrte in einer gewissen, durch sein Judentum bedingten Abhängigkeit. «Der in den Adelsstand erhobene Bleichröder», so schreibt Fritz Stern, «strebte keinen individuellen patrizischen Lebensstil an, sondern wurde zum plutokratischen Kopie eines Vertreters der alten Feudalkaste; sie verdankte ihm viel, nahm aber Anstoß, weil er als Geldaristokrat nicht echt war.»[7]

Ein anderes Beispiel eines Wirtschaftsparvenus ist Herr Wendriner, eine von Kurt Tucholsky erfundene Figur, Mittelpunkt einer Satire über das Verhalten, die Fehler und die Mittelmäßigkeit der jüdischen Bourgeoisie im Deutschland der zwanziger Jahre. Wendriner ist ein geiziger Geschäftsmann, ein grober und borniert Konformist, die Karikatur des Parvenu.[8] Als er von einem Paris-Urlaub zurückkehrt, berichtete er von nichts anderem als den Ausgaben seiner Frau; auf dem Weg zum Grab anläßlich einer Beerdigung nutzt er die Zeit, um über seine Börsengeschäfte zu reden; beim Friseur bezeichnet er die russische Revolution als Werk einer «Bande von Nichtstuern»; Lesen sieht er als Zeitverschwendung an, und als ein Freund ihm die Lektüre des *Zauberbergs* empfiehlt, antwortet er, er habe die Memoiren von Wagner, die man ihm zu Weihnachten geschenkt habe, noch nicht angefangen; wenn er im Theater glaubt, einem Ostjuden zu begegnen, bricht er in Hysterie aus: «Sehen Sie sich diesen Schwärzling da unten an! Wahrscheinlich ein Ostjude...Wissen Sie, solche Typen rechtfertigen den Antisemitisus. Wenn man es nur sieht. Abstoßend, dieser Kerl.»[9] Dieses scharfe Porträt von Herrn Wendriner war der Ausgangspunkt für den Vorwurf des «jüdischen Antisemitismus», den Tucholsky manche Kritiker machten. Es wäre sicher falsch, alle deutschen Juden der Weimarer Republik mit Herrn Wendriner gleichzusetzen, eine Versuchung, der Tucholsky manchmal gerne nachgegeben hätte, aber es wäre ebenso irrig zu leugnen, daß es sie gab.[10]

Verschiedene einflußreiche Leute der jüdischen Gemeinde nahmen eine Herrn Wendriner nicht unähnliche Haltung ein, als 1933 Hitler in Deutschland an die Macht gelangte. So kann man Hans-Joachim Schoeps nur als politischen Parvenu bezeichnen, denn als junger Führer des Nationalverbands deutscher Juden gab er die Parole aus: «Bereit für Deutschland!» und wollte eine Sturmtruppe junger jüdischer Kämpfer in den Dienst des Naziregimes stellen. 1936 brachte das *Pariser Tagblatt*, Organ der antifaschistischen Emigranten, die Betroffenheit und Ironie zum Ausdruck, welche die Aktivitäten der jüdischen Pangermanisten bei den Exilierten hervorriefen: «Das braungefärbte deutsche Judentum hinter dem Führeranwärter H.J.Schoeps: Bei allen traurigen Aspekten, die dies hat, ist es eher eine Komödie oder besser gesagt, eine traurige Farce.»[11] Schoeps war ein Grenzfall, der sicherlich nicht als repräsentativ für die Haltung der deutschen Juden gelten kann. Die Position des Rabbiners Leo Baeck hingegen, der Präsident der Reichsvertretung der deutschen Juden (neuer Name des Zentralvereins nach 1933) war, nahm, wenn nicht die Sprache, so doch die Grundhaltung von Schoeps ein. Während die Parias – die antifaschistischen Juden – Deutschland verließen oder ins Gefängnis kamen, erklärten die Parvenus ihre Loyalität zum Nazi-Regime. Ende 1933 sagte Leo Baeck, die «nationale Revolution», die den Bolschewismus bekämpfe und die «Erneuerung Deutschlands» wolle, könne mit der Zustimmung der jüdischen Gemeinde rechnen. Als «Gottlosenbewegung» sei der Bolschewismus ein Feind der Juden, die das neue Deutschland als «Ideal und Bestreben» ansähen.[12]

Solche Äußerungen geschahen im übrigen nicht allein aus Opportunismus. Schoeps und Leo Baeck waren beide überzeugte Juden und wären nie einen Kompromiß mit den neuen Machthabern eingegangen, der sie zur Aufgabe ihres Glaubens verpflichtet hätte. Sie kapitulierten nicht vor dem neuen System, sondern identifizierten sich mit Deutschland und seinen staatlichen Institutionen. Sie setzten damit nur die Tradition der politischen Parvenus in Mitteleuropa fort. Während des Ersten Weltkriegs wurde der deutsche Chauvinismus, in dem sich alle Kriegstreiber und Pangermanisten wiedererkannten, am ausgeprägtesten von der Zeitschrift *Die Zukunft* vertreten, deren Chefredakteur der jüdische Intellektuelle Maximilian Harden war. Das Lob Kaiser Franz Josephs während der Habsburger Monarchie sang Adolph Jellinek, jüdischer Vorsitzender der österreichischen Liberalen, der dem Staat und der Dynastie ewige Treue geschworen hatte.

Voll Dankbarkeit gegenüber dem Kaiser, der sie zu gleichberechtigten Mitbürgern gemacht hatte, bekräftigten die Juden ihr Gefühl der «Loyalität und Treue gegenüber der österreichischen Dynastie. Der kaiserliche Adler ist für sie ein Symbol der Erlösung, und die Farben Österreichs zieren die Fahne ihrer Freiheit».[13] Dem russischen Zionisten Leo Pinsker, der in den Pogromen der Zaren ein Vorzeichen einer neuen Welle des Antisemitismus sah, die auch die Habsburger Monarchie erreichen könnte, antwortete Jellinek als guter fortschrittlicher Liberaler, Pogrome seien nichts als Folgen eines finsteren Vorurteils, das es im aufgeklärten Österreich nicht gebe.

EIN JÜDISCHER PATRIOT: ERNST KANTOROWICZ

Nicht alle Parvenus waren wie Herr Wendriner. Es gab unter ihnen auch Persönlichkeiten von Format, die moralisch integer und von konsequenter Geisteshaltung waren. Ihre Tragödie rührte oft von der Unmöglichkeit her, ihr Judentum mit der Zugehörigkeit zu einem Deutschland in Einklang zu bringen, das sie als Aufgabe und moralische Verpflichtung verstanden, das sie aber immer noch abwies. Ein typisches Beispiel für einen intellektuellen Parvenu ist Ernst Kantorowicz, der Autor von *Friedrich II.*(1927). Sein Vorgehen war dem des *Schlemihl*, in der jiddischen Tradition Pazifist und Antimilitarist, genau entgegengesetzt. Als ihn ein Offizier fragt, warum man für das Vaterland sterben müsse, antwortet der Soldat Schlemihl ihm naiv: «Sie haben recht, warum eigentlich?» Einer der berühmtesten Aufsätze von Kantorowicz, den er 1949 schrieb, trug den Titel *Pro patria mori* und begann mit der Erinnerung an den Ersten Weltkrieg, insbesondere an einen patriotischen Spruch, der den Soldaten, der für sein Vaterland starb, zum Märtyrer erhob.[14]

Kantorowicz entstammte einer jüdisch-assimilierten Familie aus Posen und besuchte in Hamburg die Handelsschule, bevor er im Ersten Weltkrieg in der kaiserlichen Armee aktiv wurde. Er war ein glühender Nationalist, wurde Mitglied im Kreis um Stefan George, dessen Auffassung von der Rolle des Helden Kantorowicz' Biographie des mittelalterlichen

Kaisers Friedrichs II. entscheidend prägte. Dank dieser wissenschaftlich fundierten und innovativen Arbeit wurde er Lehrer an der Universität Frankfurt. Als 1933 die Nazis die Juden aus der Universität warfen, blieb er zunächst als alter Kämpfer verschont. Erst 1935, nach Erlaß der Nürnberger Gesetze, wurde auch ihm die Lehrgenehmigung entzogen. Kantorowicz protestierte eifrig beim Bildungsministerium, nicht etwa gegen die von der Regierung erlassenen antisemitischen Maßnahmen, sondern gegen die Behauptung, in seiner geradlinigen Laufbahn als Patriot seien deutschenfeindliche Spuren zu finden. Was ihn empörte, war nicht die antisemitische Gesetzgebung, sondern die Tatsache, daß sie auf ihn angewandt wurde, auf einen Freiwilligen von 1914, der 1919 im Freikorps bei der Niederschlagung des Spartakusaufstands mitgewirkt hatte und wenige Monate später in der Bayerischen Volkswehr an der Zerschlagung der Münchner Räterepublik beteiligt gewesen war. Sein politisches Verhalten ebenso wie seine historischen Arbeiten zeugten von tiefer Loyalität gegenüber *seinem* deutschen Vaterland. «Ich brauche keine Garantien, weder frühere noch jetzige, um meine positiven Gefühle gegenüber einem Deutschland, das sich wieder national orientiert, zum Ausdruck zu bringen.» Er fügte hinzu, seine «Haltung gegenüber dem neuen Regime gehe weit über eine gewöhnliche Haltung hinaus.»[15] 1938, nach der Reichspogromnacht, beschloß Kantorowicz dennoch, Deutschland zu verlassen und in die USA zu emigrieren. Seine spätere Opposition gegen McCarthy im Namen der Autonomie der Universität – paradoxerweise war er der einzige konservative und antikommunistische Intellektuelle, der diese antikonformistische Haltung einnahm – beweist, daß er kein Feigling war, sondern ein überzeugter und konsequenter Nationalist. Sein Biograph Alain Boureau hat die Leiden dieses Mannes treffend charakterisiert, in dem er ihn einen «ewig Gejagten» nannte, «der für Ordnung und Institutionen eintrat.»[16]

PANGERMANISMUS UND ZIONISMUS: THEODOR HERZL

Paradoxerweise hatte der Zionismus, eine Bewegung, die für viele Juden Würde und wiedergefundene nationale Identität bedeutete, an ihrer Spitze einen Mann, der von seiner psychischen Struktur, seiner Kultur und seinen politischen Neigungen her die vollendete Inkarnation des Parvenu zu sein schien. Wie Carl E. Schorske zu Recht betont hat, verkörperte Theodor Herzl das «Ideal der Assimilation».[17] Er stammte aus einer zur oberen Mittelschicht gehörenden Familie ungarischer Juden deutscher Zunge. Sein Vater war ein reicher Kaufmann. 1878, mit achtzehn Jahren, verließ er Budapest und ging nach Wien, wo er sich als Jurastudent immatrikulierte. Er stand der jüdischen Tradition recht fern und zeichnete sich als Journalist wie die meisten Wiener Intellektuellen jüdischer Herkunft durch einen wenig originellen Konformismus aus. «Ich glaube an das Aufsteigen der Menschen zu immer höheren Graden der Gesittung, nur halte ich es für ein verzweifelt langsames», schrieb er zu Beginn seines «revolutionären» Werks *Der Judenstaat*.[18]

Herzl hatte den Ehrgeiz, Offizier oder hoher Beamter zu werden, ein Ziel, für das er in seiner Jugend den jüdischen Glauben gern abgelegt hätte (woran ihn seine Eltern jedoch hinderten). Sein Leben lang war er von dem Gedanken besessen, ein großer und berühmter Mann zu werden. Als er Paris-Korrespondent für die *Neue Freie Presse*, eine liberale österreichische Tageszeitung, wurde, schrieb er seinen Eltern: «Der Pariser Korrespondent ist das Sprungbrett, von dem ich hochschwingen werde zu Eurer Freude, meine teuren, geliebten Eltern.»[19] In seinem Tagebuch finden sich zahlreiche Einträge, die seinen Ehrgeiz verraten, und selbst in seinen Briefen kommt sein narzißtischer Charakter deutlich zum Ausdruck. 1895 schrieb er: «Übrigens, wenn ich etwas sein möchte, wär's nur ein preußischer Altadliger.»[20] In der Tat blieb der deutsche Adel für immer sein Ideal und Vorbild, selbst nach seiner Bekehrung zum Zionismus.

Entgegen einer weitverbreiteten Auffassung war seine Hinwendung zum jüdischen Nationalismus keine Folge der Dreyfus-Affäre. Von dieser ist in seinen Tagebüchern nie die

Rede. Natürlich konnte er nicht gleichgültig bleiben, als er 1895 erlebte, wie der Hauptmann degradiert wurde, in seinen Augen eine untragbare Ehrverletzung für einen Unschuldigen, eine vor allem deswegen nicht hinnehmbare Beleidigung, weil es sich um einen in der Gesellschaft geachteten Juden handelte, der einen militärischen Rang einnahm und zu dem Herzl sicherlich große Affinität besaß. Die Dreyfus-Affäre war jedoch nur ein Element, das zu seiner Hinwendung zum Zionismus beitrug, ebenso wie die Wahlen in Wien, die wenige Monate später stattfanden und den christlich-sozialen Karl Lueger an die Macht brachten. Der Antisemitismus trieb Herzl dazu, seine jüdischen Wurzeln wiederzufinden, er erkannte, in welcher Sackgasse sich die Assimilationsbewegung befand, und begann, sich mit der Idee einer nationalen Lösung der Judenfrage zu beschäftigen. Ohne Kenntnisse der Traditionen und der Religion seines Volkes verfaßte er sein Buch *Der Judenstaat*, in dem er der Welt mitteilen wollte, welche Erleuchtung ihm zuteil geworden war, ohne zu ahnen, daß seine Idee bereits von zahlreichen Vorgängern vertreten worden war, selbst in Wien (von dem Kreis «Kadimah», den Nathan Birnbaum leitete). Herzl modifizierte den Zionismus im Sinn des Liberalismus eines assimilierten Wiener Juden. Der Wunsch einer Rückkehr nach Palästina konnte auf alles Relgiöse und Mystische verzichten und wurde zur Grundlage eines modernen politischen und laizistischen Plans zur Schaffung eines jüdischen Nationalstaats. In dieser Hinsicht ist Herzl der eigentliche Gründer des politischen Zionismus. In säkularisierter Form bildete sich ein jüdischer Nationalismus nach den Grundsätzen der pangermanistischen Kultur heraus, von der er geprägt war. Seine Haltung brachte zugleich den Willen zum Ausdruck, mit der Assimilation zu brechen, von der er ganz druchdrungen war und die sein ganzes Denken bestimmte. Die Juden sollten die Illusion aufgeben, Deutsche oder Österreicher zu sein, aber Deutschland blieb das Modell für den Staat und die Nation, die sie in Palästina errichten sollten.

Als unumstrittenes Oberhaupt der zionistischen Bewegung hoffte er, von den Staatschefs und kaiserlichen Behörden empfangen zu werden wie ein Gleichrangiger. Zwischen 1896 und 1904, dem Jahr seines Todes, widmete er die meiste Zeit dem Versuch, Gespräche mit jüdischen Bankiers und hohen Staatsbeamten zu führen. Es gelang ihm auch, viele von ihen zu treffen, vom deutschen Kaiser bis zum Sultan des Ottomanischen Reiches Abdul-Hamid II., von dem Verwalter der britischen Kolonien Joseph Chamberlain bis zu den Ministern des Zaren Plehwe und Witte, von Papst Pius X. bis zum italienischen König Viktor Emanuel III. Jedes dieser Gespräche gab er sorgältig in seinen Tagebüchern wieder wie ein festliches Ereignis seines Leben und der Geschichte des jüdischen Volkes. 1895 nannte er sich in einem Brief an den Baron Hirsch «Condottiere des Geistes», dazu ausersehen, «zu Beginn einer neuen Ära aufzutauchen». Er fügte hinzu, man solle ihm keine Anmaßung vorwerfen, schließlich sei Napoleon bereits mit 35 Jahren französischer Kaiser geworden. [21] Er strebte das Amt des Kanzlers im künftigen Judenstaat an und hoffte, daß seine Nachkommen ihm ein Denkmal setzen würden, das künstlerisch gelungener sei als jenes, das die Franzosen in den Tuilerien für Gambetta errichtet hatten. [22] Zur Realisierung seines Plans, bei der er sich allein auf seine titanischen Kräfte verlassen wollte, brauchte er dringend «höchste Orden», eine unerläßliche Vorsichtsmaßnahme, um bei den europäischen «Höfen angesehen zu sein». [23] Nur wenige Monate vor seinem Tod, im Januar 1904, schrieb er in sein Tagebuch, er habe vom deutschen Kaiser geträumt. Sie seien allein in einer Barke gefahren, mitten auf dem Meer. [29]

Die Entwicklung seiner Haltung in der Judenfrage bedeutet Bruch und Kontinuität zugleich: ein Bruch der im Übergang vom deutschen zum jüdischen Nationalismus zum Ausdruck kommt, eine grundlegende Kontinuität insofern, als sich diese Veränderung auf dem Hintergrund derselben assimilationsorientierten Kultur abspielte. 1882 definierte Herzl die Juden als «eine elende Rasse», die dem Unterang nahe sei. [25] Als er die antisemitischen Schriften Eugen Dührings las, reagierte er zwar feindselig, gestand dem Autor jedoch ein gewisses Verdienst zu. Seiner Ansicht nach hatte der deutsche Rassentheoretiker vollkommen recht, wenn er «von fehlender Moral» der Juden sprach, die aus der Lektüre der ersten Kapitel des Buches *Die Judenfrage* nur lernen könnten. («In seinen ersten

Kapiteln ist das Buch trotz seiner Übertreibungen und offenliegenden Gehässigkeiten lehrreich genug, und jeder Jude sollte es lesen.»)[26] 1882 wurde Herzl Mitglied der pangermanistischen Vereinigung *Albia*, die er jedoch im Jahr darauf verlassen mußte, weil er sich immer offener zum Antisemitismus bekannte. Als er erfuhr, daß man sein Austrittsersuchen angenomen hatte, war er tief enttäuscht.[27] Dennoch betrieb er weiterhin radikal die Assismilation. Zwei Jahre später sah er die Juden wegen ihrer Feindseligkeit gegenüber der Gesellschaft immer noch als eine physisch und intellektuell geschwächte «Rasse» an. Die Lösung der Judenfrage sah er in einer «Kreuzung der westlichen Rassen mit den sogenannten östlichen in einer Staatsreligion» an.[28] Er meinte damit eine Massenkonversion jüdischer Kinder. Natürlich wollte er sich selbst an die Spitze dieser Bewegung stellen, sah sich schon vom Wiener Erzbischof empfangen und danach vom Papst selbst. Beide würden, so glaubte er, ihm im Kampf gegen den Antisemitismus ihre Unterstützung zusagen, im Austausch gegen eine «ehrenvolle und freiwillige Bekehrung zum Christentum»; an besagtem Tag würde er in einem feierlichen Zug die jüdischen Kinder in den Stephansdom im Herzen von Wien zur Taufe geleiten. Als Führer der Konversionsbewegung würde er dennoch der Religion seiner Väter treu bleiben, was den humanitären und selbstlosen Charakter seines Unternehmens noch unterstreichen würde. Verschwände der Antisemitismus nicht sofort, würde er nicht zögern, sich mit dem Wiener Bürgermeister Karl Lueger oder dem pangermanistischen Führer Georg von Schönerer zu duellieren.[29] Da er sich für den einzigen Wahrer jüdischen Geistes und des Mutes seines Volkes hielt, konnte, dessen war er überzeugt, eine Lösung der Judenfrage nur durch seine persönliche Initiative gelingen.

Er erlebte im Frankreich der Dreyfus-Affäre die Welle des Antisemitismus und hatte keinen Zweifel an der Unschuld des Hauptmanns. Er kannte die Psychologie des assimilierten Juden zu genau – schließlich gehörte er in Österreich ja selbst dieser Gruppe an –, um ihn des Verrats verdächtigen zu können. Er schrieb in diesem Zusammenhang: ein «Jude der als Generalstabsoffizier eine Laufbahn der Ehre vor sich geöffnet hat, kann ein solches Verbrechen nicht begehen... Die Juden haben infolge der langen bürgerlichen Ehrlosigkeit eine oft krankhafte Sucht nach Ehre, und ein jüdischer Offizier ist in dieser Hinsicht ein potenzierter Jude.»[30]

Selbst nach seiner Hinwendung zum Zionismus blieb Herzl im Grunde ein Verfechter des österreichischen Assimilationismus. Er wollte in Palästina einen Staat nach westlichem Muster errichten, ähnlich den europäischen Staaten. In seinen Augen hatte die Rückkehr der Juden nach Palästina nichts von einem messianischen Ereignis, sondern sollte eher einer Kolonisation sein. Um dies zu verwirklichen, war jüdisches Geld notwendig, sowie die Unterstützung der Großmächte. Auch «Christen, die die Juden loshaben wollen», sollten hinzugezogen werden, um die öffentliche Kontrolle sicherzustellen.[31] Es ist interessant festzustellen, daß Herzl gerade zu der Zeit Zionist wurde, als er den Plan aufgab, den Antisemitismus zu bekämpfen. Er sah in diesem kein Hindernis, sondern eher einen Verbündeten bei der Verwirklichung seines Staatsgründungsplans. 1903, kurz nach dem Pogrom von Kischinow, als die jüdische Arbeiterbewegung die Selbstverteidigung kleiner Orte und jüdischer Stadtviertel organisierte und die europäischen Sozialisten den Antisemitismus zu bekämpfen versuchten, führte Herzl Gespräche mit Plehwe, dem Innenminister des Zaren und Hauptverantwortlichen für die Pogrome, um ihm einen vorteilhaften Tausch vorzuschlagen: die zaristische Regierung sollte die zionistische Bewegung unterstützen, welche dazu beitragen wollte, Rußland von Juden zu leeren. Herzl wollte im Gegenzug dafür sorgen, daß die russischen Juden jegliche revolutionären Aktivtäten aufgäben.[32] Als er Chaim Jitlowsky, dem Führer der sozialistischen Juden in Rußland, von dieser Unterredung berichtete, war dieser dermaßen erstaunt, daß er glaubte, Herzl nicht richtig verstanden zu haben.

Der Zionismus wollte den rückständigen Gegenden in Palästina den Fortschritt bringen und die Ostjuden in gute Europäer verwandeln. In *Der Judenstaat* schrieb Herzl: «Für Europa würden wir dort ein Stück des Walles gegen Asien bilden, wir würden der Vorposten der Kultur gegen die Barbaren sein.»[33]

Herzl war überzeugter Anhänger der Errungenschaften der liberalen bürgerlichen Gesellschaft und unterstrich, im künftigen Judenstaat werde sich das Privateigentum frei entwickeln können und geschützt sein.[34] Die wünschenswerteste politische Form war in seinen Augen die demokratische Monarchie oder eher die «republikanische Aristokratie», die dem modernen Charakter des jüdischen Volkes eher entspreche. Die offizielle Sprache des zionistischen Staates sollte das Deutsche[35] sein, da die Juden das Jiddische ein für allemal abgelegt hätten, jene «verkümmerten und verdrückten Jargons, deren wir uns jetzt bedienen, werden wir uns abgewöhnen».[36] Die jüdische Gesellschaft, die er in Palästina aufbauen wollte, war die genaue Replik auf das Deutschland und Österreich, aus dem zu fliehen er die Juden aufforderte. Auch wenn sie die Opfer eines auf dem System der Nationalstaaten begründeten Europas waren, sollten sie dieses System, das sie ausschloß, nicht bekämpfen, sondern sich ihm ganz und gar anpassen, indem sie ihren eigenen Nationalstaat schufen. Nach einem eurozentrischen Vorurteil, das in der Kultur des 19. Jahrhunderts tief verankert war, galt Palästina nicht als ein Teil der arabischen Welt, sondern war ganz einfach ein kolonisierbarer Raum. Als Kind des 19. Jahrhunderts konnte sich Herzl einen politischen Plan nur nach nationalstaatlichen Prinzipien vorstellen. Seine Idee vom Judenstaat, welche die offiziellen Kreise des deutschen und österreichischen Judentums stark zu irritieren schien, war in Wirklichkeit nichts als der tiefe Wunsch nach Assimilation. Es ging ihm darum, das Leben der Juden zu «normalisieren», nicht gegen die bestehende Ordnung, sondern im Einklang mit ihr. Die Gründung eines Judenstaats war für Herzl ein Mittel, das jüdische Anderssein radikal und für immer abzuschaffen.

DIE «NORDISCHE SCHÖNHEIT»: WALTHER RATHENAU

Derselbe Ehrgeiz findet sich in einer Person und einem Geist von ganz anderen Dimensionen, bei dem Industriellen, Intellektuellen und späteren Außenminister der Weimarer Republik Walther Rathenau, der einem antisemitischen Attentat zum Opfer fiel. Er war der Sohn Emil Rathenaus, des Gründers der Allgemeinen Elektrizitäts-Gesellschaft (AEG), eines der wichtigsten deutschen Unternehmen der Jahrhundertwende und zweifellos das größte Unternehmen, das einem Juden gehörte. Walther Rathenau gehörte einer privilegierten Gesellschaftsschicht an, die sich das «jüdische Patriziat» nannte. Er besuchte das Wilhelm-Gymnasium, die angesehenste Schule der Hauptstadt, und war fasziniert vom preußischen Adelsideal. Sein Traum, Offizier zu werden, ging nicht in Erfüllung, denn während seines Militärdienstes von 1890 bis 1891 begriff er, welche Schwierigkeiten einen Juden beim Aufstieg in ein höheres Staatsamt erwarteten. So schlug er die Diplomatenlaufbahn ein und arbeitete auch in dem familieneigenen Industrieunternehmen mit. Sein Verhältnis zum Judentum erfuhr eine Entwicklung, die man in zwei Hauptabschnitte einteilen kann: *a)* die Jugendjahre und die erste Phase seiner literarischen Arbeit etwa bis zum Ausbruch des Ersten Weltkriegs. Diese Zeit war von einer mehr oder weniger ausgeprägten Form jüdischens Selbsthasses bestimmt. *b)* die zehn letzten Jahre seines Lebens, in denen er versuchte, seinen deutschen Patriotismus und sein Judentum miteinander zu versöhnen.[37] Rathenau, der reiche und mächtige Industrielle, begabte Schriftsteller, der Intellektuelle, der große künstlerische Sensibilität besaß, diente Robert Musil in dem Roman *Der Mann ohne Eigenschaften* als Vorbild für die Figur des Arnheim.

Rathenau verließ – allerdings leugnete er dies später – die jüdische Gemeinde, ohne zum Christentum zu konvertieren. Er fühlte sich schon als junger Mann von pangermanistischen Schriften angezogen. Er bewunderte Gobineaus Rassentheorie, und wie er später in Briefen zugab, begeisterte er sich sogar für die antisemitischen Werke Houston Stewart Chamberlains. «Gobineau kenne ich, und lange Zeit habe ich mich, wie meine früheren Schriften es ausweisen, mit Rassentheorie befaßt und mich einigermaßen im Banne herkömmlicher Anschauungen von ähnlicher Art wie der Gobineauschen befunden.»[38] Seinem Freund Alfred Kerr gestand er, er wäre lieber nicht geboren, als Jude und dadurch Mitglied einer seit Jahrhunderten gehaßten Minorität zu sein.[39] Das Schriftstück, in dem sein Selbsthaß am deutlichsten und frappierendsten zum Ausdruck kommt, ist der in feuriger Prosa verfaßte Aufsatz *Höre Israel!*, der 1897 in der Zeitschrift *Die Zukunft* erschien, die sein Freund Maximilian Harden herausgab. Er unterzeichnete mit dem Pseudonym Walther Hartenau. Die Juden nannte er darin «asiatische Horde», die als «fremdartiger Menschenstamm» innerhalb der deutschen Nation lebte. Sie seien von Gott verlassen, da dieser sich nicht mehr mit einer Bande von «Krämern und Maklern» abgegen wolle, und jedermann mißachte sie. Entsprechend den typischen Klischees «völkischer» Literatur, die von einem Rasseunterschied zwischen «Ariern» und «Semiten» ausgingen, hob er die Schönheit und den Adel des germanischen Geistes gegenüber der Häßlichkeit und körperlichen und moralischen Schwäche der Juden hervor: «Seht in den Spiegel, dies ist der erste Schritt zur Selbstkritik», schrieb er. Gegenüber den «germanischen Stämmen, ...einer Rasse, die nach nahezu militärischer Disziplin gezüchtet worden war», erschienen ihm die «südlichen» Züge der Juden nur als «lächerlich». Seine fast erotische Begeisterung für die ästhetischen Vorbilder der Arier brachte ihn dazu, ein schreckliches Bild vom jüdischen Typus zu zeichnen: «Betrachtet eure unharmonische Konstitution....» Stigmatisiert durch «zwei Jahrtausende des Elends» könnte sich das jüdische Volk von den äußeren Zeichen seiner Not nur «mit ein wenig Eau de Cologne» befreien.[40]

Dieser Aufsatz von 1897 enthielt bereits ein Thema, das Rathenau in seinen späteren Schriften noch vertiefen sollte: die «Polarität des Seelenzustandes» zwischen Juden und Deutschen. Mit einer romantischen Empfindsamkeit, die ihren Lehrmeister bezüglich der Judenfrage in Werner Sombart fand, setzte er das Judentum mit dem rationalen und berechnenden Verstand gleich, der sich an moderne Werte bindet, die im Gegensatz zu den traditionellen Werten des Germanentums standen. Der Konflikt zwischen aristokratischer Tugend und plebejischen Sitten, Mut und Schwäche, Leidenschaft und Kälte, Prinzipientreue und Opportunismus, Konservatismus und Liberalismus, Tradition und Moderne, kam in seinen Augen in der Gegenüberstellung von deutschen «Mutmenschen» und jüdischen «Furchtmenschen»[41] zum Ausdruck.

Man muß allerdings unterstreichen, daß dieser Konflikt für Rathenau, im Gegensatz zu den Theoretikern des Antisemitismus, nicht unüberwindbar war. Die Juden konnten sich freikaufen, nicht durch Nachahmung der Deutschen, sondern durch einen langen Prozeß der Erziehung und Regenerierung mit dem Ziel ein «jüdisches Patriziertum» zu bilden, das würdig war, der deutschen Nation anzugehören. Wenn sie ihre Mängel erkannten, würden sie die Barrieren zu dem «unsichtbaren Ghetto» brechen, das sie von der deutschen Zivilisation trenne, und sich sowohl geistig als auch physisch «in der freien Luft des deutschen Walds bereichern». Mit der Zeit wurde das Bild der Juden in seine Schriften weniger negativ. In einem Aufsatz von 1904 mit dem Titel *Von Schwachheit, Furcht und Zweck*, der ebenfalls in der *Zukunft* erschien, war die Schwäche des «Furchtmenschen» von einem Gefühl der «Angst und Hoffnung» begleitet.[42] Darin sah er den fruchtbaren Keim einer möglichen Wiedergeburt des jüdischen Volkes.

In *Staat und Judentum*, das 1911 erschien, hob Rathenau einige positive Züge der «semitischen Rassen» hervor, wie zum Beispiel die Tatsache, daß ihnen ein Gefühl der «Undankbarkeit» fehle. Er haßte dieses Volk, das sich von der Taufe nichts erhoffen konnte, nicht mehr. Die Taufe, so sagte er, sei eine illusorische «Eintrittskarte» in die Gesellschaft, und jedes Mitglied dieser Gesellschaft wisse, sobald es erwachsen sei, daß es «ein Bürger zweiter Klasse sei». Er nahm sich vor, das Volk der Juden in einem nationaldeutschen Sinn wiederaufzurichten.[43]

Die Versöhnung Rathenaus mit seiner jüdischen Herkunft drückt sich deutlich in seiner Korrespondenz aus. Sein deutscher Patriotisus wurde dadurch nicht gemindert, denn er frequentierte weiterhin die nationalistischen preußischen Kreise und war mit vielen Pangermanisten befreundet. Er hatte auch nicht seine Kritik am Judentum aufgegeben, sondern die Rassenmythologie und den Selbsthaß, von denen er vorher besessen gewesen war. Er schrieb Wilhelm Schwaner, dem radikalen Nationalisten und Herausgeber des *Volkserziehers*, der in seinen Briefen nie versäumte, auf die semitische Abstammung seines Briefpartners hinzuweisen, er besitze kein «Blut als deutsches Blut und habe keinen anderen Stamm und kein anderes Volk als der Stamm und das Volk der Deutschen.» Die «Blutmischung», die den Juden eigen sei, hindere ihn nicht daran, sich im tiefsten Innern als Deutscher zu fühlen und zum deutschen Volk und Geist zu gehören. «Mein Volk ist das deutsche Volk und kein anderes. Die Juden sind in meinen Auge ein deutscher Stamm wie die Sachsen oder Bayern.»[44] Zu Ende des Krieges nannte er sich in einem Aufruf an die Jugend einen Deutschen «jüdischen Stammes».[45]

Seine Versöhnung mit dem Judentum setzt zweifellos eine psychologische Wandlung bei Rathenau voraus, aber sie ist auch an der Entwiclung seines Denkens zu erkennen, in seiner Suche nach einer Synthese zur Überwindung der von der Romantik vorgenommenen Trennung von Kultur und Zivilisation. Rathenaus Schriften über die Technik, insbesondere *Die Mechanisierung der Welt* (1912) zeugen von einer tiefen Faszination von der ästhetischen und kulturellen Echtheit der vorindustriellen Gesellschaft, einer Weberschen Nostalgie für Werte einer noch nicht «entzauberten» Welt. Für den Bankier und Unternehmer mußte der Tönnessche Gemeinschaftskult – den er mit den aristokratischen Idealen gleichsetzte, deren Träger Deutschland war – ein Gleichgewicht und einen Kompromiß finden mit einer beruflichen Tätigkeit, die ganz und gar der Gesellschaft zuzurechnen war. Als Anhänger ökonomischer Rationalisierung und Verantwortlicher für die Neuorganisation der Industrieproduktion zu militärischen Zwecken während des Ersten Weltkriegs entwickelte Rathenau eine Form der Planwirtschaft und des «organisierten Kapitalismus», der versuchte, die geistigen Werte der deutschen Nation mit der Modernität der Industriewelt in Einklang zu bringen. Im Rahmen dieser Vision sollte sich der «Furchtmensch» regenerieren. Den Juden sollte im künftigen Deutschland ein Platz zugewiesen werden.

Die Umwandlung der Juden in Deutsche blieb dennoch ein widersprüchlicher Prozeß. 1917 kritisierte Rathenau die Konvertierung als einziges Mittel der Rettung der Juden, für ihn lag das Ideal in der «Versöhnung» und nicht in der Vermischung der Religionen. Dies hinderte ihn jedoch nicht daran, das Christentum als eine Religion zu betrachten, die dem Judentum theologisch überlegen sei und mehrfach die Qualitäten der Evangelien zu preisen. In einem Brief an von Jagow, den ehemaligen Staatssekretär im Außenministerium, teilte er die Juden in drei Kategorien ein: *a)* die vollkommen assimilierten und «regenerierten», Vorläufer des «jüdischen Patriziertums», das er schaffen wollte; *b)* die Angehörigen der Mittelschicht, die Deutschland nützlich waren und dem Liberalismus anhingen. Sie waren auf dem Weg der Germanisierung trotz ihrer «unangenehmen» und oft irritierenden Züge; *c)* schließlich das jüdische Proletariat, das noch von «mittelalterlichen» Vorurteilen durchdrungen war und einem Ritual anhing, das den Traditionen Deutschlands gänzlich fremd war.[46]

Die Zwiespältigkeit, die Rathenaus Verhältnis zum Judentum kennzeichnete, wurde vermutlich durch seine Homosexualität verstärkt. Diese war Grundlage für sein «nordisches» Schönheitsideal, das er aus einer damals in der deutschen Gesellschaft weitverbreiteten «Männerbund»-Kultur schöpfte.[47] Die Korrespondenz, die er zwischen 1911 und 1921 mit Schwaner führte, dem oben erwähnten rassistischen Denker, ist aufschlußreich für eine homosexuelle Zuneigung, die sich vermutlich nicht auf das Schreiben beschränkte. Sieht man von einigen Beispielen jüdischen Selbstbewußtseins ab wie es im Brief von 1916 zum Ausdruck kommt, auf den weiter oben hingewiesen wurde, dann basierte ihre briefliche Beziehung auf der Annahme zweier voneinander deutlich unterschiedener und stereotyper Rollen: Rathenau war der «Jude» und Schwaner der «Arier». Schwaner war von der Lektüre von *Zur Kritik der Zeit* sehr beeindruckt und brachte seine Bewunderung hierfür zum Ausdruck, indem er schrieb, durch eine Art Wunder habe «der dunkle Jud den blonden Germanen mit den blauen Augen gerettet». Auch Rathenau war tief gerührt und antwortete: «Ich reiche Ihnen die Hand und vereinige mich mit Ihnen in einem Gefühl der Güte und des Vertrauens.»[48]

Nachdem er in der Weimarer Republik Außenminister geworden war, mußte Rathenau erfahren, daß sein Traum, ein deutscher Disraeli zu werden, nur schwer zu verwirklichen war. Als Hauptverantwortlicher des Friedensvertrags mit der UdSSR, der 1921 in Rapallo geschlossen wurde, wurde er zur Hauptzielscheibe der nationalistischen und antisemitischen Presse, in der er fortan als «Börsen- und Sowjetjude» oder noch vulgärer als «Judensau»[49] beschimpft wurde. Es dauerte nicht mehr lange, bis der Haß in Gewalt umschlug. Rathenau wurde am 24.Juni 1922 von jungen rechtsextremen Nationalisten ermordet. Fritz Stern schrieb, daß er vermutlich eine gewisse Affinität zu den «blonden Fanatikern» empfunden hätte, die ihn töten sollten, während er sich gegenüber den Linken immer sehr reserviert zeigte, sie aber waren die einzigen, die gegen seine Ermordung protestierten.[50] Im Grunde blieb Rathenau trotz all seiner Germanisierungsversuche immer Außenseiter. Er war für die Arbeiter ein Kapitalist, für die antisemitische Rechte ein Jude und Intellektueller, für das konservative Bürgertum, das seine Rationalisierungspläne ablehnte, ein Sozialist. Sein Außenseitertum machte ihn zur Zielscheibe aller Feinde der Weimarer Republik.[51]

EIN TRAGISCHER EPILOG

Der jüdische Parvenu war nur eine Folge der Assimilation. In den meisten Fälle führte die Integration der Juden in die deutsche und österreichische Gesellschaft dazu, daß sie in die Bourgeoisie und die Mittelschicht aufgenommen wurden. Assimilation hieß deshalb Assimilation in das Bürgertum, seine Kultur und sein Wertesystem. In dem Maße, in dem gegen Ende des 19. Jahrhunderts der moderne Antisemitismus die Leute zu beeinflussen begann und die Kultur der Aufklärung nach und nach durch neue nationalistische Denkprinzipien ersetzt wurde, geriet die Assimilation der Juden immer mehr in eine Sackgasse. Weil es unmöglich war, als Jude ein normales Leben zu führen, wandelten sich die Juden in Parias oder Parvenus.

Diese beiden Wege führten zu einander gegenüberstehenden politischen und kulturellen Orientierungen: In der Zeit zwischen den Kriegen erforschte Walter Benjamin Fragmente messianischer Erlösungsvorstellungen und entdeckte hierbei Louis Auguste Blanqui, den Helden aller Revolutionen des 19. Jahrhunderts. Ernst Kantorowicz hingegen, der nach Vorläufern germanischer Größe suchte, pflegte das Gedenken Kaiser Friedrich II.; Franz Kafka wiederum blieb fasziniert von der Jiddischkeit, die unversehrt und nicht durch die Assimilation verdorben war, Walther Rathenau aber machte aus seiner Bewunderung für «die Schönheit Siegfrieds» und die «nordische Rasse» keinen Hehl.

Das Schicksal der jüdischen Parvenus mußte tragisch ausgehen. Sie hingen verzweifelt an einer Idee vom Deutschtum, die sich an der Aufklärung und Gestalten wie Lessing, Kant und Goethe orientierte und die vom Nationalsozialismus gänzlich zerstört wurde. Sie waren nicht in der Lage, die Katastrophe zu begreifen, die ihnen drohte, und blieben in den meisten Fällen angesichts der Judenverfolgungen passiv. Die, die nicht vernichtet wurden, zogen sich, für immer in ihrem Selbstverständnis und ihrer Identität verwundet, in ein Exil zurück, in dem Trauer und Schmerz auf sie warteten.

II. VON DER VERNICHTUNG ZUR ERINNERUNG

5

AUSCHWITZ
DIE GESCHICHTE UND DIE HISTORIKER

Man weiß, daß 1941, während der ersten Monate, in denen Hitler Krieg gegen die Sowjetunion führte, die jüdische Bevölkerung in der Ukraine, in Litauen und Polen sich oft weigerte, vor den deutschen Truppen zu fliehen. So wurden in weniger als einem Jahr eine Millionen Juden von den Einsatzgruppen ergriffen und umgebracht. Wie soll man diese Passivität angesichts einer nie dagewesenen Mordwelle erklären? Ein Grund liegt vermutlich in der traditionellen Meinung, Deutschland sei das Land der Emanzipation par excellence. Acht Jahre Naziregime hatten die Vorstellung von Deutschland als dem Land der Aufklärung, die seit dem Ende des 18. Jahrhunderts tief im Bewußtsein der Menschen verankert war, nicht ausgelöscht. Die späte Reaktion des Kollektivbewußtseins auf die Veränderungen in Politik und Geschichte unterstreicht einen der frappierendsten Widersprüche, durch die das Ende jener «jüdisch-deutschen Symbiose» gekennzeichnet ist, deren Entwicklung wir im ersten Teil dieses Buches nachzuzeichnen versucht haben: Das anhaltende Fortschreiten der Emanzipation und Assimilation wurde abrupt unterbochen wie eine aufsteigende Kurve, die plötzlich abfällt. In wenigen Jahren wurde aus Deutschland, dem Land, das die Emanzipation symbolisierte, ein Ort, an dem die systematische Ausrottung der Juden geplant und durchgeführt wurde. Die Geschichte des «Dialogs zwischen Juden und Deutschen» war ein langer Assimilationsprozeß, der sich über eineinhalb Jahrhunderte hinzog. Dieser lange Marsch wurde nach der Machtergreifung Hitlers im Jahr 1933 aufgehalten und in sein Gegenteil verkehrt. Innerhalb von vier Jahren wurde der Völkermord an den Juden vollbracht, zwischen 1941 und 1945 während des Zweiten Weltkriegs. Dieser kurze chronologische Hinweis verlangt vom Historiker einen radikalen Perspektivenwechsel: Die lange Dauer der Assimilation der Juden steht der kurzen Zeit ihrer Ausrottung entgegen. Nach dem Ende der «jüdisch-deutschen» Symbiose zu fragen, bedeutet, die Frage nach dem Stellenwert von Auschwitz in der Geschichte des 20. Jahrhunderts zu stellen.

DER VÖLKERMORD AN DEN JUDEN UND DEN ANDEREN Auschwitz rüttelt unser Gewissen wach und stellt grundlegend die Geschichte des Abendlandes in Frage. Die Erkenntnis, welche Bedeutung es für die Geschichte unseres Jahrhunderts hat, vollzog sich nicht in einem linearen Prozeß. Während des Krieges wußte man bereits um das große Massaker. Trotz der ununterbrochenen Flut von Informationen, die zu den Alliierten drangen, reagierten diese nicht, sondern flüchteten sich in ein Schweigen, das sowohl die Weigerung zum Ausdruck brachte, das Gehörte zu glauben, als auch den Willen, die Dinge zu verdunkeln.[1] Gleich nach dem Krieg zeigte sich die Tragödie in ihrem ganzen Ausmaß, und die Welt war schockiert. Bald jedoch – vor allem mit Beginn des Kalten Krieges – wurde die Traumatisierung durch eine Verdrängung des Geschehenen ersetzt. Die Überlebenden des Massakers kehrten in eine Welt zurück, die sie nicht verstehen konnte oder ihre Berichte mit völliger Teilnahmslosigkeit aufnahm. 1947 fand Primo Levi für sein Buch *Ist das ein Mensch?* nur einen kleinen Verlag, und die Resonanz des Publikums war sehr schwach. Man wollte vergessen, und tat genau das, was Isaac Schipper bereits in Majdanek geschrieben hatte: «Wer wird unseren Erzählungen glauben? Niemand wird uns glauben wollen, denn unser Fluch ist der Fluch der gesamten zivilisierten Menschheit. Wir haben die undankbare Aufgabe, einer Welt, die sich taub stellt, beweisen zu müssen, daß wir Abel, der ermordete Bruder, sind.»[2]

Mit der Gründung des Staates Israel, die als eine Art «Wiedergutmachung» für das dem jüdischen Volk während des Zweiten Weltkriegs zugefügte Unrecht betrachtet wurde, glaubten die Weltmächte, das Problem ihrer Mitverantwortung für den Völkermord gelöst zu haben. Die Schande war von ihnen genommen, der gezahlte Preis nicht zu hoch.

Und dennoch war seit Ende des Krieges deutlich geworden, daß die Vernichtung des europäischen Judentums nicht nur eine entsetzliche Tragödie für die gesamte Menschheit war, sondern ein neues und einzigartiges Phänomen darstellte, das es in der Geschichte vorher nie gegeben hatte. Es mußten neue Begriffe gefunden werden, um es zu erfassen. 1944 bildete Raphael Lemkin, ein in die USA emigrierter jüdisch-polnischer Jurist, den Begriff «Genozid» – gebildet aus dem griech. «genos», Volk, und dem lat. «caedes», Mord –, um einen systematischen und koordinierten Plan einer ganzen nationalen oder ethnischen Gruppe zu bezeichnen. Das Wort «Holocaust», das heute zumeist für den Völkermord an den Juden verwendet wird, entstand gegen Ende der fünfziger Jahre. Dieser Neologismus holt ein altes lateinisches, ursprünglich aus dem Griechischen stammendes Wort aus der Vergessenheit, «holocaustum», und bedeutet wörtlich: «was ganz und gar brennt». Bei den Juden bedeutete dieser Terminus ein Opfer für Gott, bei dem in einem kollektiven Ritual eine Opfergabe verbrannt wurde. In diesem inzwischen geläufigen Begriff steckt demnach eine religöse Vorstellung, die dem Genozid eine gewisse Sanktionierung verleiht. Sie ist daher für die Geschichtsschreibung ungeeignet. «Shoah» hingegen, ein hebräisches Wort, das «Vernichtung» bedeutet und dessen Gebrauch seit Claude Lanzmanns hervorragendem Film üblich geworden ist, scheint wesentlich adäquater, um die Einzigartigkeit der Ausrottung des europäischen Judentums zu bezeichnen. Wenn man von der Einzigartigkeit der Shoah spricht, soll keine Hierarchie unter den Opfern rassistischer Gewalt aufgebaut werden. Ein in Auschwitz ermordeter Jude ist von keiner besonderen Aura umgeben, die seinen Tod bedeutender oder betrauernswerter macht als den eines Schwarzen, der im Süden der USA vom Ku-Klux-Klan hingerichtet wird oder, den eines palästinensichen Kindes, das heute im Gaza-Streifen oder im Westjordanland Opfer israelischer Kugeln wird. Amerika mit seinen Schwarzen-Ghettos ist dennoch nicht das Dritte Reich, und der Staat Israel hat niemals den Plan gefaßt, die Palästinenser auszurotten.

Die «Endlösung» erscheint uns heute als der Höhepunkt einer ununterbrochenen Kette von Gewalttaten, Ungerechtigkeiten und Morden, die mit der Entwicklung der westlichen Welt einhergehen, und zugleich als ein einmaliger, mit nichts zu vergleichender Bruch innerhalb der Geschichte. Dies heißt, daß die Einzigartigkeit von Auschwitz nur in einem komparativen Verfahren wahrgenommen und analysiert werden kann, das in der Lage ist, es in einen größeren Kontext von Verbrechen und rassistischen Gewalttaten einzuordnen. Sie darf nicht zum Vorwand für ein judeozentrisches Geschichtsverständnis werden und auch nicht einen «Erinnerungskult» begründen, der nur für das jüdische Volk bestimmt ist und dazu führt, den Völkermord zu enthistorisieren, zu sakralisieren, zu einem Mythos zu machen und ihn so der Erinnerung und dem kritischen Bewußtsein der gesamten Gesellschaft zu entziehen.[3]

Zunächst muß ein Mißverständnis ausgeräumt werden. Die Besonderheit der Shoah besteht nicht in ihrem Ausmaß, obwohl der Verlust, der dem jüdischen Volk zugefügt wurde, immens ist. Sie beruht auch nicht allein darauf, daß sie auf industrielle Art und Weise und mit moderner Technik durchgeführt wurde. Die Einzigartigkeit der Shoah ist qualitativer Art: Zum ersten Mal in der Geschichte wurde versucht, eine Gruppe von Menschen aus «rassenbiologischen» Gründen zu vernichten. Auschwitz war nicht der erste und auch nicht der letzte Genozid in der Geschichte der Menschheit – man braucht nur an das Massaker zu denken, das während des Ersten Weltkriegs an den Armeniern in der Türkei angerichtet wurde, und an den Völkermord an den Sinti und Roma, der parallel zur «Endlösung» der Judenfrage in Europa stattfand, oder auch an die Ethnozide, die mit der spanischen Eroberung der Neuen Welt einhergingen –, dennoch bedeutet Auschwitz einen Wendepunkt und einen Bruch in dieser Kette von Gewalttaten. Die Ausrottung diente keinerlei sozialem, ökonomischem oder politischem Zweck, sie diente nur einem Ziel, der Vernichtung der «jüdischen Rasse». Zwischen den beiden Weltkriegen lebten in Europa etwa neuneinhalb Millionen Juden. Die Nazis brachten fünf bis sechs Millionen um. Mehreren hunderttausend gelang es, Europa zu verlassen, bevor der Krieg ausbrach, oder zwischen 1939 und 1941 in die UdSSR zu fliehen. Das genauestens geplante und industriell durchgeführte Massaker ließ in den meisten im Dritten Reich besetzten Territorien nur eine geringe Zahl Juden am Leben. Wenn man diese Zahl mit den anderen Opfern dieses Jahrhunderts addiert, so kommt man leicht auf hundert Millionen Menschen, die durch Kriege, politische und rassische Verfolgung und andere Völkermorde umkamen. Die Zwangskollektivierung auf dem Land in der Sowjetunion, die Stalin 1928 beschloß, kostete zehn Millionen Menschen das Leben, darunter fünf Millionen ukrainische Bauern. 1915 fielen dem Genozid an den Armeniern im Ottomanischen Reich eineinhalb Millionen von zwei Millionen zum Opfer. Verläßt man Europa, braucht man nur an Kambodscha zu denken, wo das Pol-Pot-Regime die Bevölkerung um eine Million Menschen verringerte. Mehrere Jahrhunderte vorher, während der Renaissance, versuchte die moderne westliche Zivilisation zum ersten Mal, eine Völkermordpolitik zu betreiben und zwar in der Neuen Welt mit der Conquista. Wahrscheinlich wurden bei diesen Vernichtungen die meisten Menschen umgebracht. Die Zahlen der Opfer der Massaker sind beeindruckend. Die Azteken, Inkas und Mayas zählten über fünfzig Millionen, als die Conquistadores ihren Kontinent betraten. Hundertfünfzig Jahre später waren es nur noch dreieinhalb Millionen.

Zu Beginn des vorigen Jahrhunderts wurde in den Vereinigten Staaten der Westen um den Preis des Völkermords an Indianerstämmen erobert. Die von Frederick Jackson Turner als Grundlage der amerikanischen Demokratie gefeierte Besiedlung wurde aus der Asche der Ausrottung von Menschen geboren. Dieses Mal wurde das Verbrechen nicht verheimlicht, sondern apologetisch in Western-Filmen als glorreiches Kapitel der amerikanischer Geschichte verherrlicht.

Aber die Völkermorde und Massaker, die wir erwähnt haben, waren ganz anderer Art als die Shoah. Grund für die Massaker an den Indianern in den USA war das Bestreben, sich ihr Land anzueignen; die Fremdenfeindlichkeit der angelsächsischen Protestanten und der Rassismus gegenüber den Indianern waren nur eine Folge der gewaltsamen und mörderischen Aneignung von Territorium, aber nicht ihre Ursache. Eigentliches Ziel der Conquistadores war nicht die Ausrottung von Indianern, sondern die Besiedelung eines Kontinents. Die Zerstörung kollektiver Produktionsformen von Ureinwohnern, die Plünderung von Bodenschätzen und die Einführung des kolonialen Wirtschaftssystems in den spanischen Besitzungen war Ausgangspunkt des kapitalistischen Akkumulationsprozesses in Europa. Die Indianer, die erschossen oder Opfer von Krankheiten wurden, die es bei ihnen früher nicht gegeben hatte, waren die ersten außereuropäischen Opfer der westlichen Zivilisation. Ihr ethnisches und kulturelles Anderssein begünstigte und rechtfertigte ihre Vernichtung in den Augen der Kolonisatoren, war jedoch nicht der Grund für das Massaker, das an ihnen verübt wurde.

In der islamischen Türkei waren die christlichen Armenier eine besonders verletzliche Minderheit und wurden zum Sündenbock für die Widersprüche eines dem Untergang nahen Reiches. Ihre Vernichtung fiel mit bestimmten sozioökonomischen und politischen Interessen zusammen: Durch ihre Vernichtung wollte sich das Regime der Jungtürken von einer nationalen Minorität befreien, die dank ihrer wirtschaftlichen Dynamik an den achaischen und damit zerbrechlichen Grundlagen des Ottomanischen Reiches rüttelte.[4]

Die Zwangskollektivierung und «Entkulakisierung» auf dem Land im Sowjetreich der dreißiger Jahren war die Folge einer falschen Wirtschaftspolitik, die sicher auch die Verachtung der Stalinschen Bürokratie gegenüber den zur Sowjetunion gehörenden nichtrussischen Völkern zum Ausdruck brachte (die weitgehend bäuerlich waren), aber sie war nicht die Durchsetzung einer von einer «slawischen Rasse» geplanten biologischen und rassischen «Säuberung» (die ersten Opfer der Kollektivierung, die ukrainischen Bauern, waren auch Slawen).[5] Das Massaker an einer Million Menschen in Kambodscha war die Folge von drei Jahren Herrschaft der Roten Khmer, eine Bewegung, die einen wilden Nationalismus mit einem stalinistischen autoritären Regime verband und die durch dreißig Jahre Kolonialkrieg besonders radikal war. Die Evakuierung von Phnom Penh, die Abschaffung von

Marktwirtschaft und Geld, die Militarisierung der Wirtschaft und die Zwangszerstreuung der gesamten kambodschanischen Bevölkerung im Namen eines agrarischen und bürokratischen «Kommunismus»: all dies bedeutet radikalen Stalinismus in einem rückständigen Land, das schon durch die Kolonialkriege stark zerrüttet war; es handelt sich jedoch um ein völlig anderes historisches Phänomen als den Judenmord. Die Verbrechen des Stalinismus dürfen keinesfalls unterschätzt werden, aber sie waren von anderer Art als die Nazi-Verbrechen. Wie jedes andere historische Phänomen hat jeder Völkermord, jedes Massaker seine Besonderheiten. Sie dürfen nicht vergessen, können nicht vergeben, dürfen jedoch nicht alle auf einen Nenner gebracht werden (wie es gelegentlich in der historischen Forschung geschieht, indem man «universelle» Kategorien anwendet, die höchst ideologisch und sehr wenig brauchbar sind, wie etwa den Begriff des «Totalitarismus»).

Einer der markanten Züge der Shoah besteht in ihrer Modernität. Zum erstenmal in der Geschichte wurde ein komplexes Regierungs-, Verwaltungs- und Industriesystem zur «rationellen» und genau geplanten Ausrottung eines Volkes eingesetzt. In dieser Hinsicht besteht ein immenser Unterschied zwischen Auschwitz und den blutigen Pogromen im Zarenreich, welche die jüdische Bevölkerung zwangen, massenhaft nach Westeuropa und in die Vereinigten Staaten zu fliehen. Ein tiefer Graben liegt auch zwischen Auschwitz und dem Völkermord an den Armeniern, ein Pogrom, das das Regime der Jungtürken vorbereitet hatte (die armenische Bevölkerung wurde zunächst deportiert und dann umgebracht), aber man wandte hierbei verglichen mit den Todeslagern der Nazis gänzlich primitive Methoden an.

Die Modernität von Auschwitz und Treblinka wurde vermutlich von der auf Hiroshima abgeworfenen Atombombe (130 000 starben sofort, und Tausende in den Jahren danach) oder dem Vietnamkrieg noch übertroffen. Zwischen 1964 und 1973 warfen die Vereinigten Staaten 7,5 Millionen Tonnen Bomben (darunter auch Napalm-Bomben) und sprühten 86 Millionen Liter Herbizide und Entlaubungsgifte auf Vietnam, im ganzen dreimal mehr als die Ladungen der Bomben, die im Zweiten Weltkrieg abgeworfen wurden. Allein in Laos, einem kleinen Land von vier Millionen Einwohnern, wurden drei Millionen Tonnen abgeworfen. Der Kolonialkrieg der Vereinigten Staaten hat unter der vietnamesischen Zivilbevölkerung 1 bis 1,7 Millionen Menschen vernichtet.[6] Diese Zahlen genügen, um zu zeigen, daß es sich hier um eine Politik handelte, die dem Völkermord nahekam. Aber Vietnam war nicht Auschwitz. Allerdings hat die amerikanische Armee mehrere Vernichtungsaktionen unternommen, die die Grenzen eines Krieges überschritten. In My Lai verhielten sich die Marines wie die deutschen Einsatzgruppem in der UdSSR im Jahr 1941. Aber ein grundlegender Unterschied besteht darin, daß in My Lai kein Völkermord stattfand, den man vorher im Pentagon geplant hatte. Die Massaker an der vietnamesischen Zivilbevölkerung stießen in der Öffentlichkeit der USA auf Entrüstung und führten zu einer riesigen Kampagne gegen den Krieg. Kann man sich eine Massenbewegung gegen den Völkermord an den Juden in Berlin in den Jahren 1942 bis 1944 vorstellen?

Ein letzter Vergleich soll folgen, der zwischen der Shoah und einem anderen Völkermord, der zur selben Zeit durchgeführt wurde wie die Shoah und an denselben Orten, an denen die Juden Europas den Tod fanden: der Genozid an den Sinti und Roma (etwa 200 000 Opfer). Das Massaker an dieser ethnischen Minderheit wird oft vergessen, dabei war auch er die Durchführung einer anderen «Endlösung». Die Vernichtung dieser Gruppe orientierte sich in gewisser Weise am Genozid an den Juden. 1935 wurden die Zigeuner zur «fremden Rasse» erklärt und schließlich 1942 mit den Juden gleichgesetzt. Sie wurden als «asoziale Elemente» umgebracht und zwar von 1943 an, als das Gaskammersystem bereits errichtet war und der Mord an den Juden schon seit zwei Jahren vollzogen wurde. Das Mordsystem, das man entwickelt hatte, um die jüdische «Antirasse» auszumerzen, konnte nebenher dazu dienen, die Gesellschaft von einer «antisozialen» und «parasitären» Gruppe zu befreien. Die Geschichte des Völkermords an den Sinti und Roma ist noch nicht mit derselben Genauigkeit und demselbem Interesse untersucht worden wie die Shoah. Die Zahlen sind ungenau und divergieren von einer Schätzung zur anderen. Die Vermutungen reichen von mehreren Zehntausend bis zu einer halben Million Menschen. Nach den neuesten Zahlen, die vorliegen, wurden 6340 in den Gaskammern von Auschwitz getötet.[7] Bis zum Beginn des Krieges verfuhren die Nazis mit den Sinti und Roma vollkommen anders als mit den Juden. Nach Hitlers Machtergreifung wurden alle Errungenschaften der Judenemanzipation in Frage gestellt und schließlich zunichte gemacht (1935), die Sinti und Roma aber sollten «gebessert» werden, indem sie seßhaft wurden und ihren Lebensunterhalt verdienten. Sie sollten ihr Nomadentum aufgeben und die deutsche Sprache annehmen (eine Vorstellung, die in mehrfacher Hinsicht an die Gedanken der Aufklärung zur Emanzipation der Juden erinnert).

Die Homosexuellen galten als «asozial» ebenso wie die Sinti und Roma. Ihr Verbrechen bestand darin, daß sie eine grundlegende Pflicht jedes guten Deutschen nicht erfüllten: das Überleben der Rasse zu sichern. Bis 1934 wurde die Homosexualität innerhalb von Ernst Röhms SA toleriert. Nach der «Nacht der langen Messer» begann das Nazi-Regime, das Vorurteil gegen Homosexuelle zu «biologisieren». Es wurden Gesetze erlassen, die den bereits in der Weimarer Republik gültigen Paragraphen 175 noch verschärften. Allerdings wurden die Homosexuellen nicht umgebracht; während des Krieges wurden sie zwar in Konzentrationslager verschleppt (hier wurden sie besonders kategorisiert, wie an einem rosafarbenen Dreieck auf der Lageruniform zu erkennen war). Sie fielen jedoch keiner Vernichtungspolitk zum Opfer.[8]

Auschwitz ging eine andere Form methodischer und geplanter Vernichtung voraus, die im Namen der Reinheit der «arischen Rasse» vollzogen wurde. Die Vernichtung von Behinderten und Geisteskranken, als «lebensunwertes Leben» disqualifiziert, wurde 1939 von Hitler beschlossen und von Januar 1940 bis August 1941 durchgeführt.[9] Auch hier bediente man sich bereits eines Vergasungsverfahrens. Dieser Zeitraum reichte aus, um mindestens 70 000 Menschen umzubringen. Im Unterschied zum Völkermord an den Juden jedoch wurden diese Massaker beendet, weil sich in der deutschen Öffentlichkeit Protest erhob, namentlich von seiten der evangelischen und katholischen Kirche. Dies beweist, daß die

Ausrottung der Juden hätte verhindert oder aufgehalten werden können und daß der in die Tat umgesetzte Antisemitismus auch von den Christen mitgetragen wurde.

Die Shoah war nicht der erste und nicht der letzte Genozid in der Geschichte der Menschheit, und er war auch nicht das größte Massaker, wenn es um die Menge geht und auch nicht das einzige, bei dem moderne Technik verwendet wurde. Zwar wurde das europäische Judentum mit Zerstörungs- oder Tötungsinstrumenten umgebracht, über die eine ökonomisch hochentwickelte Industriegesellschaft verfügt, aber im Grunde sind Neuheit und Besonderheit des Völkermordes an den Juden anderswo zu finden. Die Shoah war der Siegeszug einer modernen und angeblich wissenschaftlichen Theorie, des biologischen Rassismus. Die Ausrottung der Juden hatte kein soziales, ökonomisches oder politisches Ziel, sondern wollte die «jüdische Rasse» ausmerzen und die Herrschaft der «arischen Rasse» durchsetzen. Auschwitz hat ein für allemal bewiesen, daß ökonomischer und industrieller Fortschritt zu einer menschlichen und sozialen Regression führen kann.

Dennoch scheint es einen Zusammenhang zwischen der Eroberung der Neuen Welt, die mittels der Zerstörung von Völkern, die dort lebten, und deren Kulturen vollzogen wurde, und der «Endlösung» der Judenfrage in Europa zu geben. Letztere war nur der Gipfelpunkt eines historischen Prozesses, der zu Beginn des 16. Jahrhunderts von Cortés eingeleitet wurde, als, wie J.M.G. Le Clézio schreibt, der Mensch zugleich die «Universalität der Gesetze und die Universalität der Gewalt entdeckte... die großzügigen Ideen des Humanismus und die gefährliche Überzeugung von der Ungleichheit der Rassen, die Relativität der Zivilisationen und die kulturelle Tyrannei».[10] Der rassische Antisemitismus, der gegen Ende des 19. Jahrhunderts in Europa entstand und von Hitler und Rosenberg im nationalsozialistischen Deutschland zur Staatsideologie gemacht wurde, wäre ohne eine lange Tradition der Unterdrückung, Beraubung und Beherrschung der Kolonialvölker und der Zerstörung ihrer kulturellen Eigenheiten nicht möglich gewesen. Die Shoah ist zugleich Endpunkt einer ununterbrochenen Kette von Gewalt und Ungerechtigkeit, in ihrer mörderischen Einzigartigkeit jedoch ein radikal neues

Phänomen. Sie scheint eben jener Allegorie des «Fortschritts» zu entsprechen, die von Walter Benjamin in der neunten seiner Thesen *Über den Begriff der Geschichte* beschrieben wurde. Sie erscheint als der Gipfel eines Berges aus den Trümmern und Leiden der Menschen, den der Engel der Geschichte, machtlos und voll Entsetzen zum Himmel wachsen sieht, ohne seinen Erlösungswunsch verwirklichen zu können.[11] Adorno hat die Dialektik von Kontinuität und Bruch mit der Vergangenheit erkannt, in die der Völkermord an den Juden einzuordnen ist: «Man kann nicht Auschwitz auf eine Apologie mit der Vernichtung der griechischen Stadtstaaten bringen, als bloß graduelle Zunahme des Grauens, der gegenüber man den eigenen Seelenfrieden bewahrt. Wohl aber fällt von der nie zuvor erfahrenen Marter und Erniedrigung der in Viehwagen Verschleppten das tödlich-grelle Licht noch auf die fernste Vergangenheit, in deren stumpfer und planloser Gewalt die wissentschaftlich ausgeheckte teleologisch bereits mitgesetzt war.»[12]

In kaum vier Jahren hat der Nationalsozialismus die Welt des Ostjudentums vernichtet: die Jiddischkeit, die nur noch auf den Bildern Chagalls, in den Romanen Isaac Bashevis Singers und auf den Photographien Roman Vishniacs existiert. In Mitteleuropa betrieb er seit 1933 die Zerstörung der jüdisch-deutschen Kultur, die in einem Jahrhundert der Emanzipation entstanden war. Auf die Bedeutung dieses riesigen Verlustes für die Menschheit weist Michael Löwy in einer ergreifenden Allegorie hin: «Diese jüdisch-deutsche Kultur..., die eine in ihrer Art einzigartige geistige Synthese hervorgebracht hat, die der Welt Heine und Marx, Freud und Kafka, Ernst Bloch und Walter Benjamin geschenkt hat, erscheint und heute als untergegangene Welt, ein von der Weltkarte weggewischter Kontinent, ein Atlantis, das mit seinen Schlössern, Tempeln und Baudenkmälern im Ozean versunken ist.»[13] Die verlassenen jüdischen Friedhöfe von Berlin, Prag, Wien oder Warschau erinnern uns an eine Welt, die es nicht mehr gibt, die aber noch vor sechzig Jahren existierte und Trägerin eines immensen menschlichen und kulturellen Reichtums war; eine Welt, die nicht langsam durch die unvermeidlichen Veränderungen einer Gesellschaft absorbiert, sondern vernichtet wurde, als sie in ihrer größten Blüte stand.

Die Shoah bedeutete eine gewaltsame und plötzliche Zerstörung, die man nur irrtümlich als Ergebnis eines unausweichlichen historischen Prozesses verstehen kann (den natürlichen Ausgang einer ewigen Judenfeindlichkeit). Es ist gewiß möglich, einen logischen Zusammenhang zwischen Auschwitz und tausend Jahren christlichem Antisemitismus zu sehen. Raul Hilberg hat diesen Prozeß in seiner Antwort zusammengefaßt, als Claude Lanzmann ihn befragte: «Seit dem 4., 5., 6. Jahrhundert hatten die christlichen Missionare zu den Juden gesagt: ‚Ihr dürft nicht mehr als Juden unter uns leben.' Daraufhin sagten die säkularen Herrscher nach dem Mittelalter: ‚Ihr dürft nicht mehr unter uns leben.' Und schließlich sagten die Nazis: ‚Ihr dürft nicht mehr leben.'»[14] Wie Hilberg selbst betont, waren die Nazis jedoch auch in der Lage, eigenes zu erfinden. Ihre antisemitischen Schriften und Gesetze hatten in der langen Tradition des christlichen Antisemititsmus ihre Vorläufer, aber Auschwitz war ein absolutes Novum. Um dorthin zu gelangen, war ein großer qualitativer Sprung notwendig.

Nichts bringt die Wirklichkeit des christlichen Antisemitismus besser zum Ausdruck als die Worte der polnischen Bauern, die Lanzmann in dem Film *Shoah* befragte, als sie aus der Kirche traten. Sie versicherten, die Juden seien ermordet worden, weil sie «Jesus zum Tod verurteilt» hätten.[15] Diese Worte zeugen von dem riesigen kulturellen und politischen Graben, der ihre Empfindungen und ihr Verhalten von dem «wissenschaftlichen» und «rationellen» Vernichtungsplan trennte, den die Nazis durchführten. Auschwitz stellt einen gewaltigen Bruch, einen so tiefen «Zivilisationsbruch»[16] dar, daß man, wie Günter Grass schrieb, «versucht ist, die Geschichte der Menschheit in ein Leben vor und nach Auschwitz einzuteilen.»[17]

Die Schnelligkeit, mit der der kollektive Mord an sechs Millionen Juden vollzogen wurde, wirft nicht nur das Problem der enormen Zerstörungskapazitäten der modernen Gesellschaft auf, sondern auch die Frage nach dem Sinn der Geschichte überhaupt. Die Shoah bedeutet einen tiefen Riß in unserem Jahrhundert, der in kürzester Zeit vollzogen wurde.

Dadurch wird eine Auffassung von Geschichte, die auf «langer Dauer» (Fernand Braudel) basiert, bei der ein Ereignis seinen Wert verliert und durch die tiefe soziale Dynamik jeder Epoche verschlungen wird, fragwürdig. Die lange Dauer ermöglicht einen Rückblick auf den Völkermord an den Juden (im vorliegenden Fall der lange Weg des Antisemitismus), aber den plötzlichen und irreversiblen Riß, den er bedeutet hat, kann man dadurch nicht erkennen.

DIE INTERPRETATIONEN DER «ENDLÖSUNG»

Wie konnte das geschehen? Die erste Reaktion auf das Ausmaß der Katastrophe ist das Eingeständnis von Ohnmacht und der Unfähigkeit zu begreifen. Nach Elie Wiesels Meinung etwa «kann man Auschwitz nicht erklären, weil der Holocaust unsere Geschichte transzendiert.»[18] Andere sahen darin ein suprahistorisches, absolut unfaßbares Phänomen, eine Art «Niemandsland des Verstehens»[19], und selbst ein marxistischer Historiker wie Isaac Deutscher zweifelte, ob «die Menschen auch in tausend Jahren Hitler, Auschwitz, Maidanek und Treblinka... besser verstehen werden als unsere Generation. Kann man von ihnen dann einen besseren historischen Überblick erwarten? Für die Nachwelt wird alles vielleicht sogar noch schwerer zu verstehen sein als für uns.»[20] Die Schwierigkeit rührt vor allem aus der seltsamen Verschmelzung von archaischen Elementen, Industriegesellschaft und romantisierender Mythologie, bürokratischer Rationalität und dem teutonischen Wahn, der sich im Nationalsozialismus und seiner antisemitischen Ideologie findet, ein Widerspruch, der sich nur schwer zusammenhängend erklären läßt.

Zuzugeben, daß man nicht in der Lage sei, Auschwitz zu begreifen, impliziert, daß man sich der Tragweite der jüdischen Tragödie bewußt ist, und zeugt von einer würdigeren Einstellung als alle fertigen Erklärungen – seien sie wirtschaftlich, soziologisch, politisch oder tiefenpsychologisch –, die im Lauf der Jahre in allen Lagern entstanden sind (bei Marxisten, Liberalen oder Konservativen). Auf keinen Fall darf man, wie Meinecke im Jahr 1946, den Nationalsozialismus als eine «dämonische» Kraft ansehen, die die natürliche

Entwicklung der deutschen Gesellschaft vom rechten Weg abgebracht hat.[21] Man muß vielmehr die Schwierigkeiten jeglichen Versuchs anerkennen, ein so komplexes und so wenig «normales» Phänomen wie den Nationalsozialismus historisch einzuordnen. Die Probleme, auf die Historiker stoßen, wenn sie die Shoah untersuchen, haben mit dem Widerspruch zu tun, auf den jeder Versuch einer rationalen Erklärung des Verbrechens stößt. Der Völkermord an den Juden ist Teil der Geschichte; wir können seinen Ablauf beschreiben und seine Ursachen ermitteln, aber er bleibt immer eine ungreifbare Schattenzone, der gegenüber wir ohnmächtig sind. Um in diese Schattenzone vorzudringen, genügt traditionelles historisches Denken nicht und führt auch nicht weiter. Es müßte durch eine andere Dimension erweitert werden, die Erinnerung, die nicht dazu da ist, ein Ereignis zu erklären, sondern als Zeugin darüber zu berichten. Man kann sich intensiv mit den Ergebnissen von vierzig Jahren historischer Forschung über die «Endlösung» beschäftigen, nie werden einen ihre Ergebnisse so treffen wie die Worte Simon Srebniks, des Kindes, das in Chelmno sang, oder Abraham Dombas, des Friseurs von Treblinka, oder Simha Rottems, dem Überlebenden des Warschauer Ghettos, die in dem im Film *Shoah* vorkommen.

Man hat sich angewöhnt, die Erforschung des Völkermords an den Juden in zwei Schulen einzuteilen, die im allgemeinen intentionalistisch oder funktionalistisch genannt werden.[22] Die erste ist sehr heterogen, so daß man Zweifel hat, sie Schule zu nennen, denn zu ihr gehören Wissenschaftler verschiedener Herkunft und unterschiedlicher ideologischer Orientierung. Das einzige gemeinsame Element ihrer Forschungen ist eine Vorgehensweise, die darin besteht, im Judenmord im wesentlichen die Durchführung und Vollendung eines auf Befehl Hitlers sytematisch vorbereiteten Plans zu sehen. Hierbei steht die Biographie Hitlers im Mittelpunkt, und es werden Passagen aus seinen Reden und Schriften zitiert, aus denen man den Schluß zieht, daß der Plan zur Ausrottung der Juden in den zwanziger Jahren von Hitler ausgearbeitet wurde. Abweichungen gibt es bezüglich des Datums, das manche auf 1919 festsetzen und andere auf das Ende der zwanziger

Jahre.[23] Eine typische Tendenz dieser Haltung besteht darin, Hitler eine zentrale Rolle im Nazisystem zuzuerkennen, manche halten Hitler für den einzigen wirklichen Machthaber. Für Andreas Hillgruber, der keinen zeitlichen Rahmen festlegt, trägt Hitler allein die Verantwortung für den Genozid an den Juden, und sein Antisemitismus wurde weder von der Masse noch von der Führungselite der Nazi-Bewegung geteilt. Bei dieser Sichtweise wird der Antisemitismus zu einer Spezialität Hitlers und hat nicht mehr viel mit den Deutschen zu tun.[24]

Im allgemeinen ist die intentionalistische Deutung des Genozids an den Juden von der Totalitarismus-Theorie beeinflußt, die in den fünfziger Jahren eine führende Rolle in der Politikwissenschaft und der Erforschung des Nationalsozialismus spielte. Wichtigster Vertreter dieser Denkrichtung ist innerhalb der Geschichtsforschung Karl D. Bracher. Er lehnt die Bezeichnung Faschismus für den Nationalsozialismus ab und klassifiziert diesen ebenso wie den Stalinismus als Totalitarismus unserer Zeit. Hierbei wendet er den Begriff geschickt an, denn er betont, daß es zwischen beiden Formen einen Unterschied gäbe, und vermeidet auf diese Weise eine Vermengung der beiden. Auf die schwierige Frage, wann die «Endlösung» vorbereitet, und wann Befehl zu ihrer Durchführung gegeben wurde, betont Bracher immer wieder die «blinde Fixiertheit» des Naziregimes «auf die Ideologie», die Hitler in den Krieg und schließlich zur Vernichtung der Juden in Europa getrieben hätte.[25] Alle intentionalistischen Historiker sehen die Shoah als Erfüllung eines Programms an, Bracher jedoch hat diesen Standpunkt auf der Basis einer genauen Analyse des Nazi-Systems entwickelt. Der nationalsozialistische Staat erscheint ihm als hierarchische und monolithische Struktur, die um ein Zentrum herum gebildet wurde, das der «Führer» repräsentiert. Er differenziert seine Analyse, indem er die inneren Konflikte zwischen den verschiedenen Institutionen des Staates einbezieht, die allerdings, so meint er, den Zentralismus, der für jeden totalitären Staat charakteristisch ist, nicht geschwächt haben.

Die funktionalistische Schule besteht aus deutschen Historikern, die zum größten Teil in den sechziger Jahren an die Universitäten kamen und weniger an Philosophie und Politikwissenschaft als an der Sozialgeschichte interessiert sind. Für sie stehen bei ihrer Arbeit nicht die Person Hitlers und sein antisemitischer Wahn im Vordergrund, sondern die komplexen Strukturen des Nazi-Apparats. Für Martin Broszat, den Autor von *Der Hitlerstaat*, war die Zentralisierung nur eine Formsache. Hinter dem allmächtigen Führer, der in erster Linie eine Symbolfigur war, verbarg sich ein Machtsystem, dessen zahlreiche Bestandteile dazu neigten, sich zu verselbständigen und sich nach und nach der Kontrolle des Hitler-Staats entzogen.[26] Der der Frankfurter Schule angehörende Politologe Franz Neumann hat in seinem 1942 erschienenen berühmten Buch *Behemoth* bereits ein theoretisches Modell entwickelt, in dem Hitlerdeutschland als ein in verschiedene Teile zerbrochener Staat dargestellt wird, der von zentrifugalen Bewegungen zerrrissen wird: der Armee, der Großindustrie, den verschiedenen Gauen und der SS.[27] Broszat hat dieses Modell mit dem Begriff «Polykratie» charakterisiert. Wenn das Nazi-System nicht nur vom Führer beherrscht wurde, sondern aus verschiedenen Machtbereichen bestand, die zueinander in Opposition standen, konnte der Völkermord an den Juden nicht Ergebnis einer zentralen Entscheidung sein. Wenn die Politik der Nazis Ergebnis eines Gleichgewichts der Kräfte innerhalb des Systems war, dann war der Völkermord nicht geplant worden, sondern war Folge einer Entscheidung, die gewissermaßen spontan fiel, als die deutsche Offensive in der Sowjetunion durch den Widerstand der Roten Armee gestoppt wurde. Plötzlich entstand in Polen eine chaotische Situation, bei der die Nazis weiterhin Juden zu Hunderttausenden deportierten, ohne sie unterbringen und vor allem ohne sie sich produktiv zunutze machen zu können. Die «Endlösung» wäre demnach durch jene unerwartete und besondere Koinzidenz entstanden. Hitler hätte nur eine spontan beschlossene Entscheidung legitimiert.[28] Diese Erklärung erscheint ziemlich fragwürdig, da die Vernichtung der Juden ja bereits im Sommer 1941 begonnen hatte, mit den enormen Massakern, die die Einsatzgruppen anrichteten und die keine zufälligen Aktionen waren. Auch wurde die Vernichtung im folgenden Jahr durch Errichtung der Todeslager fortgesetzt. Damals rechnete die Führungsschicht der Nazis noch nicht mit einer sowjetischen Gegenoffensive. Für Broszat war der Hitlersche Antisemitismus eines jener Elemente, die das Klima schafften, in dem der Genozid stattfand, aber er war nicht seine Hauptursache.

Hauptvertreter der funktionalistischen Interpretation der Shoah ist Hans Mommsen, für den der Holocaust nicht Ergebnis eines Plans war, sondern ganz und gar improvisiert wurde. In Anlehung an Broszats faßt er den Anstisemitismus der Nazis als metaphorisches und demagogisches Geschwätz auf. Hitler habe die Judenfrage unter Propagandagesichtspunkten betrachtet und den Kampf gegen das Judentum als «gleichsam metaphysische Kategorie» angesehen.[29] Um die «Endlösung» zu realisieren, mußte das Nazi-Reich einen äußert komplexen bürokratischen Apparat in Gang setzen, dem verschiedene Zweige der Polizei und der Armee angehörten, außerdem waren Transportunternehmen, Banken, Industrie, Diplomatie und die Verwaltung der besetzten Territorien beteiligt. Eine große Zahl Beamter, die an der Durchführung der Morde mitwirkten, handelten, so betont Mommsen, wie Teile eines riesigen anonymen und unüberschaubaren Systems. Walter Stier, ehemaliges Mitglied der NSDAP, und ehemaliger Direktor des Büros 33 der Reichsbahn, der die Deportationstransporte nach Auschwitz und Treblinka koordonierte, erklärt heute in aller Unschuld: «Ich habe nie einen Fuß nach Treblinka gesetzt. Ich blieb in Krakau, war an meinen Schreibtisch festgenagelt… Ich war ein reiner Bürokrat.»[30]

Problematisch ist Mommsens Behauptung, daß nicht nur die in der Vernichtungsmaschinerie tätigen Beamten, sondern auch Hitler selbst in gewissem Maß zur Politik des Völkermords beigetragen hat, ohne allerdings je einen entsprechenden Beschluß zu fassen. Er soll, als man ihn mit der Tatsache der Judenvernichtung konfrontierte wie «nicht anders als seine Unterführer» reagiert haben, sondern «…versuchte diese nicht wahrzunehmen oder zu verdrängen». Für Mommsen ist im Grunde die Shoah nicht Ergebnis eines Programms, sondern «ein zwingendes Resultat des Systems kumulativer Radikalisierung».[31] So ging der Judenvernichtung angeblich keine bewußte Entscheidung voraus, da Hitler sich darauf beschränkte, durch seine Autorität eine Politik zu decken und gutzuheißen, die Produkt eines polyzentrischen Systems war, das nach seiner eigenen Dynamik handelte und immer schwerer zu kontrollieren war. Demnach wäre der Völkermord an den Juden bei gleichzeitiger «kollektiver Verdrängung» des Verbrechens verübt worden, die für jede Form «politischen Irrationalismus» typisch sei.

Ein Hauptelement, auf das sich die funktionalistische Interpretation stützt, ist das Fehlen jeglichen formalen Befehls von seiten Hitlers oder irgendeines anderen Nazioberen, die Juden zu vernichten. Es gibt eine Reihe von Erklärungen Hitlers, in denen er ausdrücklich von «Vernichtung» der «jüdischen Rasse» spricht. Intentionalistisch orientierte Historiker heben immer wieder die Bedeutung der Rede vom 30. Januar 1939 hervor, in der Hitler erklärte, wenn das internationale Finanzjudentum innerhalb und außerhalb Europas die Völker noch einmal in einen Weltkrieg stürzte, wäre das Ergebnis kein weltweiter Bolschewismus, also ein Sieg des Judentums, sondern die Vernichtung der jüdischen Rasse in Europa.[32] Man kann diesen Satz, der heutzutage wie eine düstere Prophetie klingt, gar nicht wichtig genug nehmen. Andererseits durchziehen Drohungen und Beleidigungen dieser Art die gesamte Geschichte des deutschen Antisemitismus, und sie sind Teil einer Demagogie in Reden oder Schriften, die nicht direkt auf ein Vernichtungsprogramm abzielen. Die Verantwortlichen der «Endlösung» versuchten, diese unter möglichst großer Geheimhaltung durchzuführen. Der Mord wurde hinter einer vagen, kodierten, bürokratischen und anzüglichen Sprache getarnt, deren einziges Ziel die Verschleierung des Genozids war. Selbst in den Todeslagern wurden die Hinrichtungen noch «Sonderbehandlung» genannt, die Gaskammern «Spezialeinrichtungen». 1943 sagte Himmler zu den SS-Generälen, die Ausrottung der Juden müsse ein Ruhmesblatt der deutschen Geschichte sein, das niemals aufgeschrieben werde.[33] Die Anonymität ist ein weiteres markantes Merkmal der Shoah. Der Völkermord sollte ein Ereignis ohne Zeugen sein.

Die intentionalistische und funktionalistische Schule haben das Verdienst, die wahren Probleme anzusprechen. Sie begehen jedoch den Fehler, einseitig eine Aspekt des Problems zuungunsten des anderen zu verabsolutieren, was zu einer falschen Darstellung des historischen Prozesses führt. Die Intentionalisten sehen in der Hitlerschen Politik eine Folgerichtigkeit, die der Frage nach ihren Widersprüchen und der Bedeutung des mit dem Genozid zusammenhängenden materiellen Strukturen ausweichen. Auschwitz als Verwirklichung eines von Hitler seit den zwanziger Jahren erarbeiteten und organisierten Plans anzusehen, bedeutet, ihm eine Rolle als Demiurg zuzuschreiben, die wenig plausibel ist, da man die Shoah als historisches Phänomen nicht allein auf den Wahn und die Besessenheit eines einzelnen zurückführen kann. Hitler stand nicht allein im Deutschland der zwanziger Jahre, das vom Spartakusaufstand, der Münchner Räterepublik, dem Kapp-Putsch, den revanchistischen Aktivitäten der Reichswehr, der Besetzung der Ruhr und der schweren Inflation erschüttert wurde. Es gab Tausende von Nationalisten, die bereit waren, zu den Waffen zu greifen, um die «Judenrepublik», die aus der Niederlage entstanden war, niederzuschlagen. Mehrere hundert Demagogen waren bereit, hierbei eine führende Rolle zu spielen. Der rassistische Wahn kann nicht alleinige Ursache der Vernichtung von sechs Millionen Menschen sein. Es sind auch materielle Strukturen notwendig (einen Staat) und soziale Gegebenheiten, die die Durchführung eines solchen Mordunternehmens begünstigen. Die tiefe Krise der deutschen Gesellschaft, durch welche die NSDAP an die Macht kam, und der Krieg waren Ursache dafür, daß der Antisemitismus der Nazis zum Völkermord wurde.

Im allgemeinen widmen die Intentionalisten der zentralen Bedeutung des Antisemitismus in der nationalsozialistischen Bewegung und Hitlers Biographie mehr Aufmerksamkeit als dem konkreten politischen Vorgehen gegenüber den Juden. Tatsächlich gab es drei Wellen des Antisemitismus, die Deutschland 1933 und zu Beginn des Krieges erfaßten, die ersten diskriminierenden Maßnahmen im April 1933, die Nürnberger Gesetze von 1935 und schließlich die Reichspogromnacht vom November 1938. Sie alle zielten in erster Linie darauf ab, die Juden aus dem Dritten Reich zu vertreiben. Die jüdische Bevölkerung verminderte sich zwischen

1933 und 1939 um die Hälfte (von 500 000 auf 230 000 Menschen). Die Pogrome, die nach dem «Anschluß» in Wien stattfanden, hatten dasselbe Ziel und vertrieben etwa 200 000 Juden aus dem nun zum Deutschen Reich gehörenden österreichischen Teil. Jene Innenpolitik, die die Juden durch Terror zu verjagen suchte, arbeitete zunächst taktisch mit der zionistischen Bewegung zusammen (aus verschiedenen Gründen hatten Nazis und Zionisten ein gemeinsames Interesse daran, daß die Juden Deutschland verließen), später faßte sie dann den Plan, die Juden nach Madagaskar zu schaffen und auf der afrikanischen Insel ein riesiges Ghetto zu errichten. Dies steht im Widerspruch zu einem bereits bestehenden Plan, das jüdische Volk auszurotten. Die intentionale Methode nivelliert die Brüche in der Entwicklung, die zur «Endlösung» führte, vor allem den durch den Krieg entstandenen Bruch, der dem Antisemitismus der Nazis eine neue Dimension verlieh und sein Umschlagen in Mord bewirkte.

Dennoch enthält die intentionalistische Deutung einen wahren Kern, denn es ist nicht zu leugnen, daß ohne die zentrale Rolle des Antisemitismus in der nationalsozialistischen Weltanschauung der Genozid an den Juden nicht zu erklären wäre. Man muß dies betonen, denn an diesem Punkt liegt eine der Hauptschwächen der funktionalistischen Methode. Beharrlich zu leugnen, daß dem Völkermord ein Plan vorausging, kann nur dazu führen, daß man den Nationalsozialismus und seine Verbrechen relativiert (was keineswegs einen Vorwurf des «Revisionismus» an die funktionalistischen Historiker bedeutet).[34]

Broszat und Mommsen haben ein Interpretationsmodell entwickelt, das den Beginn des Völkermords unter dem Vorwand, es gebe keinen schriftlichen Befehl Hitlers, die «Endlösung» in die Tat umzusetzen, auf die Zeit der Errichtung der Vernichtungslager datiert, und damit die Erforschung der ersten Phase der «Endlösung», die im Sommer 1941 während des Überfalls auf die Sowjetunion stattfand, ausklammert. Zwischen dem Sommer 1941 und dem Frühjahr 1942 brachten die Einsatzgruppen fast eine Million Juden in den durch die Wehrmacht besetzten Gebieten um. Dieser Massenmord hatte nichts mit den im Zarenreich üblichen Judenpogromen gemein. Die Spezialeinheiten der SS plünderten nicht die jüdischen Schtetlakhs der Ukraine und Litauens, vergewaltigten auch nicht jüdische Frauen (dies war für «Arier» ein Kapitalverbechen), und sie versuchten auch nicht, ihre Opfer zu terrorisieren. Sie gingen methodisch vor, mit bürokratischen und militärischen Mitteln, auf ganz rationelle Art, und schafften es auf diese Weise, pro Monat 100 000 Juden umzubringen. Die Schaffung der Vernichtungslager war nur noch ein qualitativer Sprung innerhalb eines Prozesses, der bereits zu Beginn des Einmarsches in die UdSSR in Gang gesetzt worden war.

Die Auffassung, der Genozid sei improvisiert worden und hätte nur auf zufällige und nicht vorhersehbare Gegebenheiten reagiert, erklärt nicht den Eifer, mit dem die Nazis bei den Deportationen aller Juden, die in den von der deutschen Armee besetzten Territorien lebten, in die Todeslager agierten (und erklärt zum Beispiel auch nicht den Aufwand an wirtschaftlichen, diplomatischen und militärischen Maßnahmen, die 1944 ergriffen wurden, um die ungarischen Juden zu deportieren und umzubringen).

Die eigentliche Schwäche der funktionalen Interpretation liegt darin, daß sie unterschätzt, in welche hohem Maß die Geschichte des Antisemitismus (nämlich die lange Tradition der Ablehnung der Juden durch die Christen und vor allem sechzig Jahre modernen Antisemitismus, der immer rassistischer wurde) zu der Entscheidung beitrug, die «Endlösung» durchzuführen. Es wäre zu einfach, die Ursachen der Shoah auf die Geschichte des Antisemitismus in Deutschland zu reduzieren, aber es ist sicher, daß dieser eine unerläßliche historische Voraussetzung war und kein Randphänomen.

Andererseits ist eine Kritik an der monolithischen Sicht des Hitlerstaates eine unabdingbare Voraussetzung, um die Widersprüche, die den Verlauf der «Endlösung» kennzeichnen, zu begreifen. Es ist vermutlich falsch, die Existenz eines Plans und eines Beschlusses zur Ausrottung der Juden zu leugnen, aber dieser Plan und dieser Beschluß, die während des Krieges entstanden, wurden nicht ohne eine Menge Widerstände umgesetzt (es gab verschiedene Gründe, die im allgemeinen nicht humanitärer Art waren) und auch nicht ohne eine Experimentierphase, bevor der Massenmord in den

Todeslagern seinen Höhepunkt erreichte (zunächst die Gemetzel der Einsatztruppen, danach die mobilen Gaskammern und schließlich die Vernichtungslager). In diesem Sinn war die Shoah ein längerer Prozeß. Daß die Vernichtungslager der Kontrolle des Wirtschaftsverwaltungshauptamts (WVHA) der SS unterstellt waren, das Oswald Pohl leitete, zeugt davon, daß zunächst in gewisser Weise herumexperimentiert wurde. Die Vernichtungslager waren aus den Gaskammern und den Konzentrationslagern entstanden, die es vorher bereits gegeben hatte. In diesen beiden Einrichtungen kommt ein tiefer Widerspruch zum Ausdruck: zwischen dem Bestreben, die jüdische Arbeitskraft für die Kriegswirtschaft auszubeuten, einerseits und dem Willen, alle Juden ohne Unterschied umzubringen, andererseits. Schließlich setzte sich letzteres durch, was aber nicht von Anfang an klar war. Das «Reichsministerium für die besetzten Ostgebiete» mußte mehrfach erklären, daß «wirtschaftliche Erwägungen bei der Lösung der Judenfrage nicht in Betracht gezogen werden dürfen.» Dieser Widerspruch kennzeichnete sogar noch das Programm für die «Endlösung», das auf der Wannsee-Konferenz im Januar 1942 beschlossen wurde. Im Grunde vollzog sich der Genozid immer im Rahmen dieser Spannung zwischen einem totalen Vernichtungswillen und der Notwendigkeit, die Arbeitskraft der Juden für die Produktion zu nutzen.

Es zeigt sich, daß die Kritik an der funktionalistischen und intentionalistischen Interpretationsweise beide nicht ausschließt. Es geht vielmehr darum, die Beiträge beider Richtungen miteinander in Einklang zu bringen, um eine Synthese herzustellen, die ihre Gegensätze aufhebt. Das Buch von Raul Hilberg, *Die Vernichtung der Juden in Europa,* bleibt weitgehend frei von den Fehlern, die wir in groben Zügen nachgezeichnet haben. Im ersten Kapitel scheint er eine radikal intentionalistische Position einzunehmen, nach der die Shoah mehr oder weniger ausdrücklich als logischer Endpunkt von eineinhalb Jahrhunderten Judenverfolgungen dargestellt wird. Hilberg scheint den Völkermord an den Juden als unvermeidlichen Prozeß anzusehen, dessen verschiedenen Stadien sich in einer linearen Abfolge vollziehen und ständig an Stärke zunehmen. Er unterscheidet vier Phasen der nationalsozialisti-

schen Politik gegenüber den Juden: Zunächst mußte durch
eine genaue, streng wissenschaftliche Gesetzgebung festge-
legt werden, was Juden sind; danach gingen die Nazis zur
Enteignung der Leute über, die sie zur Antirasse des «Untermenschen» erklärt hatten; in einer dritten Phase wurden sie
deportiert und in den osteuropäischen Ländern in Ghettos
konzentriert. In der letzten Etappe wurde ihre Vernichtung,
die «Endlösung» in die Tat umgesetzt. Innerhalb der Phase
der Vernichtung unterscheidet Hilberg erneut zwei Abschnitte: den der «mobilen Tötungen», die zwischen Sommer 1941
und Frühjahr 1942 von den Einsatzgruppen durchgeführt wurden, und den der «Tötungszentren», die danach eingerichtet
wurden und bis Anfang des Jahres 1945 existierten. Die teuf-
lische Rationalität, die hier am Werk war, ließ sich erst im
nachhinein erkennen und richtete sich nicht nach einem vorher festgelegten Plan. Ohne die ersten drei Phasen wäre das
mit modernsten Methoden durchgeführte Massaker nicht
möglich gewesen; um dorthin zu gelangen, war ein qualitativer Sprung notwendig, eine Zuspitzung des Antisemitismus,
die den Übergang von der Vertreibungspolitik zur Politik der
Ausrottung bewirkte.

In den folgenden Kapiteln geht Hilberg den funktionalistischen Weg und behandelt ausführlich die hochkomplexen
Strukturen des Völkermords. Der Vernichtungsprozeß erfor-
derte das koordinierte Handeln von vier Gruppen: der Partei,
der Armee, der Wirtschaft und des Staatsapparats. Die mit der
politischen Umsetzung des Antisemitimus betrauten Regie-
rungsorgane betrieben eine Politik der Diskriminierung, die
durch Gesetze ermöglicht wurde, dann änderten sie ihre Haltung entscheidend, und gingen zur Ausrottung der Juden über,
welche durch einen nicht schriftlichen Befehl entschieden
wurde. Hilberg hat in langer und intensiver Forschung das
Verbrechen bis ins kleinste Detail dargestellt. Er beschreibt
die einzelnen Schritte, nennt die Verantwortlichen, unterscheidet die einzelnen Etappen voneinander und entschleiert
ihre Dynamik.

Arno J.Mayers kürzlich erschiene Arbeit *Die «Endlösung»
in der Geschichte*[35] ist zugleich Geschichte und Analyse der
Ursachen von Auschwitz. Was die Dokumentation betrifft, ist

das Werk mit dem Hilbergs nicht zu vergleichen, aber Mayer nähert sich dem Problem in größerem historischem Zusammenhang. Der Genozid wird dort nicht mehr wie ein isoliertes Phänomen im Reagenzglas untersucht, sondern in seinem historischen Kontext, dem Krieg. Mayer betont den zentralen Stellenwert des Antisemitismus innerhalb der Weltanschauung der Nationalsozialisten, macht jedoch nicht den Fehler, diese einfach mit ihm gleichzusetzen. Die Ideologie der Nazis war synkretistisch, es gehörten die verschiedensten Rituale und Symbole dazu, die in geschriebenen Texten eine große Rolle spielen, und außer dem Antisemitismus gehörten noch Elemente des Irrationalismus, der Bevölkerungspolitik (Expansion nach Osten), Sozialdarwinismus und Antimarxismus dazu. Alle diese Elemente trugen dazu bei, während des Krieges die Politik der Nazis zu radikalisieren, bis sie in Auschwitz ihren Höhepunkt fand. Der «totale Krieg» gegen die UdSSR ermöglichte es, diese verschiedenen Elemente in einem einzigen Prozeß miteinander zu verschmelzen. Der Kampf um den «Lebensraum», die Zerstörung des jüdischen Bolschewismus und die Ausrottung der Juden waren voneinander nicht mehr zu trennen. Zu Beginn des Jahres 1941 hatte Hitler den Plan, die Juden nach Madagaskar zu deportieren, noch nicht aufgegeben; die Wannsee-Konferenz vom Januar 1942, auf der ohne Beisein Hitlers die von Heydrich geplante «Endlösung» beschlossen wurde, plante zwar die Vernichtung aller Juden, es blieben aber zahlreiche Widersprüche bestehen (wie der oben bereits erwähnte, bei dem sich Ausbeutung der Arbeitskraft und Vernichtung gegenüberstanden). Wenn zu Beginn des Krieges das Naziregime bemüht war, Deutschland durch die Emigration «judenrein» zu machen, so stand das Dritte Reich dank der zwischen 1939 und 1942 gemachten Eroberungen einer jüdischen Bevölkerung von mehreren Millionen Menschen gegenüber, die vor allem im Osten lebte. Gerade im Osten veränderte sich der Krieg und wurde zum «totalen Krieg». Es ging nicht mehr darum, Belgien oder Frankreich zu besiegen, sondern darum, die Sowjetunion zu zerstören, um «Lebensraum» für die «arische Rasse» zu gewinnen, in einem Kampf um Leben und Tod gegen den «jüdischen Bolschewismus». Die sogenannte Operation Bar-

barossa hatte schließlich die Dimension eines «laizistischen Kreuzzugs» der Moderne, einer Art säkularisierten heiligen Krieges gegen den Sowjetkommunismus, der Inkarnation jüdischen Geistes. «‚Die Endlösung'», schreibt Arno J. Mayer, «reifte und wurde ausgeführt im Rahmen des verfehlten Kreuzzugs gegen die Sowjetunion und den ‚jüdischen Bolschewismus', die in Osteuropa die Bedingungen für die extreme Grausamkeit und die Zerstörung schufen, ohne die der Judenmord nie hätte geplant und durchgeführt werden können.»[36]

Den Forschungen Raul Hilbergs verdanken wir eine genaue Darstellung der inneren Dynamik, der verschiedenen Stufen, auf denen der Nationalsozialismus so weit gelangte, daß er die «Endlösung» plante und in die Tat umsetzte. Arno J. Mayer hat die historischen Voraussetzungen, die dieses Fortschreiten und diese Dynamik bedingten, deutlich gemacht. Bei ihm finden sich die notwendigen Elemente für eine globale Interpretation des Judenmords, die sowohl die Geschichte des Antisemitismus als auch die Bedeutung der Ideologie und der Mentalität der Menschen sowie die Entwicklung der Naziherrschaft mit ihren zahlreichen, manchmal einander widersprechenden Machtzentren erklären kann. Sie ist außerdem in der Lage, das Zusammenspiel dieser verschiedenen Faktoren im Rahmen des Zweiten Weltkriegs zu erklären, insbesondere des Angriffs auf die Sowjetunion von 1941, der eine Radikalisierung des Antisemitismus zur Folge hatte (schließlich war dieser Krieg Kampf gegen den «jüdischen Bolschewismus» und Eroberung des «Lebensraums») und ihn schließlich mit dem riesigen Zerstörungspotential, das bereits in Gang gesetzt war, in die Tat umzusetzen. Es sind bei Mayer alle Elemente vorhanden, die eine Synthese zwischen den «Absichten» und den «Strukturen»[37] ermöglichen, ohne daß man in die Falle zweier einander wiedersprechender Interpretationen geraten muß, die außerdem die Probleme vereinfachen und Gefahr laufen, die Naziverbrechen zu relativieren, entweder, indem sie diese allein Hitler zuschreiben, oder indem sie sie als Ergebnis eines anonymen Prozesses ansehen, einer blinden Lokomotive ohne Lokführer. Es wäre auch verkürzt und letzten Endes falsch, die Shoah mit einer teleologischen Vision der Geschichte zu erklären und darin eine tragische Auswir-

kung des Zufalls zu sehen. Die Shoah war das Ergebnis eines
Plans zur Ausrottung der Juden, der allerdings unter außerge-
wöhnlichen Bedingungen ausgeführt wurde – dem Krieg,
ohne die er einfach nicht durchführbar gewesen wäre.

DIE APORIEN DES MARXISMUS

In einem Brief an Walter Benjamin vom 13. April 1933
bezeichnete Gershom Scholem die Machtergreifung der Nazis
in Deutschland als «Katastrophe durchaus von welthistori-
schem Ausmaß», durch die er zum erstenmal die Vertreibung
der spanischen Juden im Jahr 1492 «vielleicht verstehen lernen» konnte: «Das Riesenausmaß des Zusammenbruchs der
kommunistischen und sozialistischen Bewegungen tritt für
unsere Augen zwar immer noch in unheimlicher Weise hervor, aber der des deutschen Judentums kann sich daneben
wahrlich sehen lassen.»[38] Diese Wort schrieb ein Historiker
der Kabbala in Palästina, der Deutschland seit fast zehn Jahren verlassen hatte, und diese Worte erscheinen uns heute
klarsichtiger als alle marxistischen Analysen der Zeit.

1933 begriffen nur sehr wenige, daß Hitlers Machtergreifung das Ende des Judentums in Deutschland zur Folge haben
würde. Die Juden waren, wie Scholem in demselben Brief bitter vermerkte, ohnmächtig und klammerten sich weiter verzweifelt an eine nationale Identität, die in einem Jahrhundert
Assimilation mühsam gezimmert worden war. Bald sollten
die Gesetze der Nationalsozialisten alle Errungenschaften der
Emanzipation vom Tisch wischen. Die Zehntausende von
Juden, die Deutschland verließen, waren in der Mehrzahl
Intellektuelle oder engagierte Linke, Sozialisten oder Kommunisten, deren Judentum ihre Lage noch gefährlicher und
heikler machte. Die offiziellen Institutionen der jüdischen
Gemeinschaft, insbesondere der Zentralverein, suchten nach
einer Koexistenz und bemühten sich um Anpassung an das
neue Regime.

Die Arbeiterbewegung erwies sich kaum besser gegen die
Katastrophe gewappnet. Auf die Warnungen Trotzkis, der
bereits gegen Ende der zwanziger Jahren in Deutschland den
Faschismus heraufziehen sah, hörte niemand. KPD und SPD

wurden aufgelöst, ohne wirklich Widerstand zu leisten. Sie hatten sich bereits unfähig gezeigt, den Vormarsch des Nationalsozialismus aufzuhalten und die Weimarer Republik vor ihrem Zusammenbruch zu bewahren. 1933 gingen die Nazis zuallererst gegen die Arbeiterbewegung vor und nicht gegen die Juden. Der Antisemitismus entwickelte sich stetig und in verschiedenen Phasen: zunächst erfolgte die Diskriminierung und Zurücknahme der Errungenschaften der Emanzipation (1933-1935); danach die materielle Beraubung und der Beginn von Verfolgungen (1938-1941); und schließlich die Vernichtung (1941-1945). Gegenüber der Arbeiterbewegung gab es solche Abstufungen nicht. Sie zu zerstören, war für die Konsolidierung der Naziherrschaft unbedingt notwendig. Paradoxerweise förderte Hitler, während die Parteien, die Presse und die Kämpfer der Linken als illegal erklärt und verfolgt wurden, jüdische Vereinigungen. Es sollte ein Graben zwischen den «Ariern» und den Juden geschaffen werden und das Gefühl der Zugehörigkeit zur deutschen Nation, das die Juden besaßen und das sie weiter pflegten, ausrotten. Dies hatte zur Folge, daß der Antisemitismus nur etwas Oberflächliches und Vorübergehendes zu sein schien, wenn man die totale Verfolgung der Arbeiterbewegung durch die Nationalsozialisten betrachtete. Der Nazismus erschien wesentlich arbeiterfeindlicher als judenfeindlich.

Die marxistische Literatur zwischen den Weltkriegen neigte dazu, den Antisemitismus der Nazis als «Instrument» der herrschenden Klasse zu bezeichnen, ohne darin ein neues Phänomen zu erkennen. Die Juden ermöglichten es Hitler, sich als Antikapitalisten darzustellen, obwohl er die großen Wirtschaftsmonopole verteidigte. Die Politik der «Arisierung» der Wirtschaft (von der einige der größten deutschen Industrieunternehmen profitierten) war Ausdruck der wachsenden Konzentration des Monopolkapitalismus, der mit dem jüdischen Handelskapital in Konflikt geriet. Diese These wurde ursprünglich von der Presse der Komintern entwickelt, in einer Sprache, die nicht weit von der des Antisemitismus entfernt war. Sie stand im Mittelpunkt der Schriften Max Horkheimers in den Jahren 1939-1942 (sein Standpunkt änderte sich im Buch *Dialektik der Aufklärung*). Die einzige beachtenswerte Ausnahme bildeten die Schriften Trotzkis, der den modernen und qualitativ neuen Charakter des Antisemitismus der Nazis erkannte und 1938 in geradezu prophetischer Weise vor der Gefahr der «Ausrottung» der Juden warnte, falls es erneut zum Krieg käme.[39]

Die Analyse des Antisemitismus, oder besser gesagt das Schweigen darüber, war die Hauptschwäche der Werke über den deutschen Faschismus von Daniel Guérin, Arthur Rosenberg, Otto Bauer und August Thalheimer.[40] 1942, in dem Jahr, in dem die Todeslager in Betrieb genommen wurden, veröffentlichte Franz Neuman das Buch *Behemoth*, in dem er von vornherein die Möglichkeit eines Völkermords an den Juden ausschloß. Wegen seines insturmentellen Charakters und seiner politischen Bedeutung könne der Antisemitismus der Nazis eine «endgültige Vernichtung der Juden nicht zulassen». Neumann schrieb: «Die innere politische Funktion des Antisemitismus wird immer verbieten, die Juden völlig zu vernichten. Der Feind kann und darf nicht verschwinden; man muß ihn immer als Sündenbock für alle Leiden, die das politische und soziale System verursachen, bereithalten.»[41] Hinter diesen Worten, die ein jüdischer marxistischer Soziologe schrieb, steht nicht nur eine falsche Analyse der Wirklichkeit, sondern auch eine psychologische Haltung, der Wille, den Alptraum einer ungeheuren Gefahr abzuwehren, die sich am Horizont immer deutlicher abzeichnete. Die Kombination dieser falschen Analyse und jener psychologischen Haltung, die damals von der ganzen Linken geteilt wurde, erklärt, weshalb die Warnung Zygielbojms, des Vorsitzenden des Bundes, der sich 1943 in London das Leben nahm, um «gegen die Ausrottung des jüdischen Volkes» zu protestieren und die Passivität der internationalen Öffentlichkeit anzuprangern, keine Beachtung fand.

In der Zeit nach dem Krieg schien der Marxismus Auschwitz vergessen zu haben. Die Werke, die sich mit dem Faschismus beschäftigten, ließen den Völkermord an den Juden außer acht. In den Arbeiten der DDR-Historiker wurde ein rein ökonomischer Begriff des Antisemitismus entwickelt. Sie argumentierten, daß am Ursprung des Genozids (der übrigens immer im Vergleich mit der Verfolgung der kommunistischen Widerstandskämpfer als marginal hingestellt wurde) nicht das Naziregime, sondern die großen Monopole gestanden hätten; Eichmann sei der Vertreter des deutschen Monopolkapitals gewesen, insbesondere der IG-Farben. Natürlich zeugten solche «Analysen» weniger von einem tragischen Nichtverstehen, als von einer bewußten Verschleierung der Wirklichkeit.

Von den sechziger Jahren an wurden Arbeiten veröffentlicht, die seriöser und manchmal sehr gut dokumentiert waren. Dennoch blieb das Interpretationsmuster für den Mord an den Juden auf die politisch-ökonomische Dimension des Antisemitismus der Nazis fixiert. In einem Artikel von 1987 räumt Kurt Pätzold «die Singularität des Massenmordes an den europäischen Juden» ein, die durch drei Faktoren «gekennzeichnet ist»: die barbarische Rolle des Staates, die Zahl der Opfer und die modernen Vernichtungsmethoden. Er bekräftigt jedoch am Schluß des Artikels die Meinung, daß die Ausrottung der Juden einen bestimmten Platz «im Gesamtplan und der Gesamtpolitik seiner Urheber besetzt. Er ist unverwechselbar und Bestandteil der auf weltbeherrschende Macht gerichteten Politik des deutschen Imperialismus.»[42]

Obwohl anders motiviert, nehmen heute manche marxistischen Historiker in Westdeutschland wie Karl-Heinz Roth, Götz Aly und Susanne Heim eine ähnliche Haltung ein. Sie erkennen im Judenmord alle eine «ökonomische Rationalität», an deren Ursprung nicht der Antisemitismus der Nazis, sondern der Plan der Eroberung ganz Osteuropas und der Schaffung einer neuen Weltordnung stehe. Sie versuchen zu beweisen, daß die «Endlösung» von zahlreichen Nazi-Technokraten (Ökonomen und vor allem Demographen) geplant wurde, die eine neomalthusianische Vorstellung hatten und der Meinung waren, wenn das Gleichgewicht zwischen Produktivität und Bevölkerung wiederhergestellt werden solle, müsse notwendigerweise eine Ausrottungspolitk betrieben werden. Bei dieser Sichtweise wird der Rassismus zu einem Aspekt «ökonomischer Berechnung», und die zwei Millionen russischer Kriegsgefangener, die in den Konzentrationslagern der Nazis umkamen, wären keine Opfer der Lebensbedingungen in den Lagern, in denen härteste Arbeitsbedingungen herrschten, wo es Mangelnahrung und keine medizinische Versorgung gab, sondern eher die einer Ausrottungspolitik, die mit der Behandlung der Juden vergleichbar wäre.[43] Götz Aly und Susanne Heim graben wieder einmal eine monokausale und ökonomistische Deutung des Judenmords aus. Sie wollen nicht zugeben, wie Christopher Browning in seiner Kritik ihrer Thesen schreibt, daß der Rassismus «kein Täuschungsmanöver, kein Mythos» war, «hinter dem sich reale wirtschaftliche Interessen verbargen», sondern der «Fixpunkt des Systems».[44] Die «Wissenschaftler» der Nazis beschlossen die Vernichtung nicht, sondern versuchten nur, sie zu rationalisieren, und zwar mit Argumenten, die, im Rahmen einer weltgeschichtlichen Bilanz, den zutiefst irrationalen ökonomischen Charakter der Vernichtung nicht verbergen können.

Eine «Ökonomie der Endlösung» anzunehmen, bedeutet auch, ihr die historische Einzigartigkeit abzusprechen, indem man jeglichen Unterschied zwischen den Verlusten, die durch Ausbeutung von slawischen Kriegsgefangenen entstanden, und der rassischen, bürokratischen und industrialisierten Vernichtung der Juden nivelliert. Die Eroberung des «Lebensraums» in Osteuropa sah eine Kolonisierung, also die Unterwerfung der slawischen Völker vor, faßte aber nie die endgültige Vernichtung der Russen oder Polen ins Auge. Für Götz Aly und Susanne Heim ist der Völkermord an den Juden keineswegs ein historisch einmaliges Ereignis, sondern ein Phänomen unter vielen in der langen Reihe der vom Imperialismus durchgeführten Massaker.[45] Man kann in dieser Auffassung den Gipfelpunkt einer Tendenz sehen, der von einem großer Teil der neuen deutschen Linken der sechziger Jahre vertreten wurde, der die Erinnerung an die Shoah fehlt und die das Problem der Juden aus ihren theoretischen Arbeiten und ihrem politichen Handeln ausklammerte.[46] Sie hat oft die Kontinuität zwischen dem Nationalsozialismus und der Bundesrepublik Deutschland hervorgehoben, da beide Staaten auf denselben kapitalistischen Prinzipien basieren und hatte so eine extrem abstrakte Vorstellung vom Faschismus, daß die wenigen ihm eigenen Grundzüge beinahe auf jedes autoritäre Regime anzuwenden sind. Für Rudi Dutschke, den charismatischen Führer der Linken in Westdeutschland, war der

Hauptzug des Faschismus, der in der Bundesrepublik fortgesetzt wurde, der Antikommunismus. Es ist klar, daß dieser Ansatz die Bedeutung des Antisemitismus als zentrales Element in der Ideologie und Politik der Nazis übersehen muß. Dieses kulturelle Erbe ist in die neuen Arbeiten Götz Alys und Susanne Heims eingegangen.

Man erinnere sich, daß in den sechziger Jahren manche marxistischen Historiker die Idee einer ökonomischen Rationalität innerhalb des nationalsozialistischen Systems kritisierten. Für Tim Mason sind Ausrichtung und Funktionieren das Nazi-Systems nur durch den «Primat der Politik»[47] zu erklären. Diese Interpretation erscheint fragwürdig, wenn man die allgemeine Dynamik des Nationalsozialismus erklären will; sie erscheint jedoch brauchbarer als die «materialistischen» Deutungen der Ursachen der Shoah. Der ökonomische Antisemitismus traditioneller Art, der auf dem Mythos vom Juden als Bankier, Wucherer und Ausbeuter des Volkes (eine Form des Antisemitismus, die sich in der Vergangenheit verschiedene politische Regime zunutze machten) beruhte, führte zu den Pogromen der Zarenzeit, aber nicht zu dem perfekt geplanten industrialisierten Massaker an den Juden. Ein Element, das die Historiker, die sich mit dem Judenmord beschäftigen, frappiert und verwirrt, ist sein grundlegend antiökonomischer Charakter. Wo war die ökonomische Rationalität eines Regimes, das, um sechs Millionen Männer, Frauen und Kinder zu töten, mitten im Krieg eine Verwaltung, ein Beförderungsnetz und verschiedene Vernichtungslager aufbaute und menschliche und materielle Kapazitäten nutzte, die ohne Zweifel in der Industrie und an der immer schlechter besetzten Front gebraucht worden wären?[48]

Man muß festhalten, daß die Vorstellung vom Judenmord als einer Art «politischen Ökonomie» des deutschen Imperialismus erst von der stalinistischen Geschichtsschreibung entwickelt wurde. Die Faschismustheorien von Trotzki, Thalheimer und Gramsci waren erheblich differenzierter und bedeutungsvoller als die propagandistischen Parolen der III. Internationale während der dreißiger Jahre. Sie sahen nicht das Großkapital, sondern eine kleinbürgerliche Massenbewegung als Ausgangspunkt des Faschismus, die durch eine weltweite

Krise der kapitalistischen Gesellschaft radikalisiert wurde. Hitler begann seine politische Karriere nicht mit finanzieller Unterstützung von Krupp (allerdings dauerte es nicht lange, bis ihm große finanzielle Zuwendung von dort zuteil wurde), sondern an der Spitze einer Bewegung von Lumpenproletariern und Entrechteten. Das faschistische Regime war für Trotzki und Thalheimer eine besondere Art des Bonapartismus, während Gramsci in seinen *Briefen aus dem Kerker* das Wort «Cäsarismus» verwendete. Diese Analysen trugen der politischen Autonomie Rechnung, welche die faschistische Macht (und ihre Ideologie) gegenüber der ökonomischen Basis hatten. Das faschistische Regime, das sich um die Figur eines charismatischen Führers gruppierte, strebte danach, sich über die Klassen zu erheben und die «Nation zu verkörpern», welche zu einem Ganzen verschmelzen konnte – in einem tödlichen Kampf gegen die Juden, die Feinde der «arischen Rasse». Ein nicht dogmatischer, offener marxistischer Ansatz hätte versuchen können, Auschwitz mit solchen Kategorien anzugehen, ohne auf die groteskesten Formen eines ökonomischen Determinismus zurückzugreifen.

ARCHAIKUM UND MODERNE

Wie soll man die technologisierte Barbarei von Auschwitz mit dem obskurantistischen Arier-Kult in Einklang bringen? Historiker und Soziologen sind diesem Problem oft ausgewichen und haben versucht, den Antisemitismus als Modernität zu deuten, die einen obskurantistischen Sproß hervorgebracht hat. 1955 stellte Herbert Marcuse die «Konzentrationslager, die Massenvernichtungen, die Weltkriege und die Atombomben» nicht als «Rückfall in die Barbarei» dar, sondern eher als «nicht unterdrückte Vollendung dessen, was die modernen Errungenschaften dem Menschen im Bereich der Wissenschaft und Technik und der Machtausübung bieten.»[49] Aus diesem Blickwinkel könnte man bis zu den Quellen des Emanzipationsprozesses zurückgehen und dort die Wurzeln seiner Einschätzung als Außenseiter der modernen Gesellschaft finden. Durch die Emanzipation traten die Juden in «eine Welt ohne Akzeptanz» ein, in der das Anderssein der

Juden weiterhin bestehenblieb, aber einen neuen Stellenwert erhielt. Ob Paria oder Parvenu, der Jude blieb ein Fremder, Anderer, sein Anderssein wurde immer mit einem negativen Siegel bestätigt, der unverwischbaren Spur einer verachtenswerten Vergangenheit und Natur. Der emanzipierte Jude war gleichberechtigter Bürger, konnte aber nicht von sich sagen, er gehöre zum Volk. Der Nationalsozialismus trieb die Logik des «Nicht-Anerkennens» bis zum äußersten: der Unterdrückung des Andersseins durch die physische Vernichtung der Juden. Nach Meinung Detlev Claussens, eines der letzten Vertreter der Frankfurter Schule, rührte die Ausrottung um der Ausrottung willen nicht vom Antisemitismus her, der den Ewigen Juden brauchte, sondern von der Logik des Nicht-Akzeptierens, die keine pazifistische Lösung kennt, sondern nur Zerstörung. In der Welt der Konzentrationslager, feierte die Logik des Nicht-Akzeptierens Triumphe.[50] Diese drastische Formulierung, in der Auschwitz als direkte Folge der Aufklärung erscheint, gibt Anlaß zur Verwunderung. Dennoch hat Claussen das Verdienst, die Aporien der Emanzipation hervorzuheben, die dazu beitrug, das Anderssein der Juden zu kristallisieren, und es dem Antisemitismus ermöglichte, das zerstörerische Potential der Gesellschaft für sich zu nutzen. Die Intellektuellen der Frankfurter Schule waren die ersten, die einen wichtigen Schlüssel zum Verständnis Auschwitzs fanden: seine Modernität und seine instrumentelle Rationalität. Sie haben jedoch nur einen Aspekt des Problems erfaßt.

Einer anderen Auffassung zufolge war der Nationalsozialismus eine unvollendete Modernisierung im Bereich der Ökonomie und nicht der Kultur. Der Antisemitismus war Ausdruck der Ablehnung des Modernen und der Fortführung einer archaischen Ideologie. Hierbei muß ein Hauptakzent auf das «Völkische» gelegt werden, die Quelle des Hitlerschen Nationalismus und Antisemitismus. Der Mythos vom germanischen «Volk» (dessen Ursprung auf Herder zurückgeht) meinte nicht nur das Volk im ethnologischen Sinne, sondern allgemeiner ein System typisch deutscher Werte. Wenn die romantische Idee einer deutschen Seele bei Herder keinerlei antijüdischen oder rassistischen Beigeschmack hatte, so wandelte sie sich durch die Berührung mit dem Sozialdarwinismus in der zweiten Hälfte des 19. Jahrhunderts zu einem «Volkismus» und zu einer Art nationalistischen, rassistischen und antisemitischen Denken. Die Verbreitung dieser ideologischen Strömung könnte ihre Erklärung im Zusammenhang mit dem Bismarckreich finden, in dem sie so etwas wie ein irrationalistisches Bollwerk gegen die Moderne darstellte, die in dem rapiden Fortschreiten der Industrialisierung und dem Wachsen der Städte ihren Ausdruck fand. Die frustrierten nationalen Bestrebungen – Fehlen eines Kolonialreiches, die im Versailler Vertrag auferlegten Strafen etc. sowie die Besonderheit der deutschen Geschichte, Fortdauer des autoritären Obrigkeitsstaates, der zu einer liberalen Demokratie im Widerspruch stand – haben dazu beigetragen, dieser Denkrichtung ihren nationalistischen und aggressiven Charakter zu verleihen.

Die völkische Ideologie lehnte die Werte der modernen Gesellschaft ab. Industrialisierung, Urbanismus und Gegensatz von Bourgeoise und Proletariat beherrschten das Klima, und die völkische Ideologie suchte Zuflucht in der Tradition und pries die Erde, die Sonne und das geistige Erbe des Volkes, das aus den «teutonischen Wäldern» hervorgegangen war. Im Klischee des Nationalismus war der Jude Inbegriff der Modernität, der Stadt und des Kults des Geldes; er war entwurzelt und kosmopolitisch und bildete infolgedessen die Antithese zum deutschen Volk. Heinrich von Treitschke sprach vom «Einbruch» des Judentums in die europäische Zivilisation und forderte die Verteidigung des christlichen Charakters der deutschen Nation. Julius Langbehn verabscheute Handel und Technik, die die traditionelle deutsche Gesellschaft bedrohten; in seinen Augen stellten die Juden eine tödlich Gefahr dar: «Der Kult des Geldes, der nordamerikanische und zugleich jüdische Einfluß, der in Berlin immer mehr Überhand nimmt», schrieb er 1890.[51] Für Werner Sombart waren die Juden dank ihres «berechnenden Denkens» und nicht, wie Max Weber glaubte, die protestantische Ethik Ursache für den Kapitalismus. Houston Stewart Chamberlain, der gern Kant und Gobineau, Wagner und Darwin zu einem Brei verrührte, sah die Welt in feindliche Rassen aufgeteilt und fühlte sich mit der Mission betraut, die Reinheit germanischen Blutes gegen den zerstörerischen Einfluß des Katholizismus und der Juden zu schützen. Reduziert man die deutsche Sicht der Judenfrage auf die Früchte des völkischen Denkens, dann wird alles sehr einfach: Der Antisemitismus war in wichtigen gesellschaftlichen Bereichen tief verwurzelt: bei den Großgrundbesitzern, in der Universität, bei der Jugend, in literarischen Zirkeln. Er paßte bestens in den Rahmen der romantischen Gegenüberstellung von Gemeinschaft und Gesellschaft, die mit der Zeit immer mehr mit Deutschtum und Judentum gleichgesetzt wurden. Nachdem alle Widersprüche entfernt waren, war der Nationalsozialismus nicht mehr als eine «allgemeine Ablehnung der Aufklärung».

Der Sozialdarwinismus, die Anthroposoziologie und der biologische Rassismus wären so Elemente, die nur am Rande zur Herausbildung der Nazi-Weltanschauung beitrugen, die eine konservative und antimoderne Ideologie genannt werden kann. Einer solchen Auffassung entgeht die Doppeldeutigkeit einer Doktrin, die trotz ihres Mangels an Kohärenz und ihrer irrationalen Aspekte versuchte, die Modernität der Industriegesellschaft miteinzubeziehen. Joseph Goebbels, Meister des Gebrauchs von Kommunikationsmitteln in der Massengesellschaft, definierte unser Jahrhundert als eine Epoche der «stählernen Romantik». Der Antisemitismus der Nazis war Ausdruck eines von den früheren Generationen übernommenen Hasses, das Zyklon B hingegen Produkt der deutschen Chemieindustrie.

Die Auffassung, der Nationalsozialismus sei ein Phänomen sozialer, politischer und ideologischer Rückständigkeit, wird allgemein von einer Geschichtsauffassung und einem Fortschrittsbegriff inspiriert, die überholt scheinen. Man muß jedoch anerkennen, daß der Nationalsozialismus auch nicht ausschließlich mit der Kategorie der Modernität erfaßt werden kann. Seine Theorie und Praxis resultieren aus dem Ineinandergreifen und der Fusion gegensätzlicher Elemente: Dies sind biologischer Rassismus, Industriegesellschaft und «instrumentale Rationalität», aber auch völkischer Nationalismus, teutonische Mythologie, überkommener Gemeinschaftskult und Ablehnung der urbanen Welt. Einerseits das Techno-

173

kratentum Albert Speers, andererseits die Philosophie Martin Heideggers. Anders gesagt, die Nazi-Ideologie war eine Mischung *sui generis* von Modernität und ihrer Ablehnung, die man in dem Begriff «reaktionärer Modernismus» zusammenfassen könnte. Dieser war Ergebnis der Versöhnung einer konservativen Denkströmung mit moderner Industrie und Technologie. Der Antisemitismus war unerläßliches Bindeglied dieser Union: Technik und Industrie konnten sich mit der deutschen Seele nur verbinden, nachdem sie vom jüdischen Geist gereinigt waren; befreit vom verderblichen Einfluß der Juden konnte der Kapitalismus in den Dienst des deutschen Volkes gestellt werden. Die Industrie konnte zu einer Kraft der «arischen Rasse» werden, wenn sie dem berechnenden und händlerischen Geist der jüdischen Bourgeoisie entzogen war; der Kapitalismus konnte national und schöpferisch sein, wenn er sich dem parasitären und vereinnahmenden jüdischen Kapitalismus widersetzte. Diese Vorstellung, die manche Theoretiker der «konservativen Revolution» bereits entwickelt hatten, bestimmte in hohem Maße jegliche Ideologie im nationalsozialistischen Deutschland. Wenn die Juden den Kapitalismus «auf abstrakte Art» verkörperten (sie repräsentierten nicht die Industrie, sondern die Finanz, nicht die Produktion, sondern den Fluß des Geldes und den ökonomischen Parasitismus), konnte sich der Antisemitismus in eine Art «antikapitalistische Revolte» verwandeln. Diese Revolte vereinte die Ablehnung von (jüdischer) Modernität mit der Annahme der (arischen) Technologie. Im Namen einer auf Blut, Erde und Natur gegründeten Gemeinschaft wurde das jüdische Volk mit den Mitteln der industriellen Technologie und Rationalität vernichtet.

Der Nationalsozialismus stellte sich wesentlich dar als Radikalisierung eines biologischen und rassischen, «völkischen» Nationalismus. Vom «Kulturpessimismus» (Lagarde, Langbehn, Diederichs etc.) übernahm er das Bewußtsein, einen Kreuzzug gegen das Abendland zu führen (das «verjudet» war und die traditionellen germanischen Werte leugnete); von der «konservativen Revolution» (Möller Van der Bruck, Spengler, Schmitt, Jünger etc.) hatte er gelernt, Industrie und Technik mit der Kritik an der Modernität und dem

Willen zu verbinden, eine ewige Ordnung «wiederherzustellen». Dem Biologismus entlehnte er die Vorstellung von einer «jüdischen Rasse», die die eigentliche Grundlage seiner Weltanschauung wurde. Auf verschiedene Weise und nicht immer mit der gleichen Heftigkeit lehnten alle diese Strömungen die Demokratie, den Liberalismus, besonders den Marxismus ab, und alle waren für einen nationalistischen Pangermanismus und den Antisemitismus. Man könnte sagen, der Nationalsozialismus war Zusammenfluß und Synthese der ganzen Geschichte deutscher reaktionärer Kultur, die durch besondere historische Bedingungen in Deutschland zwischen den Weltkriegen möglich wurde.

Muß man den Nationalsozialismus – im Licht der Einzigartigkeit der Shoah – als Endpunkt eines «deutschen Sonderwegs» sehen? Es genügt an dieser Stelle, zu unterstreichen, daß die Shoah nicht Konsequenz einer unvollendeten Säkularisierung, einer Industrialisierung ohne politische Erneuerung der deutschen Gesellschaft war. Der Nationalsozialismus übernahm die Macht in einem hochentwickelten Land, in dem die Arbeiterbewegung – die Sozialdemokratie und die Kommunistische Partei – über starke und scheinbar unangreifbare Organisationen verfügten und die Bourgeoisie nicht nur das wirtschaftliche und soziale Leben beherrschte, sondern auch die politischen Institutionen (die Verfassung der Weimarer Republik, die aus der Revolution von 1918 hervorgegangen war, war eine der fortschrittlichsten in Europa). Es war außerdem ein Land, dessen Kultur seit einem Jahrhundert nach ganz Europa ausstrahlte. Deutschland hatte nicht nur die Krupp-Werke hervorgebracht, nicht nur die Chemie-Werke der IG-Farben und die Theorie Oswald Spenglers, sondern auch Immanuel Kant, G.W.F. Hegel, Karl Marx und Heinrich Heine, Thomas Mann und Bertolt Brecht, Max Weber und Walter Benjamin. Im Wilhelminischen Reich und in der Weimarer Republik existierten Rassismus und Humanismus, Kosmopolitismus und Pangermanismus, expressionistische Revolte und konservatives Denken nebeneinander. Im übrigen war der Antisemitismus nicht unbedingt eine deutsche Spezialität.

1946 schrieb Hannah Arendt, daß die «Wissenschaftlichkeit», die der Nationalsozialismus für sich in Anspruch nahm und die «mit der Effektivität moderner Technik einherging», Ursache der «Todesfabriken» war.[52] Die Shoah entstand aus der Begegnung von modernem Antisemitismus (rassistischer und biologischer Orientierung und nicht darauf ausgerichtet, die Juden auszuschließen, sondern sie zu vernichten) mit einem faschistischen Staat in einem hochindustrialisierten Land, das über eine moderne Technik verfügte. Damit ein solches Zusammentreffen erfolgte, mußte zuerst die Arbeiterbewegung niedergeschlagen und das Volk in einen autoritären Staat eingebunden werden. Die beiden Teile dieses Paares, Antisemitismus und Faschismus, gingen in Deutschland eine Symbiose ein, waren jedoch in getrennter Form im gesamten Europa der Zeit zwischen den Kriegen verbreitet. Frankreich besaß eine antisemitische Tradition – von Edouard Drumont bis zu Vacher de Lapouge – die genau so schwerwiegend war wie die in Deutschland und die sich bei wenigstens zwei Gelegenheiten offen zeigte: bei der Dreyfus-Affäre und der im Oktober 1940 vom Vichy-Regime verkündeten Juden-Verordnung. Man braucht kaum hinzuzufügen, daß der Faschismus in Italien früher ausbrach als in Deutschland und daß Mussolini lange Jahre Hitlers Vorbild war.[53] Der Nationalsozialismus war ein Ergebnis der deutschen Geschichte mit all ihren Besonderheiten, kann jedoch nur in einem größeren Zusammenhang begriffen werden, nämlich dem Europas zwischen den Kriegen. Auschwitz betrifft nicht nur Deutschland, sondern die gesamte Menschheit: In dieser Dimension muß es als einzigartiges Ereignis in der Geschichte betrachtet werden.

6

GESCHICHTE UND ERINNERUNG
DIE «JUDENFRAGE» NACH AUSCHWITZ

In *Die Atempause,* Primo Levis ergreifendem Bericht über
seine Odyssee durch das vom Krieg verwüstete Europa nach
seiner Befreiung aus Auschwitz, gibt der Autor das psychologische Klima wieder, das 1945 in Deutschland herrschte:
«Während ich durch Münchens trümmerübersäte Straßen irr-
te, in der Gegend des Bahnhofs, wo unser Zug wieder einmal
festlag, war mir, als bewege ich mich unter einer Schar zah-
lungsunfähiger Schuldner, als sei jeder einzelne mir etwas
schuldig und weigere sich, es zu bezahlen. Ich war unter
ihnen, im Lager des Agramante, unter dem Herrenvolk; aber
es gab nur wenige Männer, viele von ihnen waren Krüppel,
viele trugen Fetzen am Leibe wie wir. Mir war, als müsse
jeder uns Fragen stellen, uns an den Gesichtern ablesen, wer
wir waren, demütig unseren Bericht anhören. Aber niemand
sah uns in die Augen, niemand nahm die Herausforderung an;
sie waren taub, blind und stumm, eingeschlossen in ihre Rui-
nen wie in eine Festung gewollter Unwissenheit, noch immer
stark, noch immer fähig zu hassen und zu verachten, noch
immer Gefangene der alten Fesseln von Überheblichkeit und
Schuld.»[1] Dieses gewollte Vergessen, das jedes Gespräch mit
den Überlebenden des Völkermords unmöglich machte, wurde einer der Pfeiler für den politischen Konsens und die Stabilität Westdeutschlands nach dem Krieg.

Vom deutschen Judentum, zu dem 1933 eine halbe Million
Männer und Frauen gehört hatten, blieben nach dem radikalen
historischen Bruch, der Auschwitz heißt, nur noch die Trüm-
mer einiger Synagogen übrig. 1945 wohnten noch dreitausend
Juden in Berlin, davon waren tausend aus den Konzentra-

tionslagern zurückgekehrt, die anderen hatten sich versteckt oder mit falschen Papieren überlebt. Im folgenden Jahr nahm Deutschland 200 000 Juden auf, die die Vernichtungslager überlebt hatten, eine Unmenge von *displaced persons*, weitgehend Ostjuden, die bald den Kontinent verlassen sollten, besonders nach Gründung des Staates Israel. 1955 lebten nur noch 15 000 Juden in Deutschland.[2]

Man kann sich eine tiefgreifendere Veränderung kaum vorstellen; Deutschland war das Land der Assimilation gewesen, jetzt war es Symbol der Vertreibung der Juden und Paradigma einer neuen jüdischen Identiät, die auf der Erinnerung an den Völkermord basierte. Deutschtum und Judentum waren für immer voneinander geschieden. Die Vorstellung einer «jüdisch-deutschen Symbiose» war nur noch ein böser Scherz. Der seelische Zustand der Überlebenden der Shoah wurde in einer auf jiddisch verfaßten Erklärung des jüdischen Komitees der Amerikanisch Besetzten Zone zum Ausdruck gebracht: «Arbeiten in deutschen Fabriken, aufbauen deutsche Häuser, säen in deutsche Erde? Das hat kein Jude nicht gewollt und will auch nicht heute, weil... jeder ein Verbrecher das Helfen auszubaun die Wirtschaft von dem Volk, dessen Söhne mehr als ein Drittel des jüdischen Volkes ermordet haben.»[3]

1950 schloß die Jewish Agency ihr Münchner Büro und forderte die Juden auf, Deutschland innerhalb von sechs Wochen zu verlassen. Im darauffolgenden Jahr brach der jüdische Weltkongreß seine Beziehungen zur westdeutschen jüdischen Gemeinde ab, die nur noch formal bestand und unter der Schirmherrschaft der Bundesregierung stand.[4] In der ersten Zeit wendeten die Besatzungsmächte den Begriff der «Kollektivschuld» auf Deutschland an – eine Schuld, die unter anderem durch die Vertreibung einiger Millionen Deutscher aus von Polen und der Sowjetunion annektierten Territorien bestraft wurde –, und nach Gründung des Staates Israel erschien jeder Jude, der in Deuschland blieb, als Verräter. Dieses Klima bestimmte das gesamte Jahrzehnt.

*D*IE *DDR* ODER *D*IE *MANIPULIERTE* *E*RINNERUNG

Im Osten wurde die Gründung der DDR wie ein Neu-anfang gelebt. Die Säuberungen von alten Nazis waren radi-kal: 1948 wurden 520 000 Mitglieder der NSDAP entlassen und beinahe 13 000 wegen Kriegsverbrechen verurteilt (in der Bundesrepublik, wo es entschieden mehr alte Nazis gab, wur-den nur 6 450 verurteilt, und 1949 saßen nur noch 300 Kriegs-verbrecher im Gefängnis). Besonders an den Universitäten und in verschiedenen Bereichen, die mit «Ideologie» zu tun hatten, waren die Säuberungen gründlich.

An diesem Punkt unterschied sich die Vorgehensweise von der westdeutschen radikal. Alte Nazis wurden wieder in der Regierung beschäftigt, und man mißtraute in erster Linie ehe-maligen Antifaschisten (vor allem den kommunistischen Widerstandskämpfern und ihren Sympathisanten). Die DDR wurde als Reaktion auf die Gründung der Bundesepublik von der Sowjetunion ins Leben gerufen, die den Ostteil Deutsch-lands militärisch besetzt hielt. Obwohl sie auf keinem beson-ders festen Boden stand, konnte die DDR immerhin die Tradi-tion der Arbeiterbewegung für sich in Anspruch nehmen, die gegen den Nationalsozialismus gekämpft hatte. Das Hitlerre-gime hatte eine Million Deutscher verurteilt, eingesperrt und deportiert. Zu deren einziger Repräsentantin machte sich die SED. Ernst Thälmann, der in Buchenwald umgekommen war, wurde zum Märtyrer des antifaschistischen Deutschland, das die Erinnerung an den Fürsprecher der «Sozialfaschisten» auslöschte, zu denen Hitler im Vergleich als das kleinere Übel erschienen war. Der Anspruch auf eine historische Legitima-tion, die aus dem antifaschistischen Widerstand gezogen wur-de, blieb bis zum Schluß Grundlage der DDR. Zuerst, jeden-falls bis zum Aufstand vom 17. Juni 1953, gab es viele, die auf ein sozialistisches Deutschland hofften. Selbst der Zugriff des Stalinismus auf den neuen Staat hinderte eine ganze Rei-he Intellektueller nicht daran, mit dem neuen Staat zu sympa-thisieren. Manche ließen sich dort nieder (darunter Ernst Bloch, Bertolt Brecht, Stefan Heym, Alfred Kantorowicz, Anna Seghers, Arnold Zweig), andere teilten die DDR-Ideolo-gie nicht, zeigten dem Land aber über längere Zeit wohlwol-

179

lende Neutralität (wie etwa Thomas Mann und Peter Weiss).

Die antifaschistische Legitimierung, die sich die DDR sich gab, setzte einen der historischen Fehler der Arbeiterbewegung fort: die Verdrängung der Judenfrage. Diese wurde aus Politk und Kultur gänzlich ausgeklammert (was bis Mitte der sechziger Jahre so blieb, als die ersten seriösen Arbeiten über die Geschichte des Antisemitismus erschienen).[5] Nach der offiziellen Ideologie hatte der Nazismus nur einen Feind, die Arbeiterbewegung, der Antisemitismus war nur ein untergeordneter Aspekt ihrer Geschichte. Neben einer umfangreichen sozialistisch-realistischen Literatur, die das Heldentum der kommunistischen Widerstandskämpfer pries, war kein Platz für die Erinnerung an die jüdischen Opfer des Nationalsozialismus. Bis 1988 wurde Herbert Baum, der Leiter der einzigen im Widerstand gegen die Nazis aktiven jüdischen Gruppe, der 1942 hingerichtet wurde, weil er am Boykott einer antisowjetischen Ausstellung in Berlin mitgewirkt hatte, als kommunistischer Märtyrer gefeiert und nicht als jüdischer Widerstandskämpfer.[6] Walter Ulbricht, Machthaber in einem Teil des Landes, das in den Augen der ganzen Welt noch mit dem Fluch des Verbrechens belegt war, war vorsichtig genug, nicht wie seine tschechischen und sowjetischen Kollegen aufsehenerregende Prozesse gegen «zionistische Spione» zu führen.[7] In der ersten Zeit, etwa bis zum Tode Stalins, unterlag die Jüdische Gemeinde in Ost-Berlin starkem Druck, der viele Juden dazu brachte, in den Westen zu gehen. Sie wurden verpflichtet, den Zionismus zu verurteilen, jegliche Verbindung zu den entsprechenden Organisationen in der BRD abzubrechen und dem sozialistischen Staat ihre Treue zu versichern.[8] Von Mitte der fünfziger Jahre an begann das Klima aufzutauen; der Antisemitismus, der während des Kalten Krieges geherrscht hatte, als jeder Jude der «zionistischen Verschwörung» verdächtigt werden konnte, wurde aufgegeben zugunsten einer Erinnerung an die Juden, die vom Staat bestimmt und kontrolliert wurde und zu der die Wiederherstellung der Friedhöfe und jährlich eine Feier zum Jahrestag der Reichspogromnacht gehörten.

Da der «Arbeiter-und Bauernstaat» schon mit dem Nationalsozialismus abgerechnet hatte, war die Judenfrage nicht mehr von Bedeutung. Einige mutige Mitglieder der SED wie Paul Merker, der die Hilfe zum Wiederaufbau einer jüdischen Gemeinschaft in Deutschland, das schuld an einem nicht wiedergutzumachenden Massaker war, zur moralischen Pflicht der Deutschen erklärte, wurden schnell ins Abseits gedrängt.[9] Man ignorierte das Problem lieber, was keineswegs zu seiner Lösung beitrug, sondern nichts als Verdrängung war.[10] Die DDR schwankte zwischen einer Verurteilung und einer radikalen Ächtung des Antisemitismus einerseits und einer rituellen und heftigen Anprangerung des Zionismus (vor allem unter Druck der Sowjetunion) andererseits, wodurch jeder Jude, der seine Religion praktizierte, als potentieller «imperialistischer Agent» galt (von 2000 in Ostberlin lebenden Juden waren nur 200 Mitglieder der Jüdischen Gemeinde).

Die über vierzig Jahre dominierende Haltung der Institutionen Ostdeutschlands wurde 1983 durch folgenden Satz Peter Kirchners, des Vorsitzenden der Jüdischen Gemeinde zu Berlin, treffend charakterisiert: «In der DDR leben wir mit dem Bewußtsein, daß die Nazis im Westen sind. So lösen wir das Problem.»[11] Es ist bezeichnend, daß vom Winter 1952/53 an die Vereinigung der Verfolgten des Naziregimes, der eine große Zahl Juden angehörte, umbenannt wurde in Komitee der antifaschistischen Widerstandskämpfer. Der per Dekret verordnete Antifaschismus legte keinen Wert darauf, die Opfer des Nazismus zu beklagen, sondern wollte die Helden des Widerstands preisen, die der grundlegende Mythos des neuen «sozialistischen Staates» (später ostdeutsche «Nation» und Erbin Luthers und Goethes) wurde. Das Verbrechen wurde aus der eigenen Geschichte ausgeklammert und einem imperialistischen System zugeschrieben, dessen Nachfolgerin die Bundesrepublik war. Das antifaschistische Deutschland hatte nunmehr mit den Verbrechen an den Juden nichts mehr zu tun. Die Erinnerung an Auschwitz und vor allem an den in der deutschen Gesellschaft herrschenden Konsens über die Vernichtung der Juden war gering im Vergleich zum Gedenken der Sieger über Hitlerdeutschand: die Sowjetunion und der Widerstand der deutschen Kommunisten. Unter dieser pädagogischen Sichtweise wurde die gesamte ostdeutsche Gesellschaft von der SED und den heroischen Gründern des neuen Regimes vereinnahmt. Die monolithische Einheit des Regimes konnte nicht zulassen, daß in der Bevölkerung der DDR die Zahl der ehemaligen Widerstandskämpfer lächerlich gering war im Vergleich zur Masse der Leute, die Nazis gewesen waren.

Neben dem offiziellen, manipulierten Gedenken war kein Raum mehr für eine nicht institutionelle Erinnerung. Erst in der Literatur ab Ende der 60er Jahre kam sie zum Ausdruck. Zwei der bekanntesten Autoren der neueren DDR-Literatur, Christa Wolf und Christoph Hein, stellen in ihren Büchern manchmal explizit, manchmal verschlüsselt, die Vergangenheit in Frage. In dem Roman *Kindheitsmuster* erzählt Christa Wolf vom Alltagsleben einer heute polnischen, aber ehemals deutschen Stadt während der Nazizeit, berichtet von einer «Normalität», in der man von den Diskriminierungen und Verfolgungen und den Verbrechen der Nazis wußte, aber nichts dagegen unternahm und sich anpaßte.[12] Als Christa Wolf zu diesem Roman befragt wurde, sprach sie das Problem der Verantwortung des einzelnen für die Nazigreuel an. Die politischen Machthaber der DDR glaubten, mit der Hitler-Zeit abgerechnet zu haben, die Menschen im Land hatten das Problem ihrer Verantwortung aber noch lange nicht gelöst. «Meine Meinung ist jedoch», so sagte sie, «daß Literatur versuchen sollte, diese Schichten zu zeigen, die in uns liegen – nicht so säuberlich geordnet, nicht katalogisiert und schön *bewältigt,* wie wir es gern möchten. Ich glaube nicht, daß wir die Zeit des Faschismus in diesem Sinne *bewältigt* haben, auch wenn es in unserem Staat in unvergleichbar anderer und gründlicherer Weise geschehen ist als zum Beispiel in der Bundesrepublik. Ich spreche jetzt von einer anderen Art der Bewältigung: die Auseinandersetzung des einzelnen mit seiner ganz persönlichen Vergangenheit, mit dem, was er persönlich getan und gedacht hat und was er ja nicht auf einen anderen delegieren kann, wofür er sich auch nicht mit Massen von Menschen, die dasselbe oder Schlimmeres getan haben, entschuldigen kann.»[13]

Die Folgen der rein bürokratischen Regelung der Nazi-Vergangenheit waren, wie man bei der Wiedervereinigung feststellen konnte, sehr schwerwiegend. Mit dem SED-Regime hat die Bevölkerung auch den Antifaschismus über Bord geworfen, den es exklusiv für sich in Anspruch genommen hatte. Das Ende des Staates bedeutete auch das Ende des institutionalisierten Antifaschismus. Die Entstehung neonazistischer Gruppen und die Ausbrüche von Rassismus in der früheren DDR sind bezeichnend für einen tief verwurzelten Haß, aber auch für das traurige Erbe einer «manipulierten Erinnerung» während vierzig Jahren stalinistischer Herrschaft.

ADENAUER ODER DIE ÄRA DES VERGESSENS

Die Bundesrepublik entstand aus der Niederlage und dem neuen Klima des Kalten Krieges. Sie war ein Staat, der auf nichts aufbaute. Antifaschismus galt als sowjetische Ideologie, und so versuchte die BRD zunächst, die ihr fehlende historische Legitimation durch Annäherung an den Westen und ein antikommunistisches Glaubensbekenntnis zu ersetzen. So entstand unter Adenauer die Ära des Vergessens. Die westdeutsche Regierung entschied sich nicht für eine Entfernung der Nazis aus öffentlichen Ämtern – eine solche Lösung erschien allzu teuer und zu destabilisierend –, sondern für deren Integration. Die Totalitarismus-Theorie, die bald zu einer Art Staatsideologie wurde, ähnlich wie der Stalinismus in der DDR, ermöglichte es den Westdeutschen, sich ohne Gewissensbisse um den Wiederaufbau des Landes zu kümmern. Da Nationalsozialismus und Kommunismus nur in verschiedener Form die Verkörperung desselben Übels, des Totalitarismus, waren, fand der neue mit dem Westen verbündete deutsche Staat seine Legitimität und rechnete mit der Nazi-Vergangenheit ab, indem er jetzt gegen den Kommunismus kämpfte. Von «Kollektivschuld» war nicht mehr die Rede, denn zur Erledigung der neuen Aufgabe, der Verteidigung der «freien Welt», wurden alle Deutschen gebraucht. Für viele von ihnen war der Kampf gegen den Kommunismus die Fortsetzung eines Kampfes, den Hitler bereits 1941 begonnen hatte. Der Kalte Krieg rehabilitierte so in gewisser Weise die Nazi-Vergangenheit. Plötzlich wurden die alten Nazis zu Deutschen, die «ihre Pflicht getan» hatten, als Soldaten oder Staatsbeamte. Diese Haltung wurde zutiefst verinnerlicht und zeigt sich noch heute, wenn der Vorschlag, für die vielen tausend Deserteure der Wehrmacht, die von Hitler hingerichtet wurden, ein Denkmal zu errichten, Empörung hervorruft.[14] Die österreichische Bevölkerung war noch in den achtziger Jahren stolz auf ihren Präsidenten, der als früherer Wehrmachtsoffizier «seine Pflicht tat», als er jugoslawische Juden in die Todeslager schickte, und der log, als er für seine Taten geradestehen sollte.

Kehren wir ins Nachkriegsdeutschland zurück. 1951 wurde die Wiedergutmachungspolitik begründet, mit dem Beschluß, den verfolgten Juden Entschädigungen zu zahlen.[15] Sie fiel mit Annahme des Artikels 131 des Grundgesetzes und der Wiedereingliederung alter Nazis in öffentliche Ämter zusammen. Für Kurt Schumacher, den Vorsitzenden der SPD, waren die Wiedergutmachungszahlungen eine moralische Pflicht Deutschlands («Das Dritte Reiche hat versucht, das europäische Judentum auszurotten. Das Deutsche Volk ist verpflichtet, wiedergutzumachen.»).[16] Adenauer sah die Wiedergutmachung als notwendige Maßnahme an, um dem neuen deutschen Staat internationale Anerkennung zu verschaffen. In einer berühmt gewordenen offiziellen Erklärung vom September 1951 erläuterte er die Beschlüsse der Regierung in Worten, die eher nach allgemeiner Absolution der Deutschen für die Naziverbrechen klang, denn als Übernahme kollektiver Verantwortung: Die große Mehrheit des deutschen Volkes verurteile die Verbrechen an den Juden, an denen sie nicht beteiligt gewesen sei. Viele Deutsche hätten sich unter dem Nationalsozialismus aus religiösen und Gewissensgründen schweren Gefahren ausgesetzt und ihren jüdischen Mitbürgern geholfen, um die Schande, die im Namen Deutschlands begangen worden sei, abzuwaschen.[17] Ein Jahr später vertrat er, als gäbe er den vor allem instrumentalen Charakter der Wiedergutmachungspolitik zu, vor dem Parlament den Reparationsvertrag und erinnerte an «die große wirtschaftliche Bedeutung der Juden in der Welt»[18]. Die Wiedergutmachung war nicht dafür bestimmt, die Verantwortung für die Politik gegenüber den Juden zu übernehmen, sondern sollte die Gewissen derer, die vergessen wollten, erleichtern. Das Kapitel der Naziverbrechen schien ein für allemal beendet.[19] Wieder einmal hatten die Juden als Mittel gedient, um den Deutschen ein ruhiges Gewissen zu verschaffen. Dank einer kleinen finanziellen Anstrengung – die Wiedergutmachungszahlungen beliefen sich 1954 auf 0,22 Prozent des Bruttosozialprodukts und 1966 auf 0,30 Prozent – hatte sich Deutschland von einer Riesenlast befreit.[20]

Das «kollektive Gedächtnis» ist per definitionem pluralistisch und besteht aus verschiedenen Darstellungen der Vergangenheit, die oft im Gegensatz zueinander stehen. In Deutschland erfuhr es ein besonderes Schicksal, denn es wurde abgetrennt, eingefroren und in Instanzen eingeschlossen, die keine gemeinsame Sprache hatten, denn sie waren jetzt sozial, politisch und sogar geographisch getrennt. Das Gedächtnis der Juden wurde im Ausland, vor allem in den USA und Israel von den Überlebenden des Völkermords und von den Emigranten gepflegt, die Nazideutschland vor 1939 hatten verlassen können. Die Erinnerung an den Widerstand gegen die Nazis war in der DDR manipuliert und in eine Staatsideologie umgewandelt worden. Im Westen, in der Bundesrepublik, blieb nur das Vergessen neben der schweigenden Erinnerung einer beträchtlichen Zahl alter Nazis, die wieder in die Gesellschaft eingegliedert waren. Die Shoah ging für die Juden sofort in die Erinnerung ein, für die Deutschen blieb sie lange ein Ereignis, das es nie gegeben hatte. Dieses Vergessen wurde begünstigt durch das Fehlen der Erinnerung der Juden in den beiden Staaten, die aus dem Dritten Reich hervorgegangen waren, und durch die traditionelle Ausgrenzung der Juden aus der deutschen Nation. In einem zerstörten Land waren die einzigen Opfer, diejenigen, die durch die Bomben der Alliierten ihre Häuser verloren hatten und von der Roten Armee aus den Ostprovinzen vertrieben worden waren. Die Erinnerung an die Menschen, die in Viehwagen deportiert und in Gaskammern umgebracht worden waren, ließ sich um so leichter verflüchtigen, als die Juden für viele Deutsche nie zur deutschen Nation gehört hatten und von ihnen keine Spur zurückgeblieben war. Die Schnelligkeit, mit der die Deutschen die Kriegstrümmer beseitigten, erklärt sich nicht nur aus ihrer Arbeits- und Ordnungsliebe, sondern auch aus ihrem

Willen zur Verdrängung. Nach Meinung der Psychoanalytiker Alexander und Margarete Mitscherlich waren sie vor allem Ausdruck «kollektiver Verleugnung der Vergangenheit».[21]

Die fünfziger Jahre standen unter dem Zeichen der «Rückkehr zur Normalität». Dank der wiedererlangten wirtschaftlichen Prosperität fand die Gesellschaft eher in der Abgrenzung zu den schrecklichen Kriegsjahren als zur Herrschaft des Nationalsozialismus zu einer neuen Identität. Der Expansionstrieb war einem Kampf gegen die Zeit gewichen, der in einem eiligen Lauf in Richtung Modernisierung und ökonomisches Wachstum zum Ausdruck kam. Das «Volk ohne Raum» war zu einem «Volk ohne Zeit» geworden, eine Veränderung, die der Erinnerung kaum Platz ließ. Auschwitz war ein unbekanntes Wort für die jungen Westdeutschen. Wie Lothar Baier hervorgehoben hat, stand die Gesellschaft im Bann der Erinnerung an den Nationalsozialismus, «in Form unerklärter Tabus und unbegreiflicher Verbote»[22], aber nie kam das Geschehene an die Oberfläche. Es wurde sorgfältig aus der Politik und dem täglichen Leben herausgehalten. Einige konservative Denker, die die Adenauer-Ära in apologetischem Licht sehen, preisen die nicht stattgefundene Entfernung von Nazis als großes Verdienst. Für den Philosophen Hermann Lübbe war nach dem Krieg ein gewisses soziales, psychologisches und politisches Schweigen notwendig, um die Gesamtheit der deutschen Bevölkerung in die neuen Institutionen der BRD zu integrieren.[23] Nur wenige Stimmen brachen das Schweigen und wehrten sich gegen den neuen Konformismus, der die Gesellschaft erstickte und eine kritische Auseinandersetzung mit der Vergangenheit verhinderte: Eugen Kogon, Heinrich Böll, Martin Niemöller und vor allem seit 1946 Karl Jaspers. Im Dezember 1953 schrieb Arthur Koestler: «Die volle Wahrheit ist in das Bewußtsein des Volkes nicht eingedrungen, weil sie zu schrecklich ist, als daß man ihr offen ins Gesicht sehen könnte. Die Last der Schuld wäre, wenn man sie erst einmal in das Bewußtsein eintreten ließe, einfach zu schwer zu tragen, sie würde den Stolz des Volkes zerschmettern und das Bemühen lähmen, wieder zu einer europäischen Großmacht zu werden. Viele gutwillige und intelligente Deutsche reagieren deshalb, wenn man in ihrer Gegenwart auf Auschwitz und Belsen zu sprechen kommt, mit eisernem Schweigen und dem gekränkten Gesichtsausdruck einer viktorianischen Lady in deren Gegenwart man das anstößige Wort *Geschlecht* erwähnt hat und der es nicht in den Kopf will, daß das *Geschlechtliche* nun eben existiert, über solche Dinge redet man einfach nicht, und damit punktum!»[24]

Hannah Arendt hatte von «moralischer Verwirrung» im Nachkriegsdeutschland gesprochen und betont, daß paradoxerweise nur die Unschuldigen bereit waren, von Kollektivschuld zu sprechen, während die Masse derer, die in den verschiedensten Positionen die politische und ideologische Verantwortung und damit auch die für die Nazi-Verbrechen zu tragen hatten, selten «die geringste Reue zeigten».[25] Ein verräterisches Symptom dieses Seelenzustands war der große Erfolg des Buches *Der Fragebogen* von Ernst von Salomon, einem konservativen Denker, der 1951 zum ersten Bestseller im Nachkriegsdeutschland wurde. Der Autor machte sich lustig über die Fragebögen, die ihm die Besatzungsmächte vorgelegt hatten, um ihn zu beurteilen, einzuschätzen und «umzuerziehen», und wies verächtlich und ironisch jeden Versuch, die Deutschen für schuldig zu erklären, zurück. Die beiden Jahrzehnte nach dem Zweiten Weltkrieg waren bestimmt von einem Gefühl der «Kollektivschuld»[26], wie zahlreiche Meinungsumfragen bezeugen. 1961 behaupteten 88 Prozent der Westdeutschen, sie trügen keinerlei Verantwortung für den Judenmord, drei Jahre später war die Mehrheit der Bevölkerung der Meinung, die Nazis hätten keinerlei Verbrechen begangen.[27] Arroganz, die von der wiederlangten wirtschaftlichen Prosperität herrührte, eine politische Legitimation, die auf dem Antikommunismus gründete, eine «kalte Amnestie», die offen darauf abzielte, die Erinnerung zu betäuben, dies waren die konstitutiven Elemente der «kollektiven Unschuld».

*D*IE UMSTRITTENE *E*RINNERUNG
Dem Ende des Kalten Krieges folgte die Ostpolitik
Willy Brandts, damit löste sich der von Adenauer in den fünfziger Jahren oktroyierte Konsens auf, und eine neues Klima
entstand. Das Schweigen über die Shoah wurde gebrochen.
1961 begann in Jerusalem der Prozeß gegen Eichmann, dem
zwei Jahre später der Frankfurter Auschwitz-Prozeß folgte, in
dem Deutschland zum erstenmal mit seiner Vergangenheit
konfrontiert wurde.[28] Wirklich kam dieser Prozeß erst mit der
Studentenrevolte Ende der sechziger jahre in Gang. Eine
neue, zumeist nach dem Krieg geborene Generation entdeckte
die Geschichte wieder und warf einen kritischen Blick darauf.
Sie stellte ihren Vätern, die sich als Meister im Schweigen
erwiesen hatten, kritische Fragen. Bei dieser Revolte spielte
die Auseinandersetzung mit dem Faschismus eine wichtige
Rolle. Es bleibt jedoch zu fragen, ob die Bedeutung des Antisemitismus wirklich erfaßt wurde. Er blieb ein abstrakter
Begriff, man fand seine Spuren in jedem autoritären Regime,
manchmal sogar in der Bundesrepublik, seine Besonderheiten, seine historische Einzigartigkeit jedoch wurde nicht
erkannt. Die Vergangenheit wurde in Frage gestellt, Deutschland wurde als schuldig erkannt und verurteilt. Zugleich wurde die Weimarer Republik wiederentdeckt, deren wichtige
Träger ins Exil gegangen waren, man beschäftigte sich mit
dem Spartakus-Aufstand und der Münchner Räterepublik,
Ereignissen, die im Konformismus der Adenauer-Ära unter-
gegangen waren. Die «Judenfrage» wurde nie ganz aus dem
Vergessen hervorgeholt. Anders kann man sich nicht
erklären, mit welcher Leichtfertigkeit manche Themen abge-
handelt wurden, indem etwa in Flugblättern, die die israeli-
sche Politik angriffen, von «Nazisrael» gesprochen wurde.
Trotz aller, manchmal beträchtlicher, Differenzen innerhalb
der westdeutschen Linken schienen alle Widersprüche, die die
Kultur der radikalen Linken der sechziger und siebziger Jahre
hinsichtlich der Nazivergangenheit bestimmten, in der RAF
zusammenzulaufen. Gudrun Ensslin etwa brachte ihre radikale Kritik an dieser Vergangenheit zum Ausdruck, als sie sich
während des Stammheim-Prozesses weigerte, auf die Fragen

ihrer Richter zu antworten und sagte: «Man redet nicht mit Leuten, die Auschwitz gemacht haben.» Andererseits ist unvergeßlich, wie 1976 westdeutsche Terroristen in Entebbe unter den Passagieren eines von Palästinensern entführten Flugzeugs nach jüdischen Geiseln suchten. Man kann auch nicht, ohne von Verdrängung zu sprechen, den tiefen Eindruck verstehen, die der Film *Holocaust* beim deutschen Publikum hinterließ. Diese schwerverdauliche Fernsehserie, die letzten Endes die Dinge mystifizierte und das Verbrechen banalisierte, weil sie das Undarstellbare darstellen wollte, hatte immerhin das Verdienst, das Schweigen der Generation, die Krieg und Nationalsozialismus erlebt hatte, zu brechen, die Gewissen wachzurütteln, die sich längst beruhigt zu haben glaubten, und den Generationen der Deutschen, die in der Zeit des Vergessens erzogen worden waren, die Wirklichkeit des Völkermords zu vermitteln. Die jungen Leute, die die 68er Bewegung ins Leben riefen, waren in erster Linie motiviert durch die Suche nach einer neuen Identität, die auf der Ablehnung des Schweigens der Väter, der Deutschen die die Nazi-Zeit erlebt hatten, gegründet war. Der Internationalismus dieser radikalen Jugend – für die die Solidarität mit Vietnam von größter Wichtigkeit war – nährte sich von Motivationen, die oft weit über die Unterstützung von Unterdrückten hinausgingen. Es war eine Art «negativer Patriotismus», eine Art geborgte Identität, an Stelle der abgelehnten deutschen.[29]

Zur Revolte gegen die Generation der Väter gehörte nicht unbedingt die Übernahme der historischen Verantwortung für das Geschehene. Man darf die Opfer der problematischen Konfrontation der Jugend der sechziger und siebziger Jahre mit der Vergangenheit nicht übersehen. Der Fall Bernward Vesper ist in diesem Zusammenhang geradezu sinnbildlich. Er war der Sohn des berühmten Nazi-Schriftstellers Will Vesper. Bernward Vesper spielte eine zentrale Rolle in der Bewegung der Linken und schrieb den autobiographischen Roman *Die Reise*, der 1977 postum erschien. 1971 hatte Wesper Selbstmord begangen.[30] Die Erinnerungsarbeit, die eine kritische Vergegenwärtigung der Vergangenheit zum Ziel hat, ist noch lange nicht abgeschlossen. Erst kürzlich brachte der Golfkrieg die schmerzliche und nicht beendete Trauer der

Linken zu Bewußtsein. Wie soll man nicht die Schatten der Vergangenheit am Werk sehen, wenn der Krieg einer westlichen Militärkoalition gegen Saddam Hussein sich plötzlich in einen Verteidigungskrieg der Israelis verwandelt und Israel von den chemischen Waffen des «Nazi»-Regimes im Irak bedroht wird? Der Graben liegt nicht mehr zwischen Kriegstreibern und Pazifisten, sondern zwischen denen, die die Verbrechen Deutschlands durch die Vernichtung des irakischen Staats sühnen wollen. Das vergiftete Erbe der Nazi-Vergangenheit und die lange Verdrängung der Judenfrage und des Antisemitismus durch die deutsche Linke stellen ein Erinnerungspotential dar, dessen Wirkung noch für heutige politische Entscheidungen grundlegend sein kann.[31]

Die Institutionen bleiben von solchen mit der Erinnerung verbundenen Dilemmata unberührt. Ihre einzige Sorge besteht darin, den Deutschen ein neues Bewußtsein zu vermitteln, einen neuen Nationalstolz. Dies bedeutet eine «Revision» der Geschichte, die in den achtziger Jahren durch eine Reihe symbolischer Ereignisse vorbereitet wurde, deren wichtigstes zweifellos der Besuch Kanzler Kohls und des amerikanischen Präsidenten Reagan auf dem Soldatenfriedhof von Bitburg war, auf dem sich 47 Gräber der Waffen-SS, darunter auch die von Offizieren befinden. Der westdeutsche Kanzler bezeichnete sie als «Opfer des Nationalsozialismus» ebenso wie die Toten des KZ Bergen-Belsen, das die beiden Staatsmänner besucht hatten, bevor sie nach Bitburg kamen.[32] Nach dieser glücklichen und bewegenden Versöhnung der Opfer mit ihren Henkern, die zum Vorteil der letzteren und zum Nachteil des Gedenkens der ersteren geschah, können die Deutschen wieder ihre Vergangenheit besetzen nach einer unerbittlichen Logik, die bereits Walter Benjamin enlarvte und derzufolge «auch die Toten, vor dem Feind, wenn er siegt, nicht sicher sind,» wenn die Erinnerung geleugnet oder besudelt wird, «und dieser Feind hat zu siegen nicht aufgehört.»[33]

Bitburg hat eine Art «negativer Katharsis» des deutschen nationalen Gewissens eingeleitet, die im Jahr darauf durch den «Historikerstreit» fortgesetzt wurde, in dem manche hinter der Regierung stehende Intellektuelle offen für eine «Normalisierung» der deutschen Vergangenheit plädierten.

AUSCHWITZ - DIE ERINNERUNG UND DIE HISTORIKER

Normalerweise wird die Schar derer, die beharrlich die historische Wirklichkeit des Judenmords leugnen – sie besteht aus Leuten verschiedenster Couleur und reicht von Ultralinken bis zu Neonazis –, als revisionistisch bezeichnet. Die Negation ist nicht die einzige Art, «das Gedächtnis zu töten». Es gibt noch eine andere Methode, die in gewisser Hinsicht subtiler und tückischer ist als die Lügen eines Faurisson und die nicht darin besteht, Auschwitz zu leugnen, sondern es zu relativieren, zu banalisieren und es mit Argumenten zu erklären, die es rechtfertigen sollen. Die neuen deutschen Revisionisten leugnen nicht, daß es Gaskammern gegeben hat und können unschwer die Naziverbrechen verurteilen. Sie sind angesehene konservative Historiker, die einen sicheren Platz in den Institutionen der Bundesrepublik haben, wo sie an Universitäten lehren, Forschungszentren leiten und in den wichtigsten Tageszeitungen schreiben. Ihre Ziele sind verschieden: Sie wollen den Nationalsozialismus neu interpretieren und den Judenmord relativieren, eine in ihren Augen notwendige Aufgabe, um Deutschland eine «positive» nationale Identität zu geben, die befreit ist von den Gespenstern einer «Vergangenheit, die nicht vergehen will».

Wie man weiß, hat dieser ideologische Feldzug in Deutschland eine lebhafte Debatte ausgelöst, der die Medien große Aufmerksamkeit schenkten und die man heute «Historikerstreit» nennt. Diese Bezeichnung ist nicht sehr zutreffend, wenn man bedenkt, daß der Hauptgegner der Revisionisten, Jürgen Habermas, Soziologe und Philosoph ist und die Polemik die Kreise der Spezialisten längst verlassen und das Interesse einer großen Öffentlichkeit gefunden hat. Ausgangspunkt war ein Artikel des konservativen Historikers Ernst Nolte, der im Juni 1986 in der *Frankfurter Allgemeinen Zeitung* erschien. Er vertritt in aller Deutlichkeit folgende These: Die Naziverbrechen waren nichts anderes als die Reaktion auf die «asiatische Barbarei» des Bolschewismus, der Gulag ging Auschwitz voraus, und ohne Gulags hätte es die Vernichtungslager der Nazis nie gegeben. Nach Nolte wurde vor dem Völkermord der Nazis bereits von den Bolschewiken eine

«Klassenvernichtung» praktiziert, deren Taten «von zahlreichen Autoren zu Beginn der zwanziger Jahre bereits beschrieben wurden.» Nur die Gaskammern bilden eine Ausnahme.
Die einzigen, vom Autor als unwiderlegbar bezeichneten
Argumente, auf denen diese Deutung aufbaut, sind äußerst
schwach und unhaltbar. Zunächst der sogenannte Rattenkäfig,
eine Foltermethode, die chinesische Elemente der Tscheka
(der sowjetischen politischen Polizei) während des Bürgerkriegs praktiziert haben sollen. Wie Hans-Ulrich Wehler
nachgewiesen hat, ist die von Nolte verwendete Quelle nichts
anderes als ein antisemitisches und antikommunistisches
Pamphlet, das 1924 von S.P. Melgunow veröffentlicht wurde,
einem im Exil lebenden Russen, der mit den weißen Garden
sympathisierte.[34] Das andere Argument, das Nolte bereits in
einem Artikel von 1985 verwandte, stützt sich auf einen
Brief, den der zionistische Führer Chaim Weizmann 1939 an
den britischen Premierminister Chamberlain schickte, und mit
dem er beweisen will, daß Hitler glaubte, sich in einem Krieg
gegen das «internationale Judentum» zu befinden. Daß Weizmann kein Staatsschef war und in keiner Weise beanspruchen
konnte, die deutschen Juden zu repräsentieren, hat für Nolte
nur nebensächliche Bedeutung. Auch hier analysiert der deutsche Historiker den nazistischen Standpunkt nicht, sondern
sondern übernimmt ihn und gelangt zu Schlußfolgerungen,
die man nicht anders als apologetisch nennen kann.[35] Auf dieser zerbrechlichen Grundlage baut Nolte seine Theorie vom
Völkermord an den Juden als «präventives Massaker» auf,
das durch die Bedrohung einer Vernichtung durch das bol-
schewistische Rußland ausgelöst wurde. Zwischen den beiden
Formen der Vernichtung, die «der Klasse» bei den Bolschewiken, die der «Rasse» bei den Nazis soll es einen «Kausal-
zusammenhang» geben, dessen Beginn «logisch und fak-
tisch» auf die Oktoberrevolution zurückgeführt werden muß.
Die Schlußfolgerung dieser Untersuchung ist die Leugnung
der Einzigartigkeit der Shoah, für die nicht das Naziregime
verantwortlich sein soll, sondern die Oktoberrevolution, die
den Beginn einer Zeit der Totalitarismen begründete. Nach
Ausbruch des Historikerstreits hat Nolte seine Position noch
verschärft in einem schwerwiegenden und unverdaulichen

ideologischen Werk, das 1987 unter dem Titel *Der europäische Bürgerkrieg* erschien und in dem er offen behauptet, Hauptmerkmal des Nationalsozialismus seien weder seine «verbrecherischen Neigungen» noch seine «antisemitischen Obsessionen», sondern seine Haltung gegenüber dem Kommunismus, insbesondere dem russischen Bolschewismus. Seiner Meinung nach war der Hitlersche Antikommunismus nicht nur völlig verständlich, sondern «bis zu einem gewissen Punkt sogar gerechtfertigt».[36] Er grenzt sich von den anderen Historikern ab – «in den meisten Fällen jüdische Autoren» – die Auschwitz ins Zentrum der Geschichte des Nationalsozialismus stellen, um die Grundmotivationen des Hitlerregimes hervorzuheben, den Kampf gegen den Kommunismus und die bolschewistischen Gulags. Beide teile er, wie er sagt, in hohem Maße.[37]

Noltes ideologische Offensive wurde von Andreas Hillgruber, einem anderen Historiker, der sich mit dem Nationalsozialismus beschäftigt, gestützt, und zwar in einem Buch mit dem bezeichnenden Titel *Zweierlei Untergang*, in dem der Völkermord an den Juden mit dem Sturz des Dritten Reiches auf eine Ebene gestellt wird. Nach Hillgruber war das «Ende» des europäischen Judentums eine mit der Zerstörung Großdeutschlands vergleichbare Tragödie, eines Landes, das Opfer eines Plans der Großmächte wurde, die ihm die Führungsrolle in der Mitte Europas nehmen wollte. Die letzten Schlachten der Wehrmacht stellt Hillgruber als heldenhafte Verteidigungsleistungen der deutsche Zivilbevölkerung gegenüber «den Racheorgien der Roten Armee, den Massenvergewaltigungen, den willkürlichen Morden und den wahllosen Deportationen» dar und schließt mit dem Hinweis, daß nicht diejenigen seine Unterstützung finden, die gegen Hitler kämpften (die deutschen Widerständler sind ebenfalls gemeint), sondern die Soldaten, welche die Grenzen des Reiches verteidigten.[38] Beim (höchst aufschlußreichen) Vergleich zwischen «Ende» des Judentums, der Shoah, und der «Zerstörung» des Hitlerstaats verwickelt Hillgruber sich in einen Widerspruch: zwei Katastrophen auf eine Ebene zu stellen (wie den Judenmord und die deutsche Niederlage), wobei er noch bei seiner historischen Begeisterung für die Wehrmachtssoldaten zu verstehen gibt, daß letztere die Schlimmere ist – bedeutet, zu vergessen, daß die Verteidigung des Reiches gegen den sowjetischen und alliierten Vormarsch die Voraussetzung für die Durchführung des Judenmords war.

Was Noltes Theorie betrifft, so gründet er sie auf einer historischen Analyse, die alles andere als stringent ist. Er verwendet eine Sprache und Argumente, die aus der Zeit der McCarthy-Ära stammen, hebt jeglichen Unterschied zwischen Bolschewismus und Stalinismus, zwischen den ersten Jahren sowjetischer Herrschaft und der Stalin-Diktatur auf. Die repressiven Maßnahmen der Bolschewiken gegenüber der Opposition (auch gegenüber der Linken) nach der Oktoberrevolution, die von politischer Haft, die schon unter Lenin eingeführt worden war, bis zur Niederschlagung des «konterrevolutionären» Aufstands in Kronstadt reichte, haben gezeigt, daß das Sowjetrußland der zwanziger Jahre kein idyllisches Reich sozialistischer Utopien war. Aber der rote Terror zwischen 1918 und 1922 war nicht der totalitäre Terror, wie ihn Solschenizyn beschreibt. In der autoritären Herrschaft der Bolschewiken Anzeichen einer «Klassenvernichtung» zu sehen, ist eine reine Lüge. In der Sprache der Bolschewiken bedeutet «Abschaffung der Bourgeoisie als Klasse» ihre Enteignung und nicht ihre physische Vernichtung. Kann man in der Hinrichtung des Zaren den Beginn einer «Klassenvernichtung» sehen? Dann kann man gleich weiter in die Geschichte zurückgehen und die Wurzeln von Auschwitz bei den Jakobinern suchen. Das Beispiel der Bolschewiken ist nicht klug gewählt. Jedes seriöse Werk über Sowjetrußland beweist, daß während des Bürgerkriegs von 1918-1921 die Rote Armee die jüdische Bevölkerung der Ukraine gegen die heftigen Pogrome der Weißen Garden in Schutz nahm.[39] Kann man darin einen «logischen und faktischen Vorläufer» des Judenmords sehen?

Am blutigen Charakter des stalinistischen «Thermidor» besteht kein Zweifel. Während der dreißiger Jahre zog die Zwangskollektivierung auf dem Land (der die Konfiszierung von Weizen vorausging) Ausrottungen nach sich, denen Millionen Bauern zum Opfer fielen. Durch die Deportationen und Hinrichtungen von Oppositionellen wurde eine ganze Generation von Revolutionären ausgelöscht. Dennoch unterschied sich diese Ausrottung qualitativ von der Vernichtung der Juden. Mit der Zwangskollektivierung auf dem Land wurde ein soziales Hindernis des Vormarschs der Bürokratie niedergeschlagen, und mit den Moskauer Prozessen und Gulags brachte der Stalinismus seine politische Gegner um. Dies ist nicht vergleichbar mit der Ermordung von Millionen Menschen als «minderwertiger Rasse» und «Untermenschen». Primo Levi, der große Schriftsteller, dessen Leben von den in Auschwitz erlittenen Qualen gezeichnet war, hat diesen Unterschied mit deutlichen Worten formuliert: «Die Sklavenarbeit war eines der Ziele des Lagersystems, die beiden anderen waren die Auslöschung des politischen Gegners und die Ausrottung der sogenannten niederen Rassen. Das sowjetische Straflagersystem unterschied sich erheblich vom Nazisystem durch Fehlen des dritten Ziels und den Vorrang des ersten.»[40] (Ich würde eher sagen durch Fehlen des zweiten.) Dieser Hinweis will alles andere, als den Stalinismus freisprechen, dessen Verbrechen furchtbar waren, aber er will verhindern, daß der Stalinismus dazu dient, den Nationalsozialismus zu verharmlosen.

Nolte vergißt (bewußt) eine Seite des Problems, die jedem, der eine Biographie Hitlers gelesen hat, ins Auge springt: Die antisemitische Besessenheit Hitlers gab es schon vor der Oktoberrevolution. Sein Judenhaß entstand in Österreich vor dem Ersten Weltkrieg unter dem Einfluß des demagogischen Populismus Karl Luegers und der pangermanistischen Bewegung Georg von Schönerers, dessen Antisemitismus bereits eine deutlich rassistische Färbung hatte. Der arbeitslose Hitler, der überdies als Künstler in einem kulturellen Milieu, das stark von der jüdischen Kultur geprägt war, scheiterte, fühlte sich angesichts seines Versagens in der Überzeugung bestärkt, Opfer einer «verjudeten» Umwelt zu sein. Die deutsche Niederlage und nach 1919 die Münchner Revolution, bei der mehrere Juden eine herausragende Rolle spielten, führten zu einer weiteren Radikalisierung des Antisemitismus. Hitler war im übrigen nicht der einzige, der zu Beginn der Weimarer Republik den Juden die Verantwortung für die katastrophale Lage in Deutschland zuschob. Antimarxismus und Antikommmunismus, auch wesentliche Bestandteile der Weltanschauung der Nationalsozialisten, überlagerten eine antsemitische Mentalität, die es bereits vorher gegeben hatte. Wenn Judentum und Marxismus in den Augen Hitlers voneinander nicht zu trennen waren (daher der Ausdruck «jüdischer Bolschewismus»), denn deshalb, weil sein rassistischer Antisemitismus ihn veranlaßte, Marxismus und Sowjetrußland als jüdische Schöpfungen anzusehen. Man braucht keine «Klassenvernichtung» zu erfinden, um einen psychologischen Mechanismus zu erklären, der bei den großen sozialen Schichten (Bürgertum und Kleinbürgertum) im Deutschland nach dem Ersten Weltkrieg wirksam war. Wie Hans Mommsen festgestellt hat, machte sich Hitler «den Antibolschewismus der deutschen Rechten», für die «die Gleichsetzung von Bolschewismus und Judentum» seit 1918 eine Selbstverständlichkeit war, nur zu eigen.[41]

Noltes These, nach der Auschwitz die Folge eines durch den «Archipel Gulag» hervorgerufenes Traumas war, schiebt das Problem der Geschichte des Antisemitismus in Deutschland einfach beiseite. Hitler hatte keine Bolschewisten mit Messern zwischen den Zähnen im Rücken – so sehen es die Klischees der Propaganda, die offenbar auf Nolte gewirkt hat –, sondern eine lange Tradition von «völkischem» Nationalismus und deutschem Antisemitismus. Hitler und Rosenberg hatte ihre Vorläufer in Wilhelm Marr, Heinrich von Treitschke, Julius Langbehn, Paul de Lagarde, Houston Stewart Chamberlain, Arthur Möller Van der Bruck und Oswald Spengler, um nur die wichtigsten Autoren einer Fülle antisemitischer Literatur zu nennen. Im folgenden ein Fragment, das für sich selbst spricht, Auszug aus einem «wisssenschaftlichen» Werk Paul de Lagardes, *Juden und Indogermanen*, das 1887 erschien: «Man muß die Haut und das Herz eines Krokodils haben, um die Juden nicht zu hassen, und auch die nicht, welche im Namen der Menschheit für die Juden eintreten oder zu feige sind, den Wurm zu zertreten. Man verhandelt nicht mit Trichinen und Bazillen, sondern vernichtet sie so radikal und schnell wie möglich.»[42] Um die Jahrhundertwende waren Sätze wie dieser durchaus gebräuchlich und wurden in zahllosen Zeitschriften mit hoher Auflage gedruckt. Der biologische Rassismus des Naziregimes war der Endpunkt einer in Deutschland seit dem Ende des 19. Jahrhunderts immer einflußreicheren kulturellen Strömung: eines Nationalismus, der vom Mythos des arischen Volkes durchdrungen war und besessen von dem Bild des Juden als ein fremdes Element in der germanischen Welt. Hier muß man nach den Wurzeln des Antisemitismus der Nazis suchen.

Joachim Fest, Hitler-Biograph und Mitherausgeber der konservativen *Frankfurter Allgemeinen Zeitung*, und der Bonner Historiker Klaus Hildebrand haben zugunsten Noltes in die Debatte eingegriffen. Hildebrand hat die Totalitarismus-Theorie wieder ausgegraben, um hervorzuheben, daß der Völkermord eine Politik war, die sowohl die UdSSR als auch das nationalsozialistische Deutschland propagierten.[43] Fest argumentiert ein wenig differenzierter. Er greift die Thesen von der historischen Einzigartigkeit des Völkermords an den Juden an und hebt hervor, daß trotz verschiedener Motivation – «hier die Klasse, da die Rasse» – die Liquidationen der Bolschewiken ebenso bürokratisch, unpersönlich und «wiederholbar» gewesen seien wie die Ausrottungsaktionen der Nazis. Er räumt den «abstoßenden» Charakter der «technologischen Barbarei des Hitlerregimes» ein, deren Inbegriff die Gaskammern seien, aber, so fügt er hinzu: «Kann man wirklich sagen, daß Massenliquidationen mit einer Kugel im Nacken, die in den Jahren roten Terrors üblich waren, etwas qualitativ anderes sind?»[44] Der Einwand, daß der Judenmord der Nazis in einem wirtschaftlich hochentwickelten und altem Kulturland stattfand, erscheint ihm nicht haltbar, da er angeblich nur die Unterscheidung der Nazis zwischen fortschrittlichen und rückständigen Völkern wiederholt. Er zieht den Schluß, daß die These über die Einzigartigkeit der Naziverbrechen «auf schwacher Grundlage steht». Der Historiker Jäckel hat Fest geantwortet, hat den Weg des Hitlerschen Antisemitismus nachgezeichnet und und erneut bestätigt, daß «der Mord an den Juden durch die Nazis etwas Einzigartiges war, weil nie zuvor ein Staat beschlossen und mit der Autorität seines höchsten Repräsentanten verkündet habe, daß eine Gruppe Menschen ausgerottet werden müsse, wenn möglich ganz und gar, Alte, Frauen, Kinder und Säuglinge eingeschlossen, eine Entscheidung, die dieser Staat später mit allen ihm zur Verfügung stehenden Mitteln durchführte.»[45]

Der Historikerstreit läßt sich in drei Hauptthemen zusammenfassen: 1) die Leugnung der Einzigartigkeit des Völkermords an den Juden (Nolte, Fest), der im Grunde abgesehen von einigen marginalen Neuerungen (den Gaskammern) nur die Kopie eines Originals sei, des bolschewistischen Gulags. 2) Schuldige und Opfer werden auf eine Ebene gebracht, indem die Deutschen, die in den besetzten Gebieten von der Roten Armee terrorisiert wurden, mit den in den Todeslagern der Nazis umgebrachten Juden gleichgestellt werden (Hillgruber). 3) die Normalisierung der deutschen Vergangenheit, indem der Nationalsozialismus der «Ära der Tyrannen» zugerechnet wird, wodurch er nicht nur seinen Mordcharakter verliert, sondern im Kampf gegen den Kommunismus sogar eine gewisse historische Legitimation erfährt.

Es ist deutlich, worum es in dem Historikerstreit geht, um das Verhältnis Deutschlands zu seiner Vergangenheit. Hinter der Revision der Geschichte steht ein politischer Plan, innerhalb dessen das Geschehen von Bitburg eine bedeutsame Etappe darstellte, die Deutschland mit seiner Vergangenheit versöhnen sollte, um ihm nach den Worten Michael Stürmers, eine «positive» nationale Identität zu geben.

Zum Schluß dieser Untersuchung der Nolteschen Thesen ist es notwendig, sie als das zu bezeichnen, was sie in Wahrheit sind: *Antisemitismus.*[46] Der Wunsch, die deutsche Vergangenheit zu «normalisieren», indem die Nazizeit wie eine Epoche unter anderen dargestellt wird, bedeutet, eine indifferente Haltung gegenüber den Opfern des Völkermords anzunehmen oder zu einer solchen aufzufordern. Die Idee, daß der Nazismus nur eine Reaktion auf die «asiatische Barbarei» gewesen sei, nimmt ein gängiges Thema der Nazi-Propaganda wieder auf, nämlich die Notwendigkeit, das deutsche Volk und die «arische Zivilisation» gegen den jüdischen Bolschewismus zu verteidigen.

WIEDERVEREINIGUNG, DIE DAS GEDÄCHTNIS AUSLÖSCHT

Wenn es dem Historikerstreit in erster Linie darum ging, die Naziverbrechen zu relativieren und die Judenfrage in Deutschland zu normalisieren, bedeutet dies, das Ende des Vergessens oder zumindest des Vergessens in seiner früheren Form. In diesem Zusammenhang muß man daran erinnern, daß der Historikerstreit sich vorwiegend in der Tagespresse abspielte und auf großes Interesse der Medien stieß. Auschwitz ist kein Tabu mehr wie in den fünfziger Jahren. Die Versuche, seine Bedeutung zu relativieren, setzten immerhin voraus, daß man darüber redet. Die Shoah zu vergessen, ist unmöglich geworden, und man versucht nun, das Vergessen durch die Relativierung, ja die Banalisierung der Shoah zu ersetzen.

Zugleich scheint Deutschland endlich entdeckt zu haben, von welcher Bedeutung und immensem Reichtum der Beitrag der Juden zur Kultur ist. Die Werke von Denkern und Schriftstellern, die vor dem Krieg als Vertreter eines «undeutschen» Geistes verpönt waren, füllen heute die Regale von Buchhandlungen und Bibliotheken in der Bundesrepublik. Seit zehn Jahren nehmen die Forschungen und Veröffentlichungen über die Juden in deutschsprachigen Ländern zu. In Frankfurt wurde die Zeitschrift *Babylon* gegründet, die erste jüdische Zeitschrift, die in Deutschland nach 1933 erschienen ist. Bald wird es in Berlin, der Hauptstadt des wiedervereinigten Deutschlands, ein Museum zur Geschichte der Juden geben. Der Antisemitismus, offen nur noch von Neonazis gepredigt, die im großen und ganzen eine Randgruppe sind, hat keinen Platz mehr, und selbst Philipp Jenninger wurde für seine verbalen Entgleisungen im Bundestag (er hatte das Klima der dreißiger Jahre in Deutschland schildern wollen und eine mißverständliche Formulierung verwendet, die sogleich, zu Unrecht übrigens, als Apologie des Nationalsozialismus wahrgenommen wurde) sogleich bestraft.[47] Außerdem war eine der letzten Taten der DDR-Regierung nach der demokratischen Revolution von 1989 die Anerkennung der «Verantwortung des ganzen deutschen Volkes» für die vom Naziregime verübten Verbrechen an den Juden. – Es scheint, als

199

habe Deutschland seine Verbrechen anerkannt. – Museen haben oft die Funktion, die Vergangenheit zu verschönern, anstatt sie lebendig zu machen, und die rituelle Verdammung des Antisemitismus durch offizielle Stellen ist eher als diplomatische Trauer anzusehen. Nichts weist darauf hin, daß Deutschland gelernt hat, mit der Erinnerung an sein Judenproblem zu leben. Diese bleibt für die Historiker ein offener Steinbruch und für die Gesellschaft eine offene Wunde, die noch lange nicht verheilt ist. Sie ist Gegenstand verschiedener Strategien, die die «Vergangenheit bewältigen» sollen und manchmal, wie man beim Historikerstreit gesehen hat, ganz gegensätzliche Orientierungen haben.

Die Wege der Erinnerung sind uneben und beschwerlich. Seit dem 19. Jahrhundert fallen Geschichtsschreibung und Erinnerung nicht mehr zusammen: Erstere versucht, die Vergangenheit mit strenger Wissenschaftlichkeit zu analysieren, letztere betrachtet sie von innen und macht sich ein subjektives Bild dessen, was sich ereignet. Dennoch können sie sich gegenseitig beeinflussen und sind beide von den Geschehnissen der Gegenwart abhängig, die unsere Art und Weise der Beschäftigung mit der Vergangenheit und der Erinnerung an sie stark beeinflussen. Die Verflechtung der Geschichte und der Erinnerung in Deutschland ist von ganz besonderer Art, weil dieses Land bei jedem politischen und sozialen Ereignis an seine Vergangenheit erinnert wird und zugleich der Versuchung ausgesetzt ist, zu vergessen. Die Bemerkung Henry Roussos hinsichtlich seiner Forschungen über das Vichy-Regime – «die Leiche war noch warm: es war nicht die Stunde des Gerichtsmediziners, sondern des Mediziners oder besser gesagt, des Psychoanalytikers»[48] – gilt für Nazi-Deutschland genauso. Der Nationalsozialismus ist ein entscheidender und unumgänglicher Bestandteil der deutschen Vergangenheit, und über den Nationalsozialismus zu sprechen, bedeutet auch und vor allem, sich das Verhältnis Deutschlands zur Judenfrage zu vergegenwärtigen. Dieses schwere Erbe muß heute von einer Nation verkraftet werden, in der ein großer Teil der Bevölkerung – fast drei Generationen, die während des Zweiten Weltkriegs und danach geboren wurden – mit Widersprüchen konfrontiert sind, die von einer doppelten

Unmöglichkeit herrühren: der Unmöglichkeit sich zu erinnern und der Unmöglichkeit zu vergessen. Während die erste Unmöglichkeit eine objektive Gegebenheit ist, wird die zweite von manchen als moralische Verpflichtung erlebt, von anderen als quälende Verfolgung, ja als Handicap, von dem sie sich so schnell wie möglich befreien möchten. Man muß hinzufügen, daß eine jüdische Erinnerung fehlt, die sozusagen von innen heraus Einfluß auf die Erarbeitung eines nationalen Gewissens haben könnte (die wenigen 35 000 Juden, die heute in Deutschland leben, kommen fast alle aus Osteuropa und nicht aus der Gemeinschaft von vor 1933). Unter diesen Bedingungen ist die Gefahr des Gedächtnisverlustes groß, vor allem wenn die Leute von einer bewußten Strategie ermuntert werden, die alle Naziverbrechen aus der kollektiven Erinnerung verjagen und die deutsche Geschichte «normalisieren» will, indem sie die finsteren Bereiche unkenntlich macht, kurz gesagt eine Strategie, die «eine Vergangenheit, die nicht vergehen will» klassifizieren und der natürlichen Ordnung aller Dinge unterordnen will.

Der Historikerstreit könnte als symbolisches Ereignis erscheinen, in dem eine Metamorphose des Vergessens zum Ausdruck kommt, das Ende der Flucht vor einer zu schwer zu verkraftenden Vergangenheit und der Beginn einer neuen Form der Verdrängung, die auf der «Normalisierung» einer entproblematisierten Vergangenheit beruht. Die Banalisierung der Verbrechen im nationalen Bewußtsein bedeutet den Übergang von einem Vergessen zum anderen. Die Shoah wird nicht mehr versteckt, Auschwitz ist kein Nicht-Ereignis mehr. Sie werden ganz einfach keinen Platz in der Erinnerung haben, Deutschland kann ohne sie auskommen. Dies kann nur den Weg für eine alles entschuldigende Darstellung der Vergangenheit oder für neue Formen kollektiven Gedächtnisverlustes ebnen.

Das Gedächtnis ist, so schreibt Pierre Nora, «in ständiger Entwicklung, offen für die Dialektik der Erinnerung und des Vergessens, ihrer aufeinanderfolgenden Deformationen nicht bewußt, durch alle Verwendungen und Manipulationen verletzbar, und in der Lage, Dinge lange Zeit über zu verbergen und dann plötzlich wieder zum Leben zu erwecken.»[49] Wenn der Gedächtnisverlust, wie wir von Freud gelernt haben, nicht auf das langsame Arbeiten der Zeit zurückgeht, sondern vor allem Werk des Unbewußten ist, das unter den Schatten des Vergessens unangenehme Erlebnisse und Erinnerungen verbirgt, und wenn, wie Yosef Hayim Yerushalmi hervorgehoben hat, die Identität jedes Volkes auf der selektiven Bewahrung mancher mythischer oder historischer Elemente der Vergangenheit beruht, die eine Tradition begründen sollen, während der Rest der Geschichte aufgegeben wird und damit verlorengeht[50], dann ist die Wiedervereinigung Deutschlands ein typisches Beispiel kollektiver Amnesie. Die Geschichte ist kein Supermarkt, in dem man sich nehmen kann, was einem paßt, und den Rest liegen läßt. Die Geschichte ist ein Prozeß, und der Historiker, der sich heute mit der deutschen Vergangenheit beschäftigen will, kann nicht zwölf Jahre Naziherrschaft ausklammern, denn gerade diese schreckliche Zeit ist das Bindeglied zur deutschen Vergangenheit. Das Gedächtnis kann durchaus einem Supermarkt ähneln. Es unterliegt keinerlei wissenschaftlichen Kriterien, es arbeitet selektiv, und Widersprüche bereiten ihm keine Probleme. So kann es die Erinnerung an eine Vergangenheit bewahren, die dem Historiker mit seinem traditionellen Mitteln nicht zugänglich ist oder durch offizielle Institutionen verdunkelt wurde. Es kann aber auch das Vergessen gegen eine von Historikern ausführlich bearbeitete Vergangenheit setzen. Die deutsche Wiedervereinigung erscheint als Paradebeispiel für die tiefen Gräben, die zwischen Geschichte und Erinnerung entstehen können. Die Freude über die wiedergefundene nationale Einheit und bei den Ostdeutschen über die Befreiung aus vierzig Jahren kultureller und politischer Unterdrückung scheint einen bleiernen Deckel über jegliches kritische Nachdenken über die Vergangenheit und damit die Ursachen der Teilung des Landes gelegt zu haben. Alle spielte sich so ab, als habe die Teilung Deutschlands in zwei Staaten nur einen Grund gehabt, den Kommunismus, und als hätten Krieg und Nazismus damit nichts zu tun. «Der neunte November wird in die Geschichte eingehen», sagte triumphierend Walter Momper, der Regierende Bürgermeister von Westberlin, am Tag des Falls der Mauer. Er vergaß dabei, daß an diesem Tag Berlin Schauplatz eines anderen historisches Ereignisses war: der Reichspogromnacht vom 9. November 1938, in der alles, was noch an jüdischen Einrichtungen in Deutschland übrig war, zerstört wurde. Ein höchst bedeutungsvolles Zusammentreffen, das zeigt, wie groß das Vergessen heute noch immer ist und zugleich, daß Deutschland sich unmöglich von seiner Vergangenheit trennen kann. Die Westberliner Autorin Irene Dische schrieb: «Das Schuldgefühl» ist plötzlich verschwunden, «wie eine historische Katharsis hat die Öffnung der Mauer den Zweiten Weltkrieg aus ihrem Bewußtsein getilgt.»[51] Der Historiker Michael Schneider hat in der Wiedervereinigung eine «kollektive Flucht aus der Vergangenheit» gesehen, etwas wie den Willen, ein für allemal Schluß zu machen mit der deutschen Vergangenheit.[52]

Vielleicht hat Günter Grass als Reaktion auf diese Verdrängung der Erinnerung mutig und gegen den Strom radikal eine gegenüber der Wiedervereinigung radikal feindliche Haltung vertreten: Er sieht in einem wiedervereinigten Deutschland eine große Gefahr, da das vereinigte Deutschland zu Auschwitz geführt habe.[53] Diese Haltung mag übertrieben scheinen, aber sie hat die Kraft des Zeugnisses und der historischen Erinnerung. Denn die Existenz zweier deutscher Staaten war eine ständige Erinnerung an die Geschichte, sie war eine offene Wunde, ein ständiger Schmerz, eine Erinnerung an den Nationalsozialismus und seine Verbrechen.

Die Form, in der sich der Wiedervereinigungsprozeß vollzog, zeigt auch die Schwächen und Widersprüche der Position, die Jürgen Habermas einnahm.[54] Er kämpfte gegen «apologetische Tendenzen», die bei westdeutschen konservativen Historikern stark verbreitet sind, und plädierte für eine «posttraditionelle» nationale Identität, bei der die Erinnerung an Auschwitz und die Annahme des «geteilten Erbes», das daraus hervorgeht, konstitutive und unumgängliche Elemente wären. Zugleich betonte er jedoch, daß diese Identität notwendigerweise in einem «konstitutionellen Patriotismus» und einer Loyalität gegenüber dem Westen verankert sein müsse; gerade dies aber waren die Prämissen für die «vergessende» Wiedervereinigung, wie wir sie erlebt haben.

Die Historiker und konservativen Politiker scheinen den

Kampf einer «Zähmung der Vergangenheit» gewonnen zu haben, der auf eine «Versöhnung» Deutschlands mit seiner Geschichte hinausläuft, auf eine Glättung aller Unebenheiten, auf ein Zustopfen der schwarzen Löcher, damit die Deutschen ein «positives» Nationalgefühl verspüren können. Man ist weit davon entfernt, wie Karl Jaspers sich 1946 wünschte, die wiedervereinigte Nation auf einem kritischen Bewußtsein der Vergangenheit aufzubauen, das in der Lage ist, das schwere Erbe der Nazis im Gedächtnis zu bewahren. Was Jaspers die «metaphysische Schuld» nannte und was man einfacher mit «kollektiver Verantwortung» bezeichnen könnte, sollte nicht allen Deutschen (und noch weniger denen, die nach dem Krieg geboren wurden) die Durchführung der Verbrechen anlasten, für die allein das Naziregime verantwortlich ist. Aber sie hebt die Verpflichtung hervor, sich bewußt zu sein, zu einer Nation zu gehören und eine Geschichte zu haben, die den Nationalsozialismus und den Mord an den Juden hervorgebracht hat. Schon 1944 sah Hannah Arendt das Problem deutlich vor Augen. Gewiß waren die Deutschen nicht «seit Tacitus potentielle Nazis», auch waren nicht alle überzeugte Nazis gewesen, aber die Grenze, die Schuldige und Unschuldige voneinander trennte, war so gut verwischt worden, daß es höchst schwierig war, die richtigen und notwendigen Unterschiede zu machen. Die Bestrafung der Kriegsverbechen (die nur in sehr begrenztem Maß stattfand) hätte das Problem nicht gelöst, denn «die Zahl derer, die zugleich verantwortlich und schuldig sind, wird relativ gering sein. Zahlreich sind jene, die einen Teil der Verantwortung tragen, ohne daß man den geringsten Hinweis auf ihre Schuld hätte. Noch häufiger sind die, die schuldig geworden sind, ohne im geringsten verantwortlich zu sein. Zu den Verantwortlichen im weitesten Sinne muß man jene rechnen, die solange wie möglich zu Hitler hielten, die, welche ihm zur Macht verhalfen und die, welche ihm applaudierten, in Deutschland und in Europa.»[55]

Es gibt die Verantwortung der Führungseliten, die Hitler zur Macht verholfen haben, der «nationalen» Parteien, die nicht versucht haben, ihn aufzuhalten und eher bemüht waren, sich zu verbünden. Auch die Arbeiterbewegung ist mitverantwortlich, weil sie unfähig war, die notwendige Einheit zu finden, um den Aufstieg der braunen Pest zu bremsen, und die Niederlage hingenommen hat, ohne zu handeln; ebenso die Kirchen, die sich mit dem Naziregime geeinigt haben und trotz verschiedener Widerstandsaktionen einzelner sich nicht als Institutionen für die Rettung der Juden eingesetzt haben. Nach dem Krieg stellten die Führungseliten ihre ökonomische Macht wieder her, die Parteien bildeten sich neu und die Kirchen ebenso. Alle diese Institutionen sind politisch verantwortlich. Es gibt jedoch noch eine andere Verantwortung, die aller Deutschen, die Bescheid wußten und Schweigen bewahrt haben oder die an ihren Schreibtisch gefesselt waren und teilhatten an der Organisation der Vernichtung; die Verantwortung all derer, die man auf den Fotos der deißiger Jahre friedlich lächeln sieht neben den Plakaten mit der Aufschrift «Juden raus». Diese Anerkenung unserer historischen Verantwortung für den Völkermord an den Juden müßte sich über ganz Europa erstrecken, weil die Vernichtung der Juden Komplizenschaften in Anspruch nahm, die über die Grenzen Deutschlands hinaus gingen, und weil Auschwitz einen Bruch in der Zivilsation darstellt, der uns alle betrifft und ermahnt.

Die einzige Schuld, die von der heutige Regierung der Bundesrepublik ernst genommen wird, ist die Mitgliedschaft in der SED. Die Stasi, die frühere politische Polizei der DDR, die zu Recht von den ostdeutschen Bürgern gehaßt wird, droht zu einem Sündenbock zu werden, der die Erinnerung an die Nazi-Verbechen auslöschen soll. Ein einziges negatives Element genügt dem heutigen Deutschland, um seine Grenzen abzustecken: der Antikommunismus. In den Augen der Vertreter der Regierung und der konservativen Intellektuellen war der Antifaschismus nur eine in Moskau hergestellte Ideologie, der man mißtrauen mußte und die unzulässig war. Hitler, so sagen sie, gehört der Vergangenheit an, der Epoche der totalitären Regime, einer «Ära der Tyrannen», die durch den «roten Terror» eingeleitet wurde. Deutschland hatte hierbei nach Ernst Nolte nur eine Opferrolle. Diese Haltung, die im Namen des Kampfes gegen den «Totalitarismus» eine Gleichung zwischen der DDR und dem Nationalsozialismus herstellt, ist nur die Fortsetzung einer in der BRD lange praktizierten Praxis. Vor einigen Jahren wurde die Terrorgruppe Rote Armee Fraktion ständig mit dem Nazismus verglichen, und bei der Entführung des Unternehmer-Funktionärs Hans Martin Schleyer wurde seine Vergangenheit als überzeugter und aktiver Nazi vertuscht. Der ehemalige SS-Offizier war plötzlich zum Märtyrer des demokratischen Deutschland geworden.[56] Seit 1991 wird die Stimme jener immer lauter, die einen neuen Nürnberger Prozeß gegen die «Verbrecher» der SED fordern. Sie würden am liebsten Bautzen, den «Gulag» der DDR, in ein Totalitarismus-Museum verwandeln, das den gleichen Rang haben soll wie Auschwitz oder Buchenwald. Juristen erörtern das Problem der Wiedergutmachung an SED-Opfer und bezeichnen die Vertreibung der Sudetendeutschen nach 1945 als «Völkermord». Andere sagen sogar, daß beide Regime in gleicher Weise kriminell gewesen seien, die DDR sei jedoch schlimmer als das Naziregime, weil sie sich vierzig Jahre habe halten können, das Hitlerreich aber sei nur ein kurzer Einschub von zwölf Jahren gewesen. Nicht die Intellektuellen und Oppositionellen aus der DDR, die der Zensur unterlagen und von den Behörden der ehemaligen DDR kontrolliert, verfolgt oder vertrieben wurden (Wolf Biermann), äußern solche zutiefst antikommmunistischen Parolen, sondern die Herausgeber der großen westdeutschen Tageszeitungen. Es ist nicht schwer zu begreifen, daß sich hinter diesem erklärten Willen, radikal mit dem Stalinismus zu brechen, der Wunsch verbirgt, sich von der Nazi-Vergangenheit zu befreien. Die DDR ist nur ein neuer Sündenbock für die unüberwindbare deutsche Schuldfrage.

DIE LEERE ERINNERUNG

Diese neue Art, die Geschichte zu revidieren, die nicht darin besteht, die Nazi-Verbrechen zu leugnen, sondern eher dazu dient, sie zu relativieren und zu banalisieren, verzichtet auf jegliches kritisches Nachdenken über das Erbe, das die «Judenfrage» dem Deutschland der Gegenwart überlassen hat. Wenn Joachim Fest, für den es keinen qualitativen Unterschied zwischen dem «roten Terror» der zwanziger Jahre und der industrieartigen Vernichtung der Juden in Auschwitz gibt, von einer «jahrhundertealten jüdisch-deutschen Symbiose spricht, die zu den großen kulturellen Errungenschaften der Geschichte führte»[57], leuchtet es ein, daß er sich nicht durch das tragische Ende eben dieser Symbiose aufgerüttelt fühlt, ein Ende, das seiner Meinung nach keinerlei «historische Einzigartigkeit» besitzt. In einem mit seiner Vergangenheit «versöhnten» Deutschland wird der jüdisch-deutsche Dialog zu einem Untersuchungsgegenstand, der keinerlei Bedeutung für die Gegenwart hat. «Das Hitlerreich», so schreibt Jean Améry, «wird zunächst weiterhin als Betriebsunfall der Geschichte gewertet werden. Aber eines Tages wird er Geschichte sein, nicht besser und nicht schlechter als alle dramatischen historischen Epochen. Auch wenn es mit Blut befleckt ist, wird das Reich seine Alltäglichkeit, sein Familienleben haben. Das Porträt des Großvaters in SS-Uniform wird einen Ehrenplatz bekommen, und die Schulkinder werden weniger von den Selektionsrampen hören als von dem überraschenden Sieg über die Arbeitslosigkeit. Hitler, Himmler, Heydrich, Kaltenbrunner werden Namen sein wie Napoleon, Fouché, Robbespierre und Saint-Just.»[58]

Im Rahmen der demokratischen Bundesrepublik kann der wiedergefundene Nationalstolz einige restaurierte Synagogen und die Eröffnung eines neuen Museums für die Geschichte der Juden ruhig verkraften. Jede Provinzvolkshochschule hat bereits eine Ausstellung über «die verschwundene Welt des Schtetl» organisiert oder Konzertabende mit jüdischer Volksmusik veranstaltet, und das neue Deutschland hat, wie Henryk M. Broder sarkastisch und bitter vermerkt, «seine Liebe zu den Juden entdeckt, vorausgesetzt, sie sind tot».[59] Die Würdigung des Beitrags der Juden zur deutschen Kultur kam spät, stellt aber dennoch eine positive Entwicklung dar, die niemand bedauern sollte. Dennoch ist die mythische Idealisierung der «jüdisch-deutschen Symbiose» nicht immer arglos. Der Eifer, mit dem Synagogen wiederaufgebaut werden, Ausstellungen und Kolloquien über den «jüdisch-christlichen Dialog» von Politikern veranstaltet werden, die es für notwendig hielten, in gewisser Weise über die Nazi-Vergangenheit zu schweigen, um die Nation zu versöhnen, aber die heute gerne Erich Honecker exemplarisch bestrafen würden, ist allzu zweckdienlich, um nicht suspekt zu erscheinen. Der Filmemacher Hans-Jürgen Syberberg, der sich um den allenthalben ausgebrochenen Konformismus wenig schert, spricht schonungslos von einem verhängnisvollen Bündnis zwischen Linken und Juden», das nach dem Krieg den schöpferischen Geist der Nation erstickt habe. Der Jahrestag der Reichspogromnacht wurde jahrzehntelang ignoriert. Heute wird er begangen wie ein Verbrechen, das gegen «einen Teil der deutsche Nation» begangen wurde und weniger ein antisemitischer Akt war. Die 35000 jüdischen Bürger der heutigen Bundesrepublik, die fast alle aus Osteuropa kommen, können sich in dieser Art Feierlicheiten kaum wiedererkennen; sie haben ihr Herkunftsland verlassen, weil der Nazismus die dortigen jüdischen Gemeinden zerstört hat, die gerade nicht zur «deutschen Nation» gehörten.

Hannah Arendt schrieb 1946 Karl Jaspers, der soeben ein Buch mit dem Titel *Die Schuldfrage* veröffentlicht hatte, es sei notwendig, ein deutliches Signal zu setzen, um «die Ablehnung des Antisemitismus in Erinnerung an das, was dem jüdischen Volk durch die Deutschen zugefügt wurde» klar zum Ausdruck zu bringen. Sie schlug vor, «in der Verfassung einer künftigen deutschen Republik so etwas wie das Recht eines jeden Juden festzuschreiben, wann immer er wünsche voll anerkannter Bürger dieser Republik werden zu können, wo immer er geboren sei, ohne dabei auf sein Judentum verzichten zu müssen.»[60] In seiner Antwort schrieb Jaspers voll Bedauern, dies sei im Jahre 1946 nicht möglich. Heute ebensowenig, trotz des Protests Heinz Galinskis, des 1993 verstorbenen Vorsitzenden der Jüdischen Gemeinde zu Berlin, enthält der Einigungsvertrag keinerlei Hinweis auf den Judenmord. Hannah Arendts Vorschlag wurde niemals auch nur in Erwägung gezogen. Dafür wird heute jeder Pole, Rumäne oder Russe, deren Vorfahren Bürger des Reiches waren, herzlich in der Bundesrepublik aufgenommen, wo ihm automatisch die deutsche Staatsbürgerschaft verliehen wird. Das Asylrecht hingegen wurde verschärft und kurdischen Flüchtlingen nur nach dem Gießkannenprinzip gewährt. Die «völkische» Ideologie ist nicht mehr hoffähig, aber in der Praxis gelten manche ihrer Prinzipien noch immer, wenn es die

Zugehörigkeit zu der Nation festzustellen gilt. Man darf auch nicht vergessen, was Theodor W. Adorno die Möglichkeit einer «Verlagerung dessen, was in Auschwitz ausgebrochen ist»[61], nennt, nämlich die Projektion des Hasses, der sich gegen die Juden richtete, auf eine andere Zielscheibe. Ein Haß, der sich heute gegen Immigranten richtet und sich in der Gewalt gegenüber vietnamesischen Wohnheimen, Asylbewerberheimen, Wohnhäusern von Türken entlädt – Hoyerswerda, Mölln, Solingen sind nur drei Beispiele solcher Exzesse – und den man an den Hauswänden von Berlin, Hamburg und Leipzig begegnet mit Slogans wie «Bringt die Türken um» oder «Ausländer raus!». Deutschland ist wiedervereint und ohne Erinerung. Und es ist weit davon entfernt, seine Vergangenheit bewältigt zu haben. Dies bleibt eine kulturelle und politische Aufgabe für die Zukunft der Nation.

Die Nation ist, man muß dies betonen, keine metaphysische Einheit, die ihre Wurzeln in einem «Geist» oder einem «Volk», einem germanischen Geist und Volk hat, das jenseits der Geschichte existiert. Die Nation ist kein Monolith, sondern ein historisches Gebilde, das mit der Vergangenheit durch ein kompliziertes Netz von dicken und dünnen Fäden verknüpft ist, die oft durcheinander geraten sind oder abgeschnitten wurden. Die Vergangenheit Deutschlands kristallisiert sich in einem Zusammentreffen von Erinnerungen, die voller Konflikte sind und in Opposition zueinander stehen: die des jüdischen Emigranten, der trotz seines Ausstoßes aus der Nation zur deutschen Geschichte gehört und heute in New York oder Tel Aviv lebt, die des antifaschistischen Widerstandskäpfers, der als Rentner in Leipzig oder Berlin lebt, die des alten Nazis, der vierzig Jahre lang in Frieden seine Münchner oder Hamburger Brauerei leitete, und schließlich die Menge derer, die sich zwischen den Unebenheiten der Geschichte einen Weg gebahnt haben, sich für keines der Lager entschieden und sich den Siegern untergeordnet haben. Die heutigen Deutschen, die in der Mehrzahl nach dem Krieg geboren wurden, sind nicht durch ihre Identifizierung mit den vorherigen Generationen mit der deutschen Vergangenheit verbunden, sondern durch ein gemeinsames Erbe, das ihnen die Pflicht auferlegt, Erinnerung zu bewahren. Es gibt keine aus der Vergangenheit tradierte «Kollektivschuld», die über den Deutschen schwebt, aber die «Gnade der späten Geburt» (Helmut Kohl) bringt sie auch nicht vor der Geschichte in Sicherheit. Schuldig ist eine Nation, die sich weigert, die Pflicht der Erinnerung auf sich zu nehmen, das einzige Mittel, um eine Wiederholung der Verbrechen der Vergangenheit zu verhindern. Eine postume Wiederherstellung jener geträumten, idealisierten und schließlich als illusorisch erkannten «jüdisch-deutschen Symbiose» könnte mit der Übernahme eines hebräischen Worts in die deutsche Sprache beginnen: *Sachor*, «erinnere dich».

ANMERKUNGEN

EINLEITUNG

1. Eine nützliche und unersetzliche Sammlung, die einen Eindruck von Ausmaß und Reichtum jüdisch-deutscher Kultur im Bereich der Literatur und der Sozialwissenschaften vermittelt, bleibt der Essay von Arthur Eloesser «Literatur», in dem von Sigmund Kaznelson herausgegebenen Sammelband *Juden im deutschen Kulturbereich. Ein Sammelwerk.* Jüdischer Verlag, Berlin 1959, S. 1-67.

2. Hugo Bettauer, *Die Stadt ohne Juden. Ein Roman von Übermorgen.* Löwit, Wien und Leipzig 1924.

3. Vgl. Franz Kafka, *Briefe an Felice und andere Korrespondenz aus der Verlobungszeit,* hrsg. von Erich Heller und Jürgen Born, S. Fischer Verlag Frankfurt/M. 1976, S. 720.

4. Zit. von Herbert Kaiser, «O jüngster Tag. Jüdische Dichter des deutschen Expressionismus», in: R. Schörken, D.J. Löwitsch (Hrsg.), *Das doppelte Antlitz. Zur Wirkungsgeschichte deutsch-jüdischer Künstler und Gelehrter,* Schöningh, Paderborn 1990, S. 139.

5. Vgl. Hannah Arendt, *Die Verborgene Tradition,* Suhrkamp, Frankfurt/M. 1976, S. 46.

6. Dominique Bourel, «Les Juifs et l'Occident; la métaphore impossible», *Esprit* Nr.5 1979, S.54-59.

DIE «JÜDISCH-DEUTSCHE SYMBIOSE» 1

1. Siehe den Brief von Benjamin an Scholem vom 20.Februar 1939 und die Antwort Scholems vom 30.Juni 1939, in: W.Benjamin, G.Scholem, *Briefwechsel 1933-1940,* Suhrkamp, Frankfurt/M. 1980.

2. Maurice Caullery, *Le parasitisme et la symbiose,* Doin, Paris 1950, S. 21.

3. Ernst Pawel, «Franz Kafkas Judentum», in: E.Grözinger, H.D.Zimmermann, S.Moses (Hrsg.), *Kafka und das Judentum,* Athenäum, Frankfurt/M. 1987, S. 253.

4. Wir übernehmen diese Definition vom Titel eines Aufsatzbands über die Juden in der deutschen Kultur, hrsg. von David Bronsen, *Jews and Germans from 1866 to 1933: The Problematic Symbiosis,* Carl Winter, Heidelberg, 1979. Julius H. Schoeps hat die «jüdisch-deutsche Symbiose» als «Traum» bezeichnet, der auf eine «mißglückte Emanzipation» zurückgehe: „Die mißglückte Emanzipation. Zur Tragödie des deutsch-jüdischen Verhältnisses" in: R.Schörken, D.J. Löwitsch (Hrsg.), *Das doppelte Antlitz. Zur Wirkungsgeschichte deutsch-jüdischer Künstler und Gelehrter,* Schöningh, Paderborn 1990, S. 21.

5. Zum Problem der Assimilation in den USA siehe die Untersuchung von John Higham, *Strangers in the Land. Patterns of American Nativism 1860-1925,* Atheneum, New York 1985. Interessanterweise verwendet der österreichische Historiker John Bunzl den Begriff der «jüdisch-arabischen Symbiose» in *Juden im Orient. Jüdische Gemeinschaften in der islamischen Welt und orientalische Juden in Israel.* Junius, Wien 1989, S. 19. Zur Assimilation in Frankreich siehe Michael R.Marrus, *Les juifs de France à l' époque de l'aiffaire Dreyfus,* Complexe, Brüssel 1985.

6. Vgl. das inzwischen klassische Werk von Max Weinrich, *History of the Yiddish Language,* University of Chicago Press, Chicago 1980.

7. Gershom Scholem, «Contre le mythe du dialogue judéo-allemand», *Fidélité et utopie. Essais sur le judaisme contemporain,* Calmann-Lévy, Paris 1978, S. 193f. Deutsch: *Judaica* 2, S. 7-11, Suhrkamp, Frankfurt 1963.

8. Heinrich Mann, *Der Hass. Deutsche Zeitgeschichte,* Aufbau Verlag, Berlin und Weimar 1983, S.99f.

9. Arnold Zweig, *Bilanz der deutschen Judenheit,* Joseph Melzer Verlag, Köln 1961, S.303.

10. H.G. Adler, *Die Juden in Deutschland von der Aufklärung bis zum Nationalsozialismus,* Piper, München 1987, S. 162. Berühmt ist Theodor Fontanes Satz, er liebe die Juden, solange er nicht von ihnen dominiert werde.

11. Margarete Susman, «Vom geistigen Anteil der Juden im deutschen Raum», *Der Morgen,* 3/1935, und *Leo Baeck Instituts Bulletin,* 1988, Nr. 81, S.17-25.

12. «Das Ende der deutsch-jüdischen Symbiose», in: Martin Buber, *Der Jude und sein Judentum. Gesammelte Aufsätze und Reden,* Joseph Melzer Verlag, Köln 1963, S.644.

13. Leo Baeck, «The German Jews», *Leo Baeck Institute Year Book,* II, 1957, S.35.

14. Zit. in: Achim von Borries (Hrsg.), *Selbstzeugnisse des deutschen Judentums 1861-1945,* S.Fischer, Frankfurt/M. 1988, S.54.

15. Adolf Leschnitzer, *Saul und David. Die Problematik der deutsch-jüdischen Lebensgemeinschaft,* Lambert Schneider, Heidelberg 1954, S.146.

16. Dan Diner, «Negative Symbiose. Deutsche und Juden nach Auschwitz», in: Dan Diner (Hrsg.), *Ist der Nationalsozialismus Geschichte? Zu Historisierung und Historikerstreit,* S. Fischer, Frankfurt/M. 1987, S. 185-197.

17. Zu Heinrich Heines Judentum siehe Ludwig Rosenthal, *Heinrich Heine als Jude,* Hanser, München 1973.

18. Siehe die Einleitung von Dominique Bourel zu Moses Mendelssohn, *Jérusalem,* Les Presses d'aujourd'hui, Paris, 1982, S.23-50.

19. Christian Wilhelm Dohm, *Über die bürgerliche Verbesserung der Juden,* Nicolai, Berlin u. Stettin 1781.

20. Helmut Berding, *Moderner Antisemitismus in Deutschland,* Suhrkamp, Frankfurt/M. 1988, S.25.

21. Hannah Arendt, *Rahel Varnhagen. Lebensgeschichte einer deutschen Jüdin aus der Romantik.* Piper, München 1985. Siehe auch: Horst Meixner, «Berliner Salons als Ort deutsch-jüdischer Symbiose», in: Walter Grab (Hrsg.), *Gegenseitige Einflüsse deutscher und jüdischer Kultur. Von der Epoche der Aufklärung bis zur Weimarer Republik,* Jahrbuch des Instituts für deutsche Geschichte, Tel-Aviv 1982, S. 97-106.

22. Zit. von Nancy Kaiser, «Bertold Auerbachs Traum einer deutsch-jüdischen Symbiose», in: J. Hermand, G. Mattenklott (Hrsg.), *Jüdische Intelligenz in Deutschland,* Argument Verlag, Berlin 1988, S. 41.

23. Zit. von H.-G. Adler, op. cit.

24. Vgl. Walter Laqueur, *Weimar, Die Kultur der Republik.* Ullstein, Frankfurt 1976.

25. Vgl. Hannah Arendt, *Die verborgene Tradition*. Acht Essays, Suhrkamp, Frankfurt/M. 1976.

26. Der Begriff des nicht-jüdischen Juden steht im Zentrum des Aufsatzbandes von Isaac Deutscher, *Die ungelöste Judenfrage*, Rotbuch, Berlin 1977. Zum Judentum Deutschers siehe auch das Vorwort seiner Frau Tamara zum erwähnten Band.

27. Vorwort zur hebräischen Ausgabe von *Totem und Tabu*, zit. von Daniel Bourel, «Les Juifs de l'occident ou la métaphore impossible», in: *Esprit*, 5/1979. Freud bezeichnete sich 1918 in einem Brief an seinen Schweizer Freund Oskar Pfister als «Juden ohne Gott». Vgl. Peter Gay, *Ein gottloser Jude*, S. Fischer, Frankfurt/M. 1988.

28. Jacob Katz, *Aus dem Ghetto in die bürgerliche Gesellschaft. Jüdische Emanzipation 1770-1870*. Athenäum, Frankfurt/M. 1986, Kapitel 4.

29. Zit. bei Hannah Arendt, *Rahel Varnhagen*, op. cit.

30. Karl Marx, „Zur Judenfrage«, in Marx/Engels, *Werke*, Bd.1, Dietz, Berlin 1963. Moses Hess, «Über das Geldwesen», *Sozialistische Aufsätze (1841-1847)*, Welt Verlag, Berlin 1921, S. 167. Eine genauere Untersuchung der Texte von Marx und Hess findet sich im ersten Kapitel von Enzo Traverso, *Les marxistes et la question juive. Histoire d'un débat 1843-1943*, La Brèche, Paris 1990.

31. Shulamit Volkov, *Jüdisches Leben und Antisemitismus im 19. und 20. Jahrhundert*, C.H. Beck, München 1990, S. 136.

32. Marsha L. Rozenblit, *The Jews of Vienna 1867-1914. Assimilation and Identity*, State University of New York Press, Albany 1983, S. 49.

33. Jacob Katz, op. cit.

34. Ibidem. Man muß jedoch betonen, daß die Mischehen in der Weimarer Republik beträchtlich zunahmen und zwischen 1925 und 1934 33,4 % betrugen.

35. Hans Mayer, *Ein Deutscher auf Widerruf. Erinnerungen*, Bd.1, Suhrkamp, Frankfurt/M. 1988, S. 61.

36. Zit. bei Dominique Bourel, «Un soupir de Rosenzweig», Franz Rosenzweig, *Les Cahiers de la Nuit surveillée*, Nr. 1, Paris 1982, S. 176f.

37. Walter Benjamin, *Berliner Kindheit um 1900*. Suhrkamp, Frankfurt/M. 1975.

38. Gershom Scholem, *Von Berlin nach Jerusalem. Jugenderinnerungen*, Suhrkamp, Frankfurt/M. 1977, S. 20f.

39. G.L. Mosse, «Jewish Emancipation. Between Bildung and Respectability», in: Jehuda Reinharz, Walter Schatzberg (Hrsg.), *The jewish Response to German Culture. From the Enlightenment to the Second World War*, University Press of New England, Hannover and London 1985, S. 1-16.

40. Vgl. Fritz Stern, *Gold und Eisen. Bismarck und sein Bankier Bleichröder. Ein Jude als patriotischer Parvenu*, Ullstein, Frankfurt/M. 1978. Wir kommen auf Bleichröder als Inbegriff des jüdischen Parvenus in Kapitel 4 zurück.

41. Theodor Lessing, *Der jüdische Selbsthaß*, Matthes & Seitz, München 1986. Der Autor untersucht die Fälle Paul Rée, Otto Weininger, Arthur Trebitsch, Max Steiner, Walter Calé und Maximilian Harden.

42. Vgl. Peter Gay, «Hermann Levi. Eine Studie über Unterwerfung und Selbsthaß», *Freud, Juden und andere Deutsche*, dtv, München 1987, S. 207-237.

43. Wir verdanken diese Definition der Emanzipation als «eine Welt ohne Anerkenung» Detlev Claussens Werk *Grenzen der Aufklärung. Zur gesellschaftlichen Geschichte des modernen Antisemitismus*, S. Fischer, Frankfurt/M. 1987, S. 82.

44. Zur Immigration der Ostjuden nach Deutschland siehe vor allem Steven Aschheim, *Brothers and Strangers. The East European Jew in Germany and German Jewish Consciousness (1800-1923)*, The University of Wisconsin Press, Madison, 1982, und Jack Wertheimer, *Unwelcome Strangers: East European jews in Imperial Germany*, Oxford University Press, New York 1987.

45. Die beste zusammenfassende Darstellung des Antisemitismus in Deutschland bietet zweifellos das bereits zitierte Buch von Helmut Berding. Zum Stellenwert des Antisemitismus in der deutschen Kultur des 19. Jh. siehe Fritz Stern, *Kulturpessimismus als politische Gefahr. Eine Analyse nationaler Ideologie in Deutschland.* dtv, München 1986.

46. Vgl. Louis Dupeux, «L'Antisémitisme culturel de Wilhelm Stepel», in dem vom Autor hrsg. Sammelband *«La Revolution conservatrice» dans l'Allemagne de Weimar,* Kimé, Paris 1992, S. 253-260.

47. Shulamit Volkov. «Antisemitismus als kultureller Code» op. cit. S. 13-36.

48. Heinrich von Treitschke,»Unsere Aussichten», in: Walter Böhlich (Hrsg.), *Der Berliner Antisemitismusstreit,* Insel, Frankfurt/M. 1988, S. 13. Über Treitschke siehe Kurt Lenk, «Der Antisemitismusstreit oder: Antisemitismus der ‚gebildeten Leute', in: H.O. Horch (Hrsg.), *Judentum, Antisemitismus und europäische Kultur,* Francke Verlag, Tübingen 1988, S. 23-34.

49. Theodor Mommsen, «Auch ein Wort über unser Judentum» in: *Der Berliner Antisemitismusstreit* op. cit. S. 219, 226.

50. Karl Kautsky, *Rasse und Judentum,* Dietz Verlag, Stuttgart 1921, S. 108. Zu Kautsky siehe auch Enzo Traverso, op.cit. S. 104-109.

51. Jacob Katz, *Richard Wagner. Vorbote des Antisemitismus.* Athenäum, Frankfurt/M. 1986.

52. Vgl. Hans-Peter Bayerdörfer, «‚Vermauschelt die Presse, die Literatur.' Jüdische Schriftsteller in der deutschen Literatur zwischen Jahrhundertwende und Erstem Weltkrieg», H.O.Horch (Hrsg.), *Judentum, Antisemitismus und europäische Kultur,* op. cit. S. 207-231. Vgl. allgemein zum Thema das inzwischen klassische Werk von Léon Poliakov, *Geschichte des Antisemitismus,* Heintz Verlag, Worms 1979.

53. Zit. bei J. Le Rider, op. cit. S. 215. «Hep, hep hep» (*Hyerosolyma est perdida*) war der Slogan der deutschen Pogrome von 1918. Parodiert wird diese Rede in dem Roman *Die Stadt ohne Juden* von Hugo Bettauer, op. cit.

54. Zu H.S. Chamberlain siehe die Biographie von Geoffrey G. Field, *Evangelist of Race. The Germanic Vision of Houston Stewart Chamberlain,* Columbia University Press, New York 1981.

55. Werner Sombart, *Die Juden und das Wirtschaftsleben,* Dunker und Humblot, Leipzig 1911. Zu Sombart siehe auch Freddy Raphael, *Judaisme et capitalisme. Essai sur la controverse entre Max Weber et Werner Sombart,* PUF, Paris 1982.

56. Jacob Katz, *Richard Wagner, Vorbote des Antisemitismus.* op.cit.

57. Ludwig Bamberger, «Deutschtum und Judentum», *Der Berliner Antisemitismusstreit,* op. cit. S.167.

58. Moritz Lazarus, *Treu und frei.* Winter'sche Verlagsbuchhandlung, Leipzig, 1887.

59. Zit. bei Jehuda Reinharz, *Fatherland or Promised Land. The Dilemma of the German Jew 1893-1914,* University of Michigan Press, Ann Arbor 1975, S. 81.

60. Eduard Bernstein, «Wie ich als Jude in der Diaspora aufwuchs», *Der Jude,* Jg. II. 1917-1918, S. 194.

61. Zit. bei Ismar Ellbogen, Eleanore Sterling, *Die Geschichte der Juden in Deutschland,* Athenäum, Frankfurt/M. 1988, S. 279.

62. Franz Oppenheimer, «Stammesbewußtsein und Volksbewußtsein», *Die Welt,* Nr. 7 vom 18. Februar 1910, zit. bei J. Reinharz, op. cit. S. 130-132.

63. Theodor Herzl, «Tagebücher», *Gesammelte zionistische Werke,* Band 2,3,4, Hozaah Ivrtih, Tel-Aviv, 1934.

64. Vgl. Stephen Magill, «Defense and Introspection: German Jewry, 1914» im oben
    zit. und von D. Bronsen hrsg. Sammelband *Jews and Germans from 1866 to 1933.*
    S. 214. Zur Haltung der deutschen Juden während des Ersten Weltkriegs siehe auch
    Nahum Goldmann, *Mein Leben als deutscher Jude.* Erster Band, Ullstein, Frank-
    furt/M.1983.
65. Ibidem.
66. Zit. bei J. Reinharz, op. cit.
67. Hermann Cohen, «Germanité et judéité» in: *Pardès* 5/ 1987, S. 41.
68. Zit. bei Stéphane Moses, *Système et révélation. La philosophie de Franz Rosen-
    zweig,* Seuil, Paris 1982, S. 263.-276.
69. Werner Sombart, *Die Zukunft der Juden,* Leipzig 1912, S. 57 und 85.
70. «Deutsch-jüdischer Parnaß», *Kunstwart,* Jg. 25, 1912, Nr. 11. Neu abgedruckt in
    Moritz Goldstein, *Berliner Jahre. Erinnerungen 1880-1933*, Verlag Dokumentati-
    on, München 1977. S. 214 und 221.
71. Zit. bei Itta Schedletzky, «Ludwig Jacobowski (1868-1900) und Jakob Loewenberg
    (1856-1929)», in Stéphane Moses und Albrecht Schöne (Hrsg.), *Juden in der deut-
    schen Literatur*, Suhrkamp, Frankfurt/M. 1986, S.197.
72. Siehe die Briefe von Walter Benjamin und Ludwig Strauss in: Hans Putnies und
    Gary Smith (Hrsg.), *Benjaminiana*, Anabas Verlag, Giessen 1991, S. 46-54. Über
    das Judentum Benjamins siehe auch Enzo Traverso, «Il materialismo messianico di
    Walter Benjamin»: *Il Ponte* XLVI, 1990, Nr. 2, S. 47-70.
73. Franz Kafka, Brief an Max Brod Juni 1921 in: Franz Kafka, *Briefe,* Fischer Verlag,
    New York, Lizenzausgabe 1958, S. 337f.
74. Franz Kafka, *Briefe an Milena*, Fischer, New York, Lizenzausgabe 1952.
75. Jakob Wassermann, *Mein Weg als Deutscher und Jude,* S. Fischer, Berlin 1921.
76. Vgl. Stefan Zweig, *Die Welt von gestern,* S. Fischer, Frankfurt/M. 1955, S. 32.
77. Fritz Stern, *Um eine neue deutsche Vergangenheit.* Universitätsverlag, Konstanz
    1972.
78. Siehe Martin Buber, «Drei Reden über das Judentum», *in: Der Jude und sein
    Judentum. Gesammelte Aufsätze und Reden,* Lambert Schneider, Heidelberg 1986.
79. Zit. bei Walter Zwi Bacharach, «Ignaz Zollschans ‚Rassentheorie'», in: Walter
    Grab (Hrsg.), *Jüdische Integration und Identität in Deutschland und Österreich
    1848-1918,* Jahrbuch des Instituts für Deutsche Geschichte, Tel-Aviv 1984.
80. Vgl. Stephen M. Poppel, *Zionism in Germany 1897-1933. The Shaping of a Jewish
    Identity,* JPSA, 1977. S. 127-130. Siehe vor allem die Schriften Bubers in *Der Jude
    und sein Judentum.* op.cit. S. 19-22.
81. Zu Dinters Roman siehe H. Berding, op.cit., S. 182. Zu dem Roman von Heyck sie-
    he Jost Herman, *Der alte Traum vom neuen Reich. Völkische Utopien und Natio-
    nalsozialismus.* Athenäum, Frankfurt/M. 1988, S. 135.
82. Ernst Jünger, «Über Nationalsozialismus und Judenfrage», *Süddeutsche Monatshefte*
    Nr. 27, 1929/30, S. 845.
83. Benno Jacob, «Krieg, Revolution und Judentum», in *Selbstzeugnisse des deutschen
    Judentums,* S.43f.
84. Franz Rosenzweig, «Briefe», op.cit. S. 45f.
85. Zit. bei Helmut Gollwitzer, Nachwort zu Benno Jacob, op. cit.
86. Ernst Toller, *Eine Jugend in Deutschland,* Hanser, München 1978.
87. Peter Gay, *The Weimar Culture. The Outsider as Insider,* New York 1968.
88. Stéphane Moses, *L'Ange de l'Histoire, Rosenzweig, Benjamin, Scholem,* Seuil,
    Paris 1992, S. 34, S. 245.

89. Isaiah Berlin, «Les Juifs»: de la servitude à l'émancipation», *Trois essais sur la condition juive*, Calmann-Lévy, Paris 1973, S. 173.

90. Frederic V. Grunfeld, *Prophets Without Honour. A Background to Freud, Kafka, Einstein and their World*, MacGraw-Hill, New York 1979. S.5.

91. Moshe Zimmermann, «‚Lessing contra Sem'. Literatur im Dienste des Antisemitismus» im oben zit. Band *Juden in der deutschen Literatur*, S. 182.

92. Bertolt Brecht, *Tagebücher 1920-1922. Autobiographische Aufzeichnungen 1920-1954*, hrsg. von Herta Ramthun, Suhrkamp, Frankfurt/M. 1979.

93. Vgl. Alexander Altmann, «Franz Rosenzweig und Eugen Rosenstock-Huessy», *Franz Rosenzweig*, op. cit. S. 187-204.

94. Siehe besonders Hans Kohn, *Martin Buber*, Joseph Melzer Verlag, Köln 1979, S. 239.

95. Zum Verhältnis zwischen Benjamin und Lieb vgl. Chryssoula Kambas, «Actualité politique: Le concept d'histoire chez Benjamin et l'échec du Front populaire», in: H.Wismann (Hrsg.), *Walter Benjamin et Paris*, Cerf, Paris 1986, S. 273-284.

96. Siehe hierzu die Texte des von Dominique Bourel und Jacques Le Rider hrsg. Bandes *De Sils-Maria à Jérusalem. Nietzsche et le judaisme. Les intellectuels juifs et Nietzsche*, Cerf, Paris, 1991. Nach André Comte-Sponville empfand Nietzsche angesichts des jüdischen Volkes «zugleich Bewunderung, Anerkennung, Schrecken und Abscheu» («Nietzsche et Spinoza» ibidem, S. 65).

97. Vgl. Julius H. Schoeps, «Erwacht aus dem Traum der Assimilation: Max Liebermann» in dem Band *Jüdisches Leben*, Ästhetik und Kommunikation, Berlin 1985, S.6-9. Man könnte auch das Beispiel Sigmund Freuds erwähnen, der darauf hinwies, das Deutsche sei seine Sprache, seine Kultur sei deutsch und er fühle sich ihr verhaftet. Vor dem Aufkommen antisemitischer Vorurteile habe er sich intellektuell als Deutscher gefühlt. Jetzt aber betrachte er sich nicht mehr als Deutschen, sondern als Jude.

98. Vgl. Walter Benjamin, *Deutsche Menschen, Eine Folge von Briefen*, Suhrkamp, Frankfurt/M.1983. Siehe auch Albrecht Schöne «‚Diese nach jüdischem Vorbild erbaute Arche': Walter Benjamins Deutsche Menschen» in dem zit. Band *Juden in der deutschen Literatur*, S. 350-365.

99. Elias Canetti, *Die Provinz des Menschen. Aufzeichnungen 1942-1972*, Hanser, München 1973.

100. Heinrich Heine, *Sämtliche Schriften*, Bd.4, Hanser, München 1971, S. 257-258.

101. Zit. bei Jürgen Habermas, *Philosophisch-politische Profile*, Suhrkamp, Frankfurt/M. 1981, S. 63.

102. Diese und andere Beobachtungen zum Sprachgebrauch des Dritten Reiches finden sich bei Victor Klemperer, *LTI, Notizbuch eines Philologen*, Reclam, Leipzig 1975.

103. Jean Améry, «Zwang und Unmöglichkeit, Jude zu sein», *Jenseits von Schuld und Sühne*, Klett-Cotta, Stuttgart 1976.

104. Zit. bei Leo Botstein, *Judentum und Modernität*, Böhlau, Wien 1991, S. 116.

105. Jack Ziper, «Die kulturellen Operationen von Deutschen und Juden im Spiegel der neueren deutschen Literatur», *Babylon. Beiträge zur jüdischen Gegenwart* Heft 8, 1991, S. 34-44. Die beiden Novellen sind enthalten in dem Band: Oskar Panizza, *Der Korsettenfritz*, Matthes & Seitz, München 1981.

106. Antonio Gramsci, *Briefe aus dem Kerker*, Dietz Verlag, Berlin 1956.

107. Franz Rosenzweig, «Der jüdische Nationalcharakter», op.cit. S. 184f.

1. Zit. bei Lothar Kahn, «Michael Beer (1800-1833)», *Leo Baeck Institute Year Book,* 1967, S. 155-157.

2. Heinrich Heine, «Struensee von M. Beer» (1828), *Sämtliche Schriften,* Bd.1, Hanser, München 1968, S.434.

3. Max Weber, *Die protestantische Ethik und der Geist des Kapitalismus,* Mohr, Tübingen 1934, S. 181.

4. Max Weber, «Das antike Judentum», *Gesammelte Aufsätze zur Religionssoziologie, Bd. 3,* Mohr, Tübingen 1983.

5. Max Weber, *Wirtschaft und Gesellschaft, Grundriß der verstehenden Soziologie,* Mohr, Tübingen 1980.

6. Georg Simmel, «Exkurs über den Fremden», *Soziologie,* Duncker & Humblot, München 1922, S. 686.

7. Bernard Lazare, *L'antisémitisme. Son histoire et ses causes,* Les Editions 1900, Rennes 1990, S. 141, S.153.

8. Ibidem, S. 19

9. Ibidem, S. 359.

10. Bernard Lazare, *Le Fumier de Job,* Circé, Straßburg 1990, S. 49.

11. Ibidem S.79.

12. Zit. bei N. Wilson, *Bernard Lazare,* Albin Michel, Paris 1985, S. 287.

13. Ibidem, S. 327.

14. 1890 rief Bernard Lazare die französischen Juden dazu auf, «der ständigen Einwanderung der raubgierigen, groben schmutzigen Tataren ein Ende zu machen». Ibidem, S. 112.

15. Ibidem, S. 198, S. 240.

16. Vgl. Charles Péguy, *Notre Jeunesse,* Gallimard, Paris 1988, S. 82-90.

17. Zit. bei Elisabeth Young-Bruehl, *Hannah Arendt, For Love of the World,* Yale University Press, New Haven, 1984, S. 109.

18. Hannah Arendt, *Vies politiques,* Gallimard, Paris 1974, S. 27.

19. Hannah Arendt, «Der Jude als Paria», *Die verborgene Tradition. Acht Essays,* Suhrkamp, Frankfurt/M. 1978.

20. Das Judentum Charlie Chaplins ist umstritten. Sein wichtigster Biograph behauptet, er sei kein Jude gewesen, sondern habe wahrscheinlich hugenottische Vorfahren gehabt. (Vgl. David Robinson, *Chaplin, sa vie son oeuvre,* Ramsay, Paris 1987). Sein Name (anglisierter *Kaplan*) und sein Werk könnten diese Behauptung widerlegen. Sicher ist, daß die Person des Charlie etwas typisch Jüdisches hat. Zu der Kontroverse siehe Marcel Martin, *Charles Chaplin* Seghers, Paris 1972, Kap. 1, «Le Juif errant».

21. Hannah Arendt, *Vies politiques,* op. cit. S. 24.

22. Hannah Arendt/Karl Jaspers, *Briefwechsel 1926-1969*, Piper, München 1985, S.236.

23. Hannah Arendt, *Vies politiques,* op. cit., S. 25.

24. Vgl. Brief von Hannah Arendt an Gershom Scholem vom 24. Juli 1963.

25. Hannah Arendt, *Juden in der Welt von gestern* in: *Die verborgene Tradition,* op. cit. S.74. Zu Rahels «Scham» siehe auch Hannah Arendt, *Rahel Varnhagen.*

26. Hannah Arendt, «Organisierte Schuld» in: *Die Verborgene Tradition,* op.cit. S. 43f.

27. Vgl. J.M. Palmier, *Weimar en exil,* Payot, Paris, 1988 Bd, 1, S. 362-363, Bd. 2, S. 203. Zum Leben der deutschen Emigranten in den USA siehe auch Anthony Heilbut, *Kultur ohne Heimat. Deutsche Emigranten in den USA nach 1930,* Rowohlt, Reinbek 1990.

28. Zit. bei Elisabeth Young-Bruehel, op. cit. S. 188.

29. Hannah Arendt, *Die verborgene Tradition,* op. cit.

30. Hannah Arendt, *Elemente und Ursprünge totaler Herrschaft,* Europäische Verlagsanstalt, Frankfurt/M. 1955.

31. Hannah Arendt, *Rahel Varnhagen,* op. cit.

32. Hannah Arendt, *Die verborgene Tradition,* op. cit. S. 58.

33. Ibidem.

34. Vgl. Pierre Péju, «L'ombre et la vitesse», Introduction à Adalbert von Chamisso, *Peter Schlemihl,* José Corti, Paris 1989, S. 57f.

35. Hannah Arendt, *Die verborgene Tradition, op.cit.*

36. Vgl. Ruth R. Wisse, «Lo *Schlemihl* come eroe moderne», *Comunità,* 1974, Nr. 172, S. 219.

37. Es ist interessant, darauf hinzuweisen, daß der Schnorrer bei Freud eine ganz andere Deutung erfährt als in der deutschen Kultur sonst üblich. Nach Marthe Robert hatte Freud «ein Faible für diese triviale und von Intelligenz sprühende Figur, die in Gestalt des Schorrers, des Heiratsvermittlers oder des unglücklich Verheirateten, des prosaischen Lügners oder des genialen Geschichtenerfinders mit einem Wort die ganze Welt umkrempeln kann.» (M. Robert, *D'Oedipe à Moise. Freud et la conscience juive,* Agora Plon, Paris 1991, S. 62).

38. Hannah Arendt, *Penser l'événement,* op. cit. S. 127.

39. Hannah Arendt, *Auschwitz et Jérusalem,* Deux Temps Tierce, Paris 1991, S.50.

40. Ibidem, S.43.

41. Hannah Arendt, *Elemente und Ursprünge totaler Herrschaft. Antisemitismus, Imperialismus, Totalitarismus,* op.cit.

42. Hannah Arendt, *Über die Revolution.* Piper, München, 1963. Zur Kritik an diesem Werk siehe Eric J. Hobsbawm, «Hannah Arendt über die Revolution», in A. Reif (Hrsg.), *Hannah Arendt, Materialien zu ihrem Werk,* Europaverlag, Wien 1979. S. 263-271.

43. Martin Jay, «Hannah Arendt; Opposing Views», *Partisan Review,* XLV, 1978. Nr. 3, S. 350-351.

44. Manès Sperber, «Mein Judentum», in H.J. Schultz (Hrsg.), *Mein Judentum,* Kreuz Verlag, Stuttgart 1978, S. 190.

45. Zit. bei Pierre Broué, *Trotsky,* Fayard, Paris 1988, S. 131.

46. Diese Idee stand auch am Anfang der widersprüchlichen Haltung, die Arendt zum Problem der Schwarzen in den USA einnahm. 1959 sprach sie sich deutlich gegen jede gesetzliche Diskriminierung der Schwarzen aus und unterstützte die Bürgerrechtsbewegung uneingeschränkt. Zugleich bekräftigte sie jedoch, daß die «soziale Diskriminierung» unvermeidbar und es sinnlos sei, sie zu bekämpfen. Im Namen einer Verteidigung der Pluralität der amerikanischen Gesellschaft - und man könnte hinzufügen auch aus Angst, daß sich die Schwarzen in Parias und Parvenus spalten könnten - deckte sie die soziale Unterdrückung der afroamerikanischen Gruppe. Es ging ihr nicht darum, die Diskriminierung abzubauen, sondern sie auf die Bereiche zu begrenzen, in denen sie legitim sei.

47. Gisela Bock, «Geschichte, Frauengeschichte, Geschlechtsgeschichte», *Geschichte und Gesellschaft,* Nr. 188 Jg.14, Heft 3, S. 376-377.

48. Vgl. Jacques le Rider, *Le cas Otto Weininger. Racines de l'antiféminisme et de l'antisémitisme,* PUF, Paris 1982.

49. John Paul Nettl, *La vie et l'oeuvre de Rosa Luxemburg,* Maspero, Paris, 1972. 2 Bde.

50. Hannah Arendt, «Rosa Luxemburg» *Vies politiques,* op. cit. S.54

51. Zit. bei Elzbieta Ettinger, *Rosa Luxemburg. Une vie,* Belfond, Paris, 1990, S. 40.

52. Hannah Arendt, *Vies politiques,* op. cit. S.54.

53. Zit. bei E. Ettinger op. cit. S. 142.

54. Christel Neusüß, «Patriarcat et organisation du parti. Rosa Luxemburg critique des idées de ses comilitants masculins» im von G. Badia und C. Weill hrsg. Band *Rosa Luxemburg aujourd'hui,* PUV, Paris 1986, S. 92.

55. Paul Frölich, *Rosa Luxemburg, Gedanke und Tat,* Europäische Verlagsanstalt, Frankfurt/M. 1967.

56. Zit. bei E. Ettinger op.cit.

57. Ibidem. S. 102.

58. Hannah Arendt, *Vies politiques,* op. cit. S. 52-53

59. Rosa Luxemburg, Gesammelte Briefe Bd. 5. Dietz Verlag, Berlin 1984. S. 177.

60. Ibidem, S. 151.

DAS JUDE-SEIN ALS HEIMATLOSIGKEIT   *3*

1. Siehe David Bronsen, *Joseph Roth. Eine Biographie,* Kiepenheuer & Witsch, Köln 1974, S. 601-604.

2. Joseph Roth, *Briefe 1911-1939,* Brief an Bernard von Brentano, Sept. 1936, Kiepenheuer & Witsch, Köln, 1970, S. 95.

3. vgl. Claudio Magris, *Weit von wo?* Europa Verlag, Wien 1974, S. 51.

4. Joseph Roth, *Hotel Savoy,* Werke Bd. 4, Romane und Erzählungen 1916-1929, Kiepenheuer & Witsch, Köln 1989, S. 190.

5. Geza von Cziffra, *Der heilige Trinker. Erinnerungen an Joseph Roth,* Ullstein, Frankfurt/M., Berlin 1989, S. 28.

6. Joseph Roth, *Briefe 1911-1939,* Brief an Kustav Kiepenheuer, Kiepenheuer & Witsch, Köln, 1970, S. 165.

7. Ibidem, Brief an Stefan Zweig, S. 257.

8. Zur Faszination mancher jüdischer Intellektueller deutscher Sprache durch das Jiddische siehe Emmanuel S. Goldsmith, *Modern Yiddish Culture. The Story of Yiddish language Movement,* Shapolsky Books, New York, 1987.

9. Diesen Aspekt hebt G. Shaked hervor in «Wie jüdisch ist ein jüdisch-deutscher Roman? Über Joseph Roths *Hiob. Roman eines einfachen Mannes*» in S.Moses, A.Schöne (Hrsg.), *Juden in der deutschen Literatur,* Suhrkamp, Frankfurt/M. 1986, S. 281-292.

10. Brief zit in: D. Bronsen, *Joseph Roth,* op. cit. S. 123.

11. Kafka verwandte den Begriff *westjüdische Zeit* in einem Brief an Max Brod vom Januar 1918. Franz Kafka, *Gesammelte Briefe,* S.Fischer, Frankfurt/M. 1958, S. 223.

12. Vgl. Régine Robin, *Kafka,* Balland, Paris 1989.

13. Joseph Roth, *Radetzkymarsch,* Werke Bd. 5, Romane und Erzählungen 1930-1936, Kiepenheuer & Witsch, Köln, 1990, S. 257.

14. Joseph Roth, *Juden auf Wanderschaft,* Werke Bd. 2, Das journalistische Werk 1924-1928, Kiepenheuer & Witsch, Köln 1990. S. 829.

15. Ibidem, S. 848.

16. Ibidem, S. 830.

17. Joseph Roth, *Flucht ohne Ende*, Werke Bd. 4, Romane und Erzählungen 1916-1929, Kiepenheuer & Witsch, Köln 1989. S. 442.

18. David Bronsen, *Joseph Roth* ,op. cit. S. 152 f.

19. Joseph Roth, *Juden auf Wanderschaft*, op. cit., S.839.

20. Joseph Roth, *Hiob*, Werke Bd. 5. Romane und Erzählungen 1930-1936, Kiepenheuer & Witsch, Köln 1990, S. 96.

21. Joseph Roth, *Juden auf Wanderschaft*, op. cit. S. 836.

22. Wolfgang Müller-Funk, *Joseph Roth*, C.H.Beck, München 1989, S. 36.

23. Joseph Roth, *Die Auferstehung des Geistes*, Werke Bd. 1, Das journalistische Werk 1915-1923, Kiepenheuer & Witsch, Köln 1989, S. 276f.

24. Joseph Roth, *Bekenntnis zum Gleisdreieck*, Werke Bd. 2, Das Journalistische Werk 1924-1928, Kiepenheuer & Witsch, Köln 1990, S. 220.

25. Vgl. Géza von Cziffra, op. cit. S. 58 f.

26. Joseph Roth, Werke Bd. 1, Das journalistische Werk 1915-1923. Kiepenheuer & Witsch, Köln 1989, *Wolkenkratzer*, S. 766, *Nachruf auf den lieben Leser*, S. 854-857, *Jazzband*, S. 543-547, *Die Toten ohne Namen*, S. 914.

27. Zit. bei Claudio Magris, op. cit.

28. Joseph Roth, *Der Antichrist*, Werke Bd. 3, Das Journalistische Werk 1929-1939, Kiepenheuer & Witsch, Köln 1991, S.573.

29. Siehe Inka Mülder-Bach, «Négativité et retournement. Réflexions sur la phénoménologie de la surface de Siegfried Kracauer», in Gérard Raulet, Josef Fürnkäs (Hrsg.), *Weimar, Le tournant esthétique*, Anthropos, Paris 1988, S.273-285. Über Roth und das Kino siehe Klaus Westermann, *Joseph Roth, Journalist. Eine Karriere*. Bouvier, Bonn 1987, S.173-190.

30. Vgl. Géza von Cziffra, op. cit., S.104 f.

31. Joseph Roth, *Der Antichrist*, op. cit..

32. Joseph Roth, *Gruß an Ernst Toller*, Werke Bd. 1, op. cit. S, 221. Zu Roths politischem Engagement als Sozialist siehe Uwe Schweickert, «Der rote Joseph. Politik und Feuilleton beim frühen Joseph Roth (1919-1926)», in *Text und Kritik, Sonderband Joseph Roth*, München 1974, S. 40-55.

33. Joseph Roth, *Briefe*, Brief an Bernard von Brentano, op. cit.

34. Joseph Roth, *Der stumme Prophet*.

35. Joseph Roth, *Flucht ohne Ende*, op.cit. S.413.

36. Vgl. Walter Benjmain, *Moskauer Tagebuch, 16. Dez. 1926*, Suhrkamp, Frankfurt/M. 1980, S. 43.

37: Joseph Roth, «Über die Verbürgerlichung der russischen Revolution», Werke Bd. 2, op. cit. S.689.

38. Joseph Roth, «Reise nach Rußland», ibidem S. 630.

39. Joseph Roth, «Über die Verbürgerlichung der russischen Revolution», ibidem S. 690.

40. Eine Typologie der romantischen Kritik an der Moderne findet sich bei Michael Löwy, Robert Sayre, *Révolte et mélancholie. Le romantisme à contre-courant de la modernité*, Payot, Paris 1992.

41. Joseph Roth, *Briefe*, Brief an Ephraim Frisch, op. cit. S. 42. Vgl. Joseph Roth, «Das Autodafé des Geistes», *Berliner Saisonbericht*, Werke Bd.3, op. cit. S. 498.

43. Ibidem.

44. Ibidem, S. 503.

45. Siehe Hartmut Scheidle, «Joseph Roths Flucht aus der Geschichte», *Text und Kritik*, op. cit. S. 56, S. 64.

46. Vgl. David Bronsen, op. cit, S. 480.

47. Ibidem, S. 198.
48. Joseph Roth «Reise nach Rußland», *Das journaistische Werk*, op. cit. S.593.
49. Siehe den Beginn der Memoiren Stefan Zweigs, *Die Welt von gestern, Erinnerungen eines Europäers*. S.Fischer, Frankfurt/M. 1982.
50. David Bronsen, op. cit. S. 176. Géza von Cziffra, op. cit. S.9.
51. Joseph Roth, *Briefe,* op. cit. S.240
52. Joseph Roth, «Die Büste des Kaisers», Werke Bd. 5, Romane und Erzählungen, Kiepenheuer & Witsch, Köln 1990, S.663.
53. Claudio Magris, *Weit von wo. Verlorene Welt des Ostjudentums*, op. cit. S.24.
54. Joseph Roth, «Die Kapuzinergruft», Werke Bd.6, Romane und Erzählungen, Kiepenheuer & Witsch, Köln 1991, S. 235.
55. Ibidem, S. 247.
56. Zit. bei David Bronsen, op cit., S. 215.
57. Joseph Roth, *Der Antichrist*, op. cit. S. 641.
58. Joseph Roth, «Ritter Meuchelmord», Werke Bd.2, op. cit., S.19 f.
59. Joseph Roth, *Brief an Stefan Zweig, Briefe,* op. cit. S.257.
60. Siehe Wolfgang Müller-Funk, *Joseph Roth,* op. cit. S.118.
61. Joseph Roth, Briefe an Stefan Zweig Sept. 1939, *Briefe,* op. cit. S.449.
62. Claudio Magris, *Weit von wo,* op. cit. S. 45.

DER JUDE ALS PARVENU   4

1. Robert Musil, *Der Mann ohne Eigenschaften*, Rowohlt, Reinbek 1952, S.204 f.
2. Fred Uhlmann, *L'ami retrouvé*, Gallimard, Paris 1984, S.245.
3. Arthur Schnitzler, *Der Weg ins Freie,* Berlin 1908.
4. Franz Kafka, *Der Prozeß,* Fischer, Frankfurt/M. 1960, S. 142.
5. W.E. Mosse, *Jews in German Economy,The German-Jewish Economy Elite 1820-1935,* Clarendon Press, Oxford 1987.
6. Arnold Zweig, *Caliban oder Politik aus Leidenschaft*, Gustav Kiepenheuer, Potsdam 1927, S.125 f.
7. Fritz Stern, *Gold und Eisen, Bismarck und sein Bankier Bleichröder*. op. cit., S.562.
8. Kurt Tucholsky «Herr Wendriner fängt gut an», *Gesammelte Werke in 10 Bänden,* Bd. 4, Rowohlt, Reinbek 1975, S. 312.
9. Ibidem, S. 431, S 203, S.221, S. 393, S. 560.
10. In seinen Memoiren stellt Hans Mayer Wendriner als «idealtypische» Figur des Berliner bourgeoisen Juden dar (*Ein Deutscher auf Widerruf, Erinnerungen*, Bd 1, Suhrkamp, Frankfurt/M. 1982, S. 71). Zu Tucholsky und der Judenfrage siehe Marcel Reich-Ranicki, »Kurt Tucholsky, Deutscher, Preuße, Jude« in H.A. Strauss, C.Hoffmann, (Hrsg.) *Juden und Judentum in der Literatur,* dtv, München 1985, S. 254-272.
11. Artikel von Hans-Joachim Schoeps, »Bereit für Deutschland!« in: *Der Patriotismus deutscher Juden und der Nationalszozialismus. Frühe Schriften 1930-1933. Eine historische Dokumentation,* Haude und Spener, Berlin 1970, S.259.
12. Zit. im selben Band, S.12.
13. Zit bei Robert S. Wistrich, *The Jews of Vienna in the age of Franz Joseph,* Oxford University Press, New York 1989, S. 164.
14. Ernst Kantorowicz, *Mourir pour la patrie et autres textes,* PUF, Paris 1984.
15. Der gesamte Text dieses Briefes ist abgedruckt in Ralph E. Giesey, «Ernst Kantorowicz, Scholarly Triumphs and Academic Travails in Weimar Germany and the United States», *Leo Baeck Institute Year Book,* 1985, S.197f.

16. Alain Boureau, *Histoires d'un historien. Kantorowicz,* Gallimard, Paris 1990. S.150.

17. Carl E. Schorske. *Wien, Geist und Gesellschaft im Fin de siècle,* S.Fischer, Frankfurt/M. 1982, S.138.

18. Theodor Herzl, «Wenn ihr wollt, ist es kein Märchen», *Der Judenstaat,* Jüdischer Verlag, Königstein 1978, S. 200.

19. Siehe insb. Alex Bein, *Theodorl Herzl, Eine Biographie*, Selbstverlag der Österreichisch-israelischen Gesellschaft, Reprint der Erstausgabe von 1934, Fibo Verlag, Wien.

20. Zit. bei Carl E. Schorske, op. cit. S. 154.

21. Theodor Herzl, »Brief an Baron Hirsch vom 3. Januar 1895, *Briefe und Tagebücher,* Propyläen/Ullstein, Frankfurt/M. 1983, S.63f.

22. Ibidem, S.75, S.82.

23. Ibidem, S.87.

24. Ibidem, S.431.

25. Zit., bei André Chouraqui, *Theodor Herzl,* Seuil, Paris 1960, S. 51.

26. Vgl. Alex Bein, op. cit. S. 62.

27. Vgl. Chouraqui, op. cit. S. 52.

28. Vgl. Carl E. Schorske, op. cit. S: 155, und André Chouraqui, op. cit. S. 91.

29. Theodor Herzl, *Briefe und Tagebücher,* op. cit. S. 113.

30. Vgl. Carl E. Schorske, op. cit.. S. 164.

31. Theodor Herzl, *Der Judenstaat,* Jüdischer Verlag, Königstein, 1978. S. 216, 229.

32. Theodor Herzl, *Briefe und Tagebücher,* op. cit. S. 586.

33. Theodor Herzl, «Wenn ihr wollt, ist es kein Märchen», op. cit. S. 213.

34. Ibidem, S. 219.

35. Theodor Herl, *Briefe und Tagebücher,* op. cit. S. 75, S. 90.

36. Theodor Herzl, «Wenn ihr wollt, ist es kein Märchen», op. cit. S. 244.

37. Vgl. Ernst Schulin, «Walther Rathenau und sein Integrationsversuch als ‚Deutscher jüdischen Stammes'», in Walter Grab (Hrsg.). *Jüdische Integration und Identität in Deutschland und Österreich 1848-1918,* Jahrbuch des Instituts für Deutsche Geschichte, Tel-Aviv 1984, S. 13-38. Es gibt zwei Rathenau-Biographien, die dem Problem seines Judentums allerdings nur wenige Seiten widmen: Count Harry Kessler, *Walther Rathenau. His Life and World,* Gerald Howe, London 1929, und Peter Burglar, *Walther Rathenau, Seine Zeit, sein Werk, seine Persönlichkeit,* Schünemann Universitätsverlag, Bremen 1970. Man kann annehmen, daß Rathenau glücklich wäre, daß ein englischer Lord eine Biographie über ihn schrieb. Die Tatsache jedoch, daß man ihn heute häufig zum Studienobjekt jüdischen Selbsthasses macht, würde ihm vermutlich weniger gefallen.

38. Walther Rathenau, *Briefe I,* Carl Reissner, Dresden 1928, S. 253-254. Siehe auch Klara Pommeranz Carmely. *Das Identitätsproblem jüdischer Autoren im deutschen Sprachraum. Von der Jahrhundertwende bis zu Hitler,* Scriptor, Königstein 1981, S. 47. Im Juli 1916, während des Ersten Weltkrieges, als er zur Zielscheibe antisemitischer Angriffe wurde, schrieb er einen Brief an Chamberlain, in dem er sein Verhalten im Kriegsministerium rechtfertigte. Eine Antwort erhielt er nicht.

39. Walther Rathenau, *Hauptwerke und Gespräche,* Lambert Schneider, München 1977, S. 628.

40. Walther Rathenau, «Höre, Israel!» in Harry Wilde (Hrsg.), *Walther Rathenau in Selbstzeugnissen und Bilddokumenten,* Rowohlt, Reinbek 1971, S. 23.

41. Ibidem.

42. Walther Rathenau, «Von Schwachheit, Furcht und Zweck», *Gesammelte Schriften*, S. Fischer Berlin 1918, Bd.4, S.14.

43. Walther Rathenau, «Staat und Judentum», ibidem, Bd. 1, S 183-207.

44. Walther Rathenau, *Schriften,* Berlin Verlag, Berlin 1965, S. 114.

45. Walther Rathenau. «An Deutschlands Jugend», *Gesammelte Schriften,* S. Fischer, Berlin 1929, Bd. 6, S. 99.

46. Walther Rathenau, *Schriften*, op. cit. S. 115.

47. Siehe George L. Mosse, *Nationalism and Sexuality. Respectability and Abnormal Sexuality in Modern Europe,* Howard and Fertig, New York 1985.

48. Peter Loewenberg, «Antisemitismus und jüdischer Selbsthaß», *Geschichte und Gesellschaft,* 4/1979. S. 458-469 (es handelt sich um eine bisher nicht veröffentlichte Korrespondenz).

49. Vgl. Peter Gay, *Freud, Juden und andere Deutsche, Herren und Opfer in der Modernen Kultur,* dtv, München 1989, S. 213.

50. Fritz Stern, «Walther Rathenau. Une âme divisée dans und pays divisé», *Commentaire,* 35/1990, S. 573.

51. Siehe Shulamit Volkov, «Überlegungen zur Ermordung Rathenaus als symbolischem Akt», in U. Raulff (Hrsg.) *Ein Mann vieler Eigenschaften, Walther Rathenau und die Kultur der Moderne,* Wagenbach, Berlin 1991, S.100-101.

AUSCHWITZ – DIE GESCHICHTE UND DIE HISTORIKER   5

1. Vgl. Walter Laqueur, *Was niemand wissen wollte. Die Unterdrückung der Nachrichten über Hitlers «Endlösung».* Ullstein, Frankfurt/M, 1982.

2. Zit. bei Charlotte Wardi, *Le génocide dans la fiction romanesque,* PUF, Paris 1988, S. 22.

3. Siehe hierzu Arno J. Mayer, *La «solution finale» dans l'histoire,* La Découverte, Paris 1990, S. 35. Zur Kritik an einem judeozentrischen Geschichtsbegriff siehe Detlev Claussen, *Grenzen der Aufklärung, Zur gesellschaftlichen Geschichte des modernen Antisemitismus,* Fischer, Frankfurt/M. 1987, S. 61f.

4. Eine historische Einordnung des Judenmords und des Armeniermords findet sich bei Pierre Vidal-Naquert, «Et par le pouvoir d'un mot...», *Les Juifs, la memoire et le présent II,* La Découverte, Paris 1991, S. 267-275.

5. Die vollständigste Dokumentation über die Zahl der Opfer des Stalinismus findet sich in der bearbeiteten Fassung des klassischen Werks von Roy Medvev, *Let History Judge,* Columbia University Press, New York, 1989.

6. Die Schätzungen über die Zahl der Opfer des Vietnamkrieges schwanken zwischen einer Mio auf der Grundlage offizieller amerikanischer Quellen (vgl. Gunter Lewy, *America in Vietnam,* Oxford University Press, New York 1978, S. 453) und 1,7 Mio nach vietnamesischen Quellen (vgl. James Pinckney Harrison, *The Endless War,* New York 1982, S. 301). Man weiß, daß das Wort Genozid zu Unrecht auf den Vietnamkrieg angewandt wurde (vgl. Annie Cohen-Solal, *Sartre,* Rowohlt, Reinbek 1990). Ronald Aronson griff diese Idee auf. S.E. war Vietnam, eine Art Genozid, die durch das erklärte Ziel, das Volk nicht ausrotten, sondern den Krieg gewinnen zu wollen, verschleiert wurde. Vgl. R. Aronson, *The Dialectics of Disaster. A Preface to Hope*, Verso, London 1983, S. 163.

7. Die Zahl von 500 000 Opfern unter den Sinti und Roma wurde von Joachim S. Hohmann veröffentlicht. «Le génocide des Tsiganes» in dem von Francois Bédarida hrsg. Band *La politique nazie d'extermination,* Albin Michel, Paris 1989, S. 263-277. D.Kenrik und G. Puxon, schätzen hingegen die Zahl der Opfer auf 200000 (vgl. *Destins gitans: des origines à la «solution finale»,* Calmann-Lévy, Paris 1974, S. 241). Siehe auch Reimar Gilsenbach «Unendliche Angst im Tausendjährigen Reich»,

Oh Django, sing deinen Zorn. Sinti und Roma unter den Deutschen, BasisDruck, Berlin 1993, S. 67-210.

8. Vgl. Enzo Traverso, «Homosexuels et nazisme. Notes sur un crime occulté», *Raison Présente*, 96/1990, S. 65-75. Siehe auch Hans Georg Stümke, *Homosexuelle in Deutschland, Eine politische Geschichte,* C.H. Beck, München 1989.

9. Siehe Eugen Kogon, Hermann Langbein, Adalbert Rückert, Langbein, *Nationalsozialistische Massentötungen durch Giftgas. Eine Dokumentation,* Fischer, Frankfurt/M. 1986, Kapitel III «Die Euthanasie». Die am besten dokumentierte und vollständigste Untersuchung stammt von Gisela Bock, *Zwangssterilisation im Nationalsozialismus, Studien zur Rassenpolitik und Frauenpolitik,* Westdeutscher Verlag, Opladen 1986.

10. J.M.G. Le Clézio, *Le rêve mexicain ou la pensée interrompue,* Gallimard, Paris 1988, S. 213.

11. Vgl. Walter Benjamin, «Über den Begriff der Geschichte», in *Gesammelte Schriften,* Bd.I/2, edition suhrkamp, Frankfurt/M. 1980, S. 697f.

12. Theodor W. Adorno, «Minima Moralia, Reflexionen aus dem beschädigten Leben», *Gesammelte Schriften,* Bd IV, Suhrkamp, Frankfurt/M. 1980.

13. Michael Löwy, *Rédemption et utopie, Le judaisme libertaire en Europe centrale,* PUF, Paris 1988, S. 7.

14. Vgl. Claude Lanzmann, *Shoah,* Claassen Verlag, Düsseldorf 1985.

15. Ibidem.

16. Vgl. Dan Diner (Hrsg.). *Zivilisationsbruch. Denken nach Auschwitz,* Fischer, Frankfurt/M. 1988.

17. Günter Grass, «Schreiben nach Auschwitz», Frankfurter Poetikvorlesung vom 13.2.1990, *Die Zeit,* 23.2.1990.

18. Zit. von Michael R.Marrus, *The Holocaust in History,* Penguin Books, London 1989. S. 2f.

19. Vgl. Dan Diner, «Zwischen Aporie und Apologie. Über Grenzen der Historisierbarkeit des Nationalsozialismus», in D. Diner (Hrsg.) *Ist der Nationalsozialismus Geschichte? Zu Historisierung und Historikerstreit,* Fischer, Frankfurt/M. 1987. S. 73.

20. Isaac Deutscher, «Die jüdische Tragödie und der Historiker», in *Die ungelöste Judenfrage, Zur Dialektik von Antisemitismus und Zionismus,* Rotbuch, Berlin 1977, S. 104.

21. Vgl. Friedrich Meinecke, *Die deutsche Katastrophe,* Wiesbaden 1946.

22. Eine gründliche Analyse der verschiedenen Interpretationen des Judenmords auf der Grundlage der Unterscheidung eines intentionalistischen und funktionalistischen Ansatzes vgl. die Arbeit von Saul Friedländer, «Le l'antisémitisme à l'extermination. Esquisse historiographique et essai d'interprétation», in Colloque de l'EHESS, *L'Allemagne nazie et le génocide juif, Gallimard, Seuil, Paris 1985,* S. 13-38.

23. Lucy Dawidovicz datiert die Entstehung des «Endlösungs»-Plans in die Zeit zwischen 1919 und 1926 (vgl. *La guerre contre les juifs,* Hachette, Paris, 1977, S. 225). Nach Meinung Eberhard Jäckels legen die zahlreichen Anspielungen auf eine «Ausrottung der Juden» in den Briefen und Reden Hitlers von 1919 an die Vermutung nahe, daß er damals bereits an eine systematische Ausrottung der Juden dachte. (vgl. Eberhard Jäckel und Jürgen Rohwer (Hrsg.) *Der Mord an den Juden im Zweiten Weltkrieg. Entschlußbildung und Verwirklichung,* DVA, Frankfurt/M. 1985). Simon Taylor legt das fatale Ereignis ins Jahr 1927 (vgl. *Prelude to Genocide. Nazi Ideology and the Struggle for Power,* Duckworth, London 1985, S.7f.).

24. Andreas Hillgruber, *Zweierlei Untergang, Die Zerschlagung des Deutschen Reiches und das Ende des europäischen Judentums,* Siedler, Berlin 1986, S. 9-85.

25. Vgl. Karl Dietrich Bracher, *La dictature allemande. Naissance, structure et consé-quences* du national-socialisme, Privat, Toulouse 1986, S. 534.

26. Vgl. Martin Broszat, *Der Staat Hitlers, Grundlegung und Verfassung seiner inneren Entwicklung,* dtv, München 1969.

27. Franz Neumann, *Behemoth, Struktur und Praxis des Nationalsozialismus 1933-1944.* Fischer, Frankfurt/M. 1984.

28. Martin Broszat, «Hitler und die Genesis der ‚Endlösung'», *Vierteljahreshefte für Zeitgeschichte,* 1977, Nr. 4, S. 759-775.

29. Hans Mommsen, «Die Realisierung des Utopischen: die ‚Endlösung der Judenfrage' im ‚Dritten Reich'», *Geschichte und Gesellschaft,* 1983, Nr.1, S. 396.

30. Vgl. Claude Lanzmann, op. cit.

31. Vgl. H. Mommsen, op. cit. S. 399.

32. Zit. bei J.P. Stern, *Hitler, Le Führer et le peuple,* Flammarion, Paris 1985, S. 114f.

33. Zit. bei Saul Friedländer, *Reflets du nazisme,* Seuil, Paris 1982, S. 103f.

34. Siehe besonders Raul Hilberg, *Die Vernichtung der europäischen Juden. Die Gesamtgeschichte des Holocaust.* Olle & Wolter, Berlin 1982, Kap.7.

35. A.J.Mayer, op. cit.

36. Ibidem, S. 355.

37. Diese Sicht teilt Ian Kershaw, *Der NS-Staat. Geshichtsinterpretationen und Kontroversen im Überblick,* Rowohlt, Reinbek 1989, S. 205-208.

38. Brief Scholems an Benjamin vom 13. April 1933, in W.Benjamin, G. Scholem, *Briefwechsel 1933-1940,* Suhrkamp, Frankfurt/M. 1980.

39. Leo Trotzki, *Sur la question juive et le sionisme,* Maspero. Paris, 1974. insb. S. 48.

40. Zur marxistischen Analyse des Antisemitismus vgl. Enzo Traverso, *Les marxistes et la question juive. Histoire d'un débat 1843-1943,* La Brèche, Paris 1990. Kap.9.

41. Franz Neumann, op. cit., S. 129.

42. Kurt Pätzold, «Wo der Weg nach Auschwitz begann. Der jüdische Antisemitismus und der Massenmord an den europäischen Juden», in Reinhard Kühnl (Hrsg.), *Streit ums Geschichtsbild. Die «Historiker-Debatte» Dokumentation, Darstellung und Kritik,* Pahl-Rugenstein, Köln 1987, S. 194. Siehe vor allem Kurt Pätzold, *Faschismus, Rassenwahn, Judenverfolgung,* Deutscher Verlag der Wissenschaften, Berlin 1975. Der Autor beschäftigt sich hier mit der Zeit von 1933-1935.

43. Götz Aly, Susanne Heim, *Vordenker der Vernichtung. Auschwitz und die deutschen Pläne für eine neue europäische Ordnung,* Hoffmann und Campe, Hamburg 1991.

44. Siehe die Kritik an Götz Aly und Susanne Heim von Christopher Browning «Vernichtung und Arbeit. Zur Fraktionierung der planenden deutschen Intelligenz im besetzten Polen», in Wolfgang Schneider (Hrsg.) *Vernichtungspolitik. Eine Debatte über den Zusammenhang von Sozialpolitik und Genozid im nationalsozialistischen Deutschland,* Junius, Hamburg 1991, S. 49.

45. Ulrich Herbert, «Rassismus und rationales Kalkül. Zum Stellenwert utilitaristisch verbrämter Legitimationsstrategien in der nationalsozialistischen ‚Weltanschauung'», ibidem S. 35.

46. Siehe hierzu die interessanten Hinweise von Detlev Claussen in «Ein kategorischer Imperativ. Die politische Linke und ihr Verhältnis zum Staat Israel», *Jüdisches Leben in Deutschland seit 1945,* Athenäum, Frankfurt 1988, S.230-242.

47. Vgl.Tim Mason, «Der Primat der Politik, Politik und Wirtschaft im Nationalsozialismus», *Das Argument,* 1968, Nr. 41, S. 473-494.

48. Vgl. die Untersuchung von Ulrich Herbert, «Arbeit und Vernichtung, Ökonomisches Interesse und Primat der «Weltanschauung» im Nationalsozialismus», in Dan Diner (Hrsg.), *Ist der Nationalsozialismus Geschichte?* op. cit. S. 198-236.

225

49. Herbert Marcuse, Vorwort zu *Kultur und Gesellschaft*, Suhrkamp, Frankfurt/M. 1980.

50. Detlev Clausen, op. cit. S. 185f.

51. Zit. von Fritz Stern, *Kulturpessimismus als politische Gefahr,* op. cit.

52. Vgl. Hannah Arendt, *Auschwitz et Jérusalem*, Deux Temps, Paris 1991, S. 159.

53. In diesem Zusammenhang muß darauf hingewiesen werden, daß der Antisemitismus keine tragende Säule des italienischen Faschismus war, daß 1938 dort jedoch eine eigene antisemitische Gesetzgebung ins Werk gesetzt wurde (die zu trauriger Berühmtheit gelangten *Leggi sulla razza*). Wenn auch das Bündnis zwischen Italien und Deutschland dabei eine entscheidende Rolle spielte, so war es doch allein das Werk der Mussolini-Regierung.

6 GESCHICHTE UND ERINNERUNG

1. Primo Levi, *Die Atempause,* Hanser, München, Wien 1991, S. 349f.

2. Monika Richarz, «Juden in der Bundesrepublik Deutschland und in der Deutschen Demokratischen Republik seit 1945», in M.Brumlik (Hrsg.), *Jüdisches Leben in Deutschland seit 1945*. Athenäum, Frankfurt/M. 1986.

3 Zit. bei Wolfgang Benz, *Zwischen Hitler und Adenauer, Studien zur deutschen Nachkriegsgesellschaft,* Fischer, Frankfurt/M. 1991, S. 66f.

4. Y. Michal Bodemann, «Staat und Ethnizität. Der Aufbau der jüdischen Gemeinden im Kalten Krieg», *Jüdisches Leben in Deutschland,* op. cit. S. 58.

5. Siehe insb. die kollektive Arbeit *Kennzeichen «j»*. *Bilder, Dokumente, Berichte zur Geschichte der Verbrechen des Hitlerfaschismus an den deutschen Juden 1933-1945*, Deutscher Verlag der Wissenschaften, Berlin 1966. Die letzte wichtige in der DDR erschienene Arbeit über den Judenmord ist der Band: Rudolf Hirsch, Rosemarie Schuder, *Gelber Fleck. Wurzeln und Wirkungen des Judenhasses in der deutschen Geschichte*, Rütten & Loening, Berlin 1987.

6. Vgl. Sonia Combe, «Gedenkfeiern zur Überwindung der Nazi-Vergangenheit», in dem von A. Brossat. S. Combe. J.Y. Potel, J.Ch. Szurek hrsg. Band *Die wiedergefundene Erinnerung*. BasisDruck, Berlin 1992, S. 137-158.

7. Man könnte sagen, es fehlten die «Rohstoffe» für diese Art Inszenierungen (die Juden der SED waren viel weniger zahlreich als die in der polnischen KP), aber vor allem seit Ende der 60er Jahre begann sich die Einstellung der DDR zur Shoah mit dem Beginn von Forschungen und Veröffentlichungen und Gedenkfeiern zum Judenmord zu wandeln und unterschied sich fortan von der der anderen sowjetischen Satellitenstaaten.

8. Vgl. Robin Ostow, *Jüdisches Leben in der DDR*. Athenäum Verlag, Frankfurt/M. 1988, S. 16-19.

9. Vgl. H. Eschwege, «Die jüdische Bevölkerung der Jahre nach der Kapitulation Hitlerdeutschlands auf dem Gebiet der DDR bis zum Jahre 1953», in J.H. Schoeps. (Hrsg.) *Juden in der DDR*, Brill, Duisburg 1988. S. 87.

10. Peter Honigmann, «Über den Umgang mit Juden und jüdischer Geschichte in der DDR», ibidem S. 110.

11. Zit. bei Sonia Combe, «Mémoire du nazisme et histoire officielle. Le passé nazi en RDA», *Esprit*, Nr. 10, Oktober 1987:

12. Vgl. Christa Wolf, *Kindheitsmuster*, Aufbau Verlag, Berlin und Weimar 1976. Christoph Hein hat die Haltung der Deutschen zu den Nazi-Verbrechen in einem Roman dargestellt, in dem die Opfer der Verfolgung durch Zigeuner symbolisiert werden. *Horns Ende*, Luchterhand, Darmstadt 1985.

13. Christa Wolf, «Erfahrungsmuster. Diskussion zu *Kindheitsmuster*» 1975, *Die Dimension des Autors, Essays und Aufsätze. Reden und Gespräche 1959-1985,* Luchterhand, Neuwied 1987. S. 811. Siehe hierzu auch Karl-Heinz Hartmann, «Das Dritte Reich in der DDR-Literatur, Stationen erzählter Vergangenheit», in Hans Wagner (Hrsg.), *Gegenwartsliteratur und Drittes Reich. Deutsche Autoren in der Auseinandersetzunmg mit der Vergangenheit,* Reclam, Stuttgart 1977, S. 307-328.

14. Vgl. Norbert Haase, *Deutsche Deserteure,* Rotbuch Verlag, Berlin 1987.

15. Über die Geschichte des *Wiedergutmachungs*-Abkommens vgl. Raul Hilberg, *Die Vernichtung der europäischen Juden,* op. cit.

16. Zit. bei Martin W. Kloke, *Israel und die Deutsche Linke. Zur Geschichte eines schwierigen Verhältnisses,* Haag+Herchen, Frankfurt/M. 1990, S. 43.

17. Vgl. Y.M. Bodemann, op. cit. S. 60..

18. Vgl. Michel Wolffsohn, *Ewige Schuld? 40 Jahre deutsch-jüdisch-israelische Beziehungen,* Piper, München 1988, S.108.

19. Die Haltung der jüdischen Welt gegenüber den Reparationen war geteilt. Die Verweigerung jeglicher Entschädigung wurde von Vladimir Jankélévitch mit folgenden Worten bekräftigt: «Wir sagen zu den Deutschen: Behaltet eure Entschädigungszahlungen, Verbrechen sind nicht in Geld aufzurechnen; es gibt keine Gelder, die uns für sechs Millionen Ermordete entschädigen können, das Irreparable kann nicht wiedergutgemacht werden. Wir wollen euer Geld nicht.» (*L'imprescriptible*, Seuil, Paris 1986, S. 58).

20. Es darf nicht übersehen werden, daß die Wiedergutmachungsleistungen zu einem symbolischen Akt wurden, der es möglich machte, alle anderen Opfer des Nazismus zu vergessen. Die russischen und polnischen Zwangsarbeiter, die Homosexuellen, die Opfer der Euthanasie und die kommunistischen Wiederständler haben nie Wiedergutmachungs- zahlungen erhalten (die Zigeuner erhielten sehr viel später welche, aber nur partiell).

21. Vgl. Alexander und Margarete Mitscherlich, *Die Unfähigkeit zu trauern.* Piper, München 1968, S 40. Für den Historiker Norbert Frei handelte es sich weniger um «Verdrängung» als um «die Unfähigkeit, zu ertragen, was» bei der Erwähnung der Naziverbrechen «in Erinnerung gerufen worden wäre». («L'Holocauste dans l'historiographie allemande. Un point aveugle dans la conscience historique?», *Vingtième siècle,* 1992, Nr. 34, S. 159.

22. Lothar Baier, *Un Allemand né de la dernière guerre,* Calmann-Lévy, Paris 1989, S. 14.

23. Vgl. Hermann Lübbe, «Der Nationalsozialismus im deutschen Nachkriegsbewußtsein», *Historische Zeitschrift,* Nr. 236, 1983.

24. Arthur Koestler, *Diesseits von Gut und Böse.* Scherz Verlag, München 1965, S.274.

25. Hannah Arendt, «Responsabilité personelle et régime dictatorial», (1964). *Penser l'événement,* Belin, Paris 1989, S. 93.

26. Ralph Giordano, *Die zweite Schule oder von der Last, Deutscher zu sein,* Rasch und Röhring, Hamburg 1987, Neuaufl. Knaur, München 1990, S. 266.

27. Zur «Kollektivunschuld» der deutschen Gesellschaft angesichts der Verfolgung und Ermordung der Juden vgl. die von Jörg Wollenberg hrsg. Untersuchungen in dem Band *«Niemand war dabei, und keiner hat's gewußt». Die deutsche Öffentlichkeit und die Judenverfolgung 1933-1945,* Piper München, 1989.

28. In den 50er Jahren hatte die Veröffentlichung der Tagebücher von Anne Frank zu einer lebhaften, aber nur kurz andauernden Erregung geführt.

29. Michael Schneider, *Die abgetriebene Revolution, Von der Staatsfirma in die DM-Kolonie,* Elefanten Press, Berlin 1990, S. 28.

30. Bernward Vesper, *Die Reise,* März, Berlin und Schlechterdingen, 1977.

31. Vgl. Dan Diner, «Den Westen verstehen. Der Golfkrieg als deutsches Lehrstück», *Kursbuch*, Heft 104. Juni 1991, S. 143-153. Die Positionen der pazifistischen Linken sind zusammengefaßt in dem von K.D. Bredthauer, A. Heinrich und K. Naumann (hrsg.) Band *Krieg für Frieden? Startschüsse für eine neue Weltordnung*, Elefanten Press, Berlin 1991. Zur Frage der Interpretation der Ereignisse am Golf im Zusammenhang mit der deutschen Vergangenheit siehe besonders Michael Schneider, «Der arabische Frankenstein», ibidem, S. 106-119. Die Positionen der Linken, die den Krieg befürworten, finden sich in einem anderen Band: Klaus Bittermann (Hrsg.) *Liebesgrüße aus Bagdad,* Tiamat, Berlin 1991. (Den Vorwurf, das von Hitler begonnene Werk werde durch die Unterstützung Saddam Husseins «vollendet», erhoben Wolf Biermann und Henryk M. Broder).
32. Vgl. Hajo Funke, «Bergen-Belsen, Bitburg, Hambach. Bericht über eine negativer Katharsis», in H. Funke (Hrsg.), *Von der Gnade der geschenkten Nation,* Rotbuch, Berlin 1988. S. 20-34.
33. Vgl. Walter Benjamin, «Über den Begriff der Geschichte» in *Gesammelte Schriften*, Bd. I/2, edition suhrkamp, Frankfurt/M. 1980, S. 695
34. Vgl. Hans-Ulrich Wehler, *Entsorgung der deutschen Vergangenheit? Ein polemischer Essay zum «Historikerstreit»,* C.H. Beck, München 1988, Kap. 4.
35. Ernst Nolte, «Between Myth and Revisionism? The Third Reich and the Perspective of the 1980s», in, H.W. Koch, *Aspects of the Third Reich,* St. Martin Press, London 1985, S. 17-38. Siehe hierzu die Kritik von Hans Ulrich Wehler, *Entsorgung der deutschen Vergangenheit, op. cit.*
36. Ernst Nolte, *Der europäische Bürgerkrieg 1917-1945. Nationalsozialismus und Bolschewismus,* Ullstein, Frankfurt/M. 1987, S.15f.
37. Ibidem, S. 554. Zu einer gezielten undscharfen Kritik an den Thesen von Nolte siehe Richard J. Evans, *Im Schatten Hitlers?*, Suhrkamp, Frankfurt/M. 1991.
38. A. Hillgruber, *Zweierlei Untergang,* Siedler, Berlin 1986, S. 245.
39. Nach Bernard D. Weinryb kamen bei den Pogromen der Armee von Denikin 60 bis 70 000 Juden um (zwischen 180 000 und 200 000 nach sowjetischen Quellen).
40. Primo Levi, *Die Untergegangenen und die Geretteten*, Hanser, München 1990.
41. Mommsen, «La nouvelle conscience historique et la relativisation du national-socialisme», *Devant l'histoire,* S. 151.
42. Zit. bei Fritz Stern *Politique et désespoir. Les ressentiments contre la modernité dans l'Allemagne préhitlérienne,* Armand Collin, Paris 1990, S. 86f. (Deutscher Titel: *Kulturpessimismus als politische Gefahr*)
43. Klaus Hildebrand, «L'ère des tyrans», *Devant l'histoire,* S. 67-73.
44. Joachim Fest, «Le souvenir que nous leur devons», ibidem, S. 85f.
45. Eberhard Jäckel, «La misérable pratique des insinuations», ibidem, S. 97f.
46. Vgl. Detlev Claussen, «Vergangenheit mit Zukunft. Über die Entstehung einer neuen deutschen Ideologie», *Die neue deutsche Ideologie. Einsprüche gegen die Entsorgung der Vergangenheit,* Luchterhand, Darmstadt 1982, S.12.
47. Daß diese Rede so mißverstanden werden konnte, beweist erneut, daß Deutschland sich noch längst nicht von seiner Vergangenheit «befreit» hat.
48. Henry Rousso, *Le syndrome de Vichy de 1944 à nos jours,* Seuil, Paris 1990, S. 9.
49. Pierre Nora, «Entre mémoire et histoire», *Les lieux de mémoire, I,* Gallimard, Paris 1984, S. XIX.
50. Siehe den Beitrag von Yerushalmi in der Gemeinschaftsarbeit *Usage de l'oubli,* Seuil, Paris 1988.
51. Zit. von Lothar Baier, *Volk ohne Zeit,* Wagenbach, Berlin 1990, S. 69.
52. Michael Schneider, op. cit. S. 128.

53. Günter Grass, «Schreiben nach Auschwitz», op. cit.

54. Jürgen Habermas, «Une manière de liquider les dommages. Les tendances apolo-
gétiques dans 'historiographie contomporanéiste» in dem Band, *Davant l'histoire*,
op. cit. und «Conscience historique et identité posttraditionelle. L'orientation à
l'Ouest de la RFA». *Ecrits politiques*, Cerf, Paris 1990. Christian Meier ist der
Meinung, Habermas ersetze die «Heimat» durch die Verfassung. Vgl. Christian
Meier, *40 Jahre nach Auschwitz. Deutsche Geschichtserinnerung heute*, Deutscher
Kunstverlag, München 1987, S. 87.

55. Hannah Arendt, «La culpabilité organisée», op. cit. S, 26.

56. In diesem Zusammenhang verweist Lothar Baier auf den Fall Peter-Jürgen Books,
eines ehemaligen Mitglieds der RAF. Dieser war an keiner Terroraktion beteiligt,
wurde jedoch dreimal zu lebenslänglicher Haft verurteilt. 1964 wurde General
Wolff, Generalstabsschef Himmlers, dem man die Beteiligung am Mord von 300
Tausend Menschen nachgewiesen hatte, zu nur 15 Jahren Haft verurteilt und bereits
nach fünf Jahren entlassen.(*Un Allemand né de la dernière guerre*, op. cit. S.95).

57. Joachim Fest, «Un souvenir que nous leurs devons», *Devant l'histoire*, op. cit. 86.

58. Jean Améry, *Jenseits von Schuld und Sühne, Bewältigungsversuche eines Überwäl-
tigten*, Klett-Cotta, Stuttgart 1977, S. 127.

59. Henryk M. Broder, «Die unheilbare Liebe deutscher Intellektueller zu toten und
todkranken Juden», in dem Band *Eingriffe. Jahrbuch für gesellschaftskritische
Umtriebe*, Tiamat, Berlin 1988, S. 67-73.

60. Hannah Arendt, Karl Jaspers, *Briefwechsel 1926-1969*, Piper, München 1985, S. 89.

61. Theodor W. Adorno, «Erziehung nach Auschwitz», *Erziehung zur Mündigkeit*.
Vorträge und Gespräche mit Hellmut Becker, 1959-1969, Suhrkamp, Frankfurt/M.
1975.

1778 Deutsche Übersetzung der Fünf Bücher Mose durch Moses Mendelssohn, den wichtigsten Vertreter der Haskala, der jüdischen Aufklärung.

1779 Gotthold Ephraim Lessing veröffentlicht *Nathan der Weise*, ein Drama, das für die Juden eintritt.

1781 Wilhelm von Dohm, *Über die bürgerliche Verbesserung der Juden*. Pamphlet zugunsten der Emanzipation, geschrieben von einem hohen preußischen Funktionär.

1782 Toleranzedikt des österreichischen Kaisers Josephs II.

1783 Moses Mendelssohn, *Jerusalem*. Manifest zugunsten der Emanzipation vom wichtigsten jüdischen Philosophen des 18. Jahrhunderts.

1786 Tod Moses Mendelssohns.

1790-1806 Rahel Levin-Varnhagen führt einen Salon in der Berliner Jägerstraße.

1791 Emanzipation der Juden in Frankreich.

1808 Emanzipation der Juden in Westfalen unter Napoleon.

1812 Teilweise Emanzipation der preußischen Juden unter Friedrich Wilhelm III.

1818 Ludwig Börne gründet die Literaturzeitschrift *Die Waage*, zu deren Mitarbeitern auch Rahel Varnhagen gehört.

1819 Eine Welle antijüdischer Aktionen ergreift Deutschland, es kommt zu Pogromen. In Berlin gründen Leopold Zunz und Eduard Gans den *Verein für Kultur und Wissenschaft der Juden*.

1822 Die *Zeitschrift für die Wissenschaft des Judentums* wird gegründet.

1823 Michael Beer, *Der Paria*. Allegorisches Drama, in dem das Ausgeschlossensein der deutschen Juden dargestellt wird.

1833 Tod Rahel Levin-Varnhagens. Im folgenden Jahr erscheint ihre Korrespondenz in drei Bänden.

1836 Samson-Raphael Hirsch, *Neunzehn Briefe über das Judentum*. Hauptwerk der jüdischen Orthodoxie im Deutschland des 19. Jahrhunderts. Abraham Geiger gründet die *Wissenschaftliche Zeitschrift für jüdische Theologie*, in der die jüdische Reformbewegung zu Wort kommt.

1837 Bertold Auerbach, *Spinoza*. Ein historischer Roman des populärsten jüdisch-deutschen Schriftstellers des 19. Jahrhunderts. Ludwig Phillipson gründet die *Allgemeine Zeitung des Judentums*.

1840 Heinrich Heine, *Der Rabbi von Bacharach*. Im selben Jahrzehnt verfaßt er die *Hebräischen Melodien*.

1843 Polemik zwischen Karl Marx und Bruno Bauer über die Judenfrage.

1848 Revolutionen in Europa. In Köln gründen Marx und Engels die *Neue Rheinische Zeitung*.

1849 In Österreich und Preußen werden Gesetze zugunsten der Emanzipation der Juden verabschiedet. Sie werden im Habsburgerreich erst 1867 endgültig angewendet und in Deutschland erst 1869.

1850 Richard Wagner, *Das Judentum in der Musik*.

1853 Heinrich Graetz, *Geschichte der Juden*. Eines der Hauptwerke der jüdischen Geschichtsschreibung im 19. Jahrhundert. Die endgültige Ausgabe erschien 1900 nach dem Tod des Autors in 13 Bänden.

1862 Moses Hess, *Rom und Jerusalem*. Ein Vorläufer des modernen Zionismus.

1867 Karl Marx, *Das Kapital*.

1869 Den Juden in Preußen wird das volle Bürgerrecht gewährt.

1871 Die preußischen Gesetze gelten in ganz Deutschland.
August Röhling, *Der Talmudjude*. Ein antisemitisches
Buch eines österreichischen katholischen Theologen.

1872 Gründung der *Hochschule für die Wissenschaft des
Judentums* in Berlin.

1873 Wilhelm Marr, *Der Sieg des Judentums über das Germanentum:* Antisemitisches Werk, das große Verbreitung fand und in dem zum erstenmal das Wort «Antisemitismus» auftaucht.

1878 Leopold von Sacher-Masoch, *Judengeschichten*.
Novellen über die Ostjuden, geschrieben mit großer
Sympathie.

1879 Beginn der antisemitischen Agitation des preußischen
Hofpredigers Adolf Stöcker.

1880 Heinrich von Treitschke, *Ein Wort über unser Judentum.* Aufsatzsammlung, die großes Aufsehen erregte.
Der Antisemitismus nahm Einzug in die Welt der Universitäten. Antwort des liberalen Historikers Theodor
Mommsen. Eugen Dühring, *Die Judenfrage als Frage
des Rassencharakters und seiner Schädlichkeit für Völ-
kerexistenz, Sitte und Kultur.*

1881 Eine Petition, die antijüdische Maßnahmen fordert und
Bismarck vorgelegt wird, findet 225 000 Unterzeich-
ner.

1886 Paul de Lagarde, *Deutsche Schriften*. In diesem Band
sind Texte versammelt, die seit 1853 verfaßt wurden
und Ausdruck eines stark antisemtisch gefärbten «Kulturpessimismus» sind.

1890 Karl Kautsky, *Das Judentum.*

1892 Ludwig Jacobowski, *Werther, der Jude*. Erster Roman,
der das Problem der jüdischen Indentität angesichts des
aufsteigenden Antisemitismus behandelt.

1893 Sechzehn Abgeordnete einer antisemitischen Liste ziehen in den Reichstag ein. Gründung des *Zentralvereins
deutscher Staatsbürger jüdischen Glaubens*. Oskar
Panizza, *Der operierte Jud.*

1894 Theodor Herzl, *Das neue Ghetto*. Drama über das
Leben der Juden nach der Emanzipation. Hermann
Bahr, *Der Antisemitismus.*

1896 Ausbruch der Dreyfus-Affäre in Frankreich. Theodor Herzl, *Der Judenstaat*.

1897 Erster zionistischer Kongreß in Basel. Gründung der zionistischen Wochenzeitung *Die Welt*. Jakob Wassermann, *Die Juden von Zirndorf*. Roman über die Identitätskrise der assimilierten Juden. Walther Rathenau schreibt: «*Höre Israel!*» für die Zeitschrift *Die Zukunft*. Der antisemitische Vorsitzende der österreichischen Sozialdemokraten Karl Lueger wird zum Bürgermeister von Wien gewählt.

1898 Karl Kraus, *Eine Krone für Zion*. Satirisches Werk über den Zionismus, ein Jahr vor Gründung seiner Zeitschrift *Die Fackel* erschienen.

1900 Houston Stewart Chamberlain, *Die Grundlagen des 19.Jahrhunderts*. Versuch einer Systematisierung der modernen rassistischen und antisemitischen Theorien. Georg Simmel *Philosophie des Geldes*. Sigmund Freud, *Die Traumdeutung*.

1901 Theodor Herzl, *Altneuland*.

1902 Martin Buber gründet in Berlin ein neues Verlagshaus, den Jüdischen Verlag. Hermann Cohen, *Logik der reinen Erkenntnis*.

1903 Otto Weininger, *Geschlecht und Charakter*. Gilt heute als eine Art Manifest des «jüdischen Selbsthasses».

1905 Leo Beack, *Das Wesen des Judentums*. Grundlegendes theologisches Werk der Schule der «Wissenschaft des Judentums».

1907 Der Verleger Theodor Fritsch veröffentlicht eine Anthologie antisemitischer Zitate, das *Handbuch der Judenfrage*, das große Verbreitung findet. Gustav Landauer, *Die Revolution*.

1908 Arthur Schnitzler, *Der Weg ins Freie*. Roman über das Leben der Juden in Österreich.

1909 Moritz Lazarus, *Die Erneuerung des Judentums*. Im Geist des jüdischen Liberalismus verfaßtes Werk von einem Philosophen und Psychologen der Schule der «Wissenschaft des Judentums».

1911 Martin Buber, *Drei Reden über das Judentum*. Ein Werk, das die Renaissance einer messianischen und mystischen Strömung im mitteleuropäischen Judentum verkörpert. Werner Sombart, *Die Juden und das Wirtschaftsleben*. Versuch, die Juden mit dem modernen Kapitalismus zu identifizieren. Ignaz Zollschan, *Das Rassenproblem unter besonderer Berücksichtigung der theoretischen Grundlagen der jüdischen Rassenfrage*. zionistischer und rassenbiologisch gefärber Text.

1912 Moritz Goldstein, «Der deutsch-jüdische Parnaß» erscheint im *Kunstwart*. Beginn einer Debatte über die Folgen der Assimilation. Werner Sombart, *Die Zukunft der Juden*. Broschüre, in der die antisemitische Tendenz des Autors offener zum Ausdruck kommt als bisher. Walther Rathenau, *Staat und Judentum*.

1913 Else Lasker-Schüler, *Hebräische Balladen*.

1914 Beginn des Ersten Weltkrieges. Jakob Loewenberg, *Aus zwei Quellen*. Autobiographischer Roman über die doppelte Zugehörigkeit der deutschen Juden. Franz Kafka, *Der Prozeß*. Die Wandervogelbewegung plant den Ausschluß von Juden. Karl Kautsky, *Rasse und Judentum*. Wichtigster Beitrag des deutschen Marxismus zu Erforschung der Judenfrage vor dem Ersten Weltkrieg. Magnus Hirschfeld, *Homosexualität bei Mann und Frau*. Hirschfeld wird später als Jude und Vorkämpfer für die Rechte der Homosexuellen verfolgt.

1915 Gustav Meyrink, *Der Golem*. Dieser Roman stellt die berühmtesten Verarbeitung des Golem-Mythos dar.

1916 Martin Buber gründet die kulturelle und politische Zeitschrift *Der Jude*. Hermann Cohen, *Deutschtum und Judentum*. Philosophische Arbeit, welche die geistige Affinität von Juden und Deutschen behandelt. Max Weber, *Das Judentum der Antike* (dritter Band seiner Religionssoziologie).

1917 Franz Pfemfert gründet die expressionistische Zeitschrift *Die Aktion.* Eduard Bernstein, *Von den Aufgaben der Juden* im Weltkrieg. Lord Arthur James Balfour schlägt die Gründung einer nationalen Niederlassung der Juden in Palästina vor.

1918 Ernst Bloch, *Der Geist der Utopie.* Martin Buber, *Mein Weg zum Chassidismus.* Aufführung von Ernst Tollers expressionistischem Drama *Die Wandlung.* Oswald Spengler, *Der Untergang des Abendlandes* (1922 folgt ein zweiter Band).

1919 Spartakus-Aufstand in Berlin, Ermordung Rosa Luxemburgs. Münchner Räterepublik, an der zahlreiche Juden beteiligt sind. Ermordung Gustav Landauers. Hermann Cohen, *Religion der Vernunft aus den Quellen des Judentums.*

1920 Gründung der NSDAP durch Hitler in München. Max Nordau, *Die Tragödie der Assimilation.* Martin Buber, *Ich und Du.*

1921 Franz Rosenzweig, *Stern der Erlösung.* Gustav Landauer, *Der werdende Mensch.* Jakob Wassermann, *Mein Weg als Deutscher und Jude.*

1922 Ermordung Walther Rathenaus, des Außenministers der Weimarer Republik. Franz Kafka, *Das Schloß.*

1923 Gründung des Frankfurter Instituts für Sozialforschung unter Leitung Friedrich Pollocks. Möller Van der Bruck, *Das dritte Reich*, eines der Hauptwerke der «konservativen Revolution». Georg Lukács, *Geschichte und Klassenbewußtsein.* Gershom Scholem veröffentlicht seine erste Untersuchung zur Kabbala, *Das Buch Bahir.*

1924 Thomas Mann, *Der Zauberberg*, in dem die tragische Figur des Juden Naphta vorkommt.

1925 Adolf Hitler, *Mein Kampf.* Lion Feuchtwanger, *Jud Süß.* Martin Buber und Franz Rosenzweig beginnen mit einer neuen deutschen Bibelübersetzung. Erich Fromm, *Das jüdische Gesetz. Ein Beitrag zur Soziologie des Diasporajudentums.*

1926 Alfred Döblin, *Reise in Polen.* Ein Werk, das die Lebendigkeit des Ostjudentums entdeckt.

1927   Joseph Roth, *Juden auf Wanderschaft*. Reportage über
        das Leben der osteuropäischen Emigranten in den west-
        lichen Metropolen. Ernst Kantorowicz, *Friedrich II.*
        Der expressionistische Dichter Alfred Wolfstein veröf-
        fentlicht seinen Essay «Jüdisches Wesen und neue
        Dichtung» in der *Tribüne der Kunst und der Zeit.*
1928   Martin Buber, *Die chassidischen Bücher*. Sammlung
        chassidischer Novellen und Legenden.
1929   Arnold Zweig, *Caliban oder Politik der Leidenschaft.*
        Kritische Untersuchung der jüdischen Assimilation aus
        zionistischer Sicht. Karl Mannheim, *Ideologie und
        Utopie*. Alfred Döblin, *Berlin Alexanderplatz.* Kurt
        Tucholsky, *Deutschland, Deutschland über alles!* (mit
        Photomontagen von John Heartfield).
1930   Joseph Roth, *Hiob*. Ostjüdische Familiensaga. Theodor
        Lessing, *Der jüdische Selbsthaß*. Alfred Rosenberg,
        Der Mythos des zwanzigsten Jahrhunderts.
1932   Arnold Schönberg, *Moses und Aaron*. Hannah Arendt
        beginnt mit der Biographie *Rahel Varnhagen* (die 1939
        abgeschlossen wird, aber erst 1958 erscheint). Grün-
        dung der *Zeitschrift für Sozialforschung* der Frankfur-
        ter Schule.
1933   Hitler gelangt an die Macht. Erste antijüdische Maß-
        nahmen (Ausschluß der Juden aus öffentlicher Verwal-
        tung und Schulwesen). Verbrennung «verjudeter» Lite-
        ratur. Beginn der jüdischen Emigration. Lion Feucht-
        wanger, *Der jüdische Krieg*. Erster Band der Trilogie
        über *Joseph* (1935 folgen *Die Söhne*, und 1945 *Der
        Tag wird kommen*). Theodor Lessing, *Deutschland und
        seine Juden*. Lessing wird kurz nach Veröffentlichung
        des Buchs ermordet. Arnold Zweig, *Bilanz der deut-
        schen Judenheit*. Ernst Toller, *Eine Jugend in Deutsch-
        land.*
1934   Hans-Joachim Schoeps, *Wir deutschen Juden*, Manifest
        der pangermanistischen Juden. Der große Reporter
        Egon Erwin Kisch veröffentlicht in Amsterdam seine
        Geschichten aus sieben Ghettos.

1935 Nürnberger Gesetze, die das «deutsche Blut schützen» und Ehen zwischen Juden und «Ariern» verhindern sollen. Beginn der «Arisierung» der Wirtschaft. Hans-Joachim Schoeps, *Geschichte der jüdischen Religionsphilosophie in der Neuzeit*. Margarete Susman, «Vom geistigen Anteil der Juden im deutschen Raum». Ismar Elbogen, *Die Geschichte der Juden in Deutschland*.

1936 Carl Schmitt leitet eine nationale Konferenz zum Thema: «Der Kampf wider den jüdischen Geist in der deutschen Rechtswissenschaft».

1937 Max Brod veröffentlicht die erste Kafka-Biographie.

1938 «Reichskristallnacht». Pogromwelle in ganz Deutschland und dem annektierten Österreich.

1939 Beginn des Zweiten Weltkrieges. Bildung der ersten Ghettos in Polen. Martin Buber schreibt «*Das Ende der deutsch-jüdischen Symbiose*» für eine zionistische Zeitschrift in Palästina. Sigmund Freud, *Moses und der Monotheismus*.

1940 Walter Benjamin, *Über den Begriff der Geschichte*.

1941 Deutsche Truppen überfallen die Sowjetunion. Beginn des Völkermords an den Juden durch die «Einsatzgruppen».

1942 20. Januar. Auf der Wannseekonferenz wird die «Endlösung» der Judenfrage erörtert. Die Gaskammern in Auschwitz werden in Betrieb genommen. Bis Herbst 1944 werden die Vergasungen fortgesetzt.

1943 Niederschlagung des Aufstands im Warschauer Ghetto.

1945 Ende des Krieges. Sechs Millionen Juden sind in den Todeslagern der Nazis vernichtet worden.

PERSONENREGISTER

242

Erich Andres
Karol Kállay
Wolfgang Krolow
ALBANIEN
Ein Fotolesebuch
Vorwort von Peter K.Wehrli
Hrg. Stefan Orendt und
Giuseppe de Siati
176 Seiten,
108 Fotografien, 49,- DM
ISBN 3-86163-031-1

„Rechtzeitig zur demokratischen Revolution bei den Erben Skan-
derbegs ist ein Buch erschienen, das zwei Künste verbindet.
Einer Auswahl von Bildern dreier Fotografen wurden Gedichte
der bekanntesten albanischen Poeten unserer Zeit hinzugefügt.
Bilder und Dichtungen ergänzen einander auf das Beste."
(FRANKFURTER ALLGEMEINE ZEITUNG)

„So intensiv und unter Spannung habe ich selten in
Fotobüchern geblättert. Der potentiellen Geschichten und
Schicksale sind so viele und vielfältige, daß ich das Buch
allen empfehlen kann, die ein anderes Land vorläufig eben nur
aus solchen Büchern kennenlernen können: durch intensives
Hinsehen, durch Innehalten und Nachdenken."
(die tageszeitung)

„Ich kenne nur wenige Reiseberichte, die mit solcher Zurück-
haltung und zugleich so plastischen Details die Wirklichkeit
eines fremden Landes (zu der auch ein fremdartiges Denken
und Fühlen gehören) wiedergeben; selten habe so eine ehrliche
Selbstinfragestellung des Berichtenden (Peter K. Wehrli) gefunden, der seinen eigenen Sinneswandel, seine eigene Verführbar-
keit durch politische Vorurteile (denn auch er gehörte lange zu
den Fans von Radio Tirana) mit ins Spiel bringt. Er weiß inzwischen, wie schnell Außenstehende einem Volk mit Klischees
und ideologischem Wunschdenken Unrecht tun können."
(Wochenpost)

BasisDruck **Dokument**

Frank Gaudlitz/Thomas Kumlehn
DIE RUSSEN GEHEN
Der Abzug einer Armee
144 Seiten, 53 Schwarz/Weiß- und 21 Farbfotos,
Broschur, 34,-DM
ISBN 3-86163-057-5

Klaus Farin/Harald Hauswald
DIE DRITTE HALBZEIT
Fußballfans und Hooligans
144 Seiten, 53 Fotos, Broschur, 24,80 DM
ISBN 3-86163-055-9

Wolfgang Rüddenklau
STÖRENFRIED
DDR-Opposition 1986-1989
Mit Texten aus den Umweltblättern
392 Seiten, 130 Fotos und Dokumente,
Broschur, 24,80 DM
2. überarbeitete Auflage
ISBN 3-86163-011-7

Dietmar Linke
„STREICHELN BIS DER MAULKORB FERTIG IST"
Die DDR-Kirche zwischen Kanzel und Konspiration
Mit einem Vorwort von Jürgen Fuchs
224 Seiten, Broschur, 24,80 DM
ISBN 3-86163-051-6

Michael Rauhut
BEAT IN DER GRAUZONE
DDR-Rock 1964 bis 1972 – Politik und Alltag
ca. 350 Seiten, mit 70 Fotografien und Dokumenten,
Broschur, ca.30,-DM
ISBN 3-86163-063-X

BASISDRUCK Verlagsgesellschaft, Schliemannstr. 23, 10437 Berlin

BasisDruck **Zeitgeschichten**

Reimar Gilsenbach
O DJANGO, SING DEINEN ZORN!
Sinti und Roma unter den Deutschen
316 Seiten, 60 Fotos und Dokumente,
Broschur, 28,-DM
ISBN 3-86163-054-0

DIE WIEDERGEFUNDENE ERINNERUNG
Verdrängte Geschichte in Osteuropa
Hrsg. von Alain Brossat u.a.
Aus dem Französischen
Mit einem Vorwort von Annette Leo
272 Seiten, Broschur, 28,-DM
ISBN 3-86163-048-6

Igor Trutanow
RUSSLANDS STIEFKINDER
Ein deutsches Dorf in Kasachstan
Mit einem Vorwort von Lew Kopelew
256 Seiten Broschur, 28,-DM
2. Auflage
ISBN 3-86163-045-1

Annette Leo
BRIEFE ZWISCHEN KOMMEN UND GEHEN
296 Seiten, 60 Fotos und Dokumente
Broschur, 26,80 DM
ISBN 3-86163-017-6

Peter Englund
DIE MARX-BROTHERS IN PETROGRAD
Reisen in die Landschaft der Vergangenheit
Aus den Schwedischen von Erik Gloßmann
192 Seiten, Broschur, 28,-DM
ISBN 3-86163-060-5

ISBN 3-86 163-056-7

Titel der französischen Orginalausgabe:

Les Juifs et l'Allemagne

© *Éditions La Découverte, Paris 1993*

© *deutsche Ausgabe: BasisDruck Verlag GmbH,*
Berlin 1993 — 1. Auflage
Satz und Gestaltung: Christoph Mohr
Titel unter Verwendung einer Fotografie von
Ludwig Rauch (Anselm Kiefer, *Volkszählung*)
Druck: DBC Druckhaus Berlin-Centrum